COMO A IGREJA CATÓLICA
CONSTRUIU A CIVILIZAÇÃO OCIDENTAL

Conheça nosso site

@editoraquadrante
@editoraquadrante
@quadranteeditora
Quadrante

THOMAS E. WOODS, JR.

COMO A IGREJA CATÓLICA CONSTRUIU A CIVILIZAÇÃO OCIDENTAL

11ª edição

Tradução
Élcio Carillo

QUADRANTE
São Paulo
2022

Copyright © 2008, Thomas E. Woods, Jr.
e Regnery Publishing Inc.

Título original
How the Catholic Church built Western civilization

Capa
Gabriela Haeitmann

Dados Internacionais de Catalogação na Publicação (CIP)

Woods, Jr., Thomas E.,
    Como a Igreja Católica construiu a civilização Ocidental / Thomas E. Woods, Jr.; tradução de Élcio Carillo; revisão de Emérico da Gama. 11ª ed. – São Paulo : Quadrante, 2022.

    Título original: *How the Catholic Church built Western civilization.*
    ISBN: 978-85-7465-383-9

    1. Cristianismo e cultura 2. Civilização Ocidental 3. Igreja Católica - História 4. Igreja Católica - Influência I. Gama, Emérico da. II. Título.

CDD-282.09

Índice para catálogo sistemático:
1. Igreja Católica : Influência na civilização
Ocidental : História 282.09

Todos os direitos reservados a
QUADRANTE EDITORA
Rua Bernardo da Veiga, 47 - Tel.: 3873-2270
CEP 01252-020 - São Paulo - SP
www.quadrante.com.br / atendimento@quadrante.com.br

SUMÁRIO

I. A IGREJA INDISPENSÁVEL 7
II. UMA LUZ NAS TREVAS 15
    «Idade das trevas» 15
    A conversão dos primeiros bárbaros 16
    A Renascença Carolíngia 19
    A lenta reconquista do conhecimento 23
III. COMO OS MONGES SALVARAM A CIVILIZAÇÃO 27
    Inícios do monaquismo 27
    As artes práticas 30
    Os monges como consultores técnicos 37
    Obras de caridade 39
    A palavra escrita 40
    Centros de educação 43
IV. A IGREJA E A UNIVERSIDADE 47
    Uma instituição única na história 47
    Cidade e toga 49
    Vida acadêmica 52
    A idade da Escolástica 55
    Um «rio de ciência» 60
V. A IGREJA E A CIÊNCIA 63
    Galileu 63
    Deus «dispôs todas as coisas com medida, quantidade e peso» 70
    O problema do momento inercial 77
    A Escola Catedral de Chartres 80
    O sacerdote cientista 88
    Conquistas científicas dos jesuítas 93
    As catedrais como observatórios astronômicos 103
VI. A ARTE, A ARQUITETURA E A IGREJA 109
    O ódio às imagens: iconoclasmo 109
    A Catedral 112

O Renascimento 117
Arte e ciência 123

VII. AS ORIGENS DO DIREITO INTERNACIONAL 127
Uma voz no deserto 128
Francisco de Vitória 130
Igualdade segundo a lei natural 132
Bartolomé de las Casas 136
Direito internacional versus Estado moderno 140

VIII. A IGREJA E A ECONOMIA 145
Os fundadores da ciência econômica 145
A teoria do valor subjetivo 149
Católicos e protestantes 154

IX. COMO A CARIDADE CATÓLICA MUDOU O MUNDO 159
Uma atitude assombrosa 159
Os pobres e os doentes 163
Os primeiros hospitais e os cavaleiros de São João 165
Assistência eficaz 169

X. A IGREJA E O DIREITO OCIDENTAL 177
A separação entre a Igreja e o Estado 179
A doutrina da expiação 183
As origens dos direitos naturais 185

XI. A IGREJA E A MORAL NO OCIDENTE 191
Moral católica e morais não católicas 191
O duelo 193
O tema da guerra justa 195
Castidade e dignidade da mulher 198
A vida virtuosa 200

CONCLUSÃO 203
A «condescendência» divina 203
Um mundo sem Deus 206

AGRADECIMENTOS 211

BIBLIOGRAFIA 213

I. A IGREJA INDISPENSÁVEL

Philip Jenkins, renomado professor de história e estudos religiosos da Pennsylvania State University, chamou ao anticatolicismo «o último preconceito aceitável nos Estados Unidos». É difícil contestar esse juízo: nos nossos meios de comunicação e na nossa cultura popular, pouca coisa é inadmissível quando se trata de ridicularizar ou de satirizar a Igreja. Os meus alunos, quando têm alguma noção a respeito dela, só sabem mencionar a sua pretensa «corrupção», sobre a qual ouviram intermináveis histórias de duvidosa credibilidade dos seus professores do ensino médio.

A questão é que, no ambiente cultural da atualidade, é fácil esquecer – ou não tomar conhecimento sequer – tudo aquilo que a nossa civilização deve à Igreja Católica. Muitos reconhecem que ela influenciou, sem dúvida, a música, a arte e a arquitetura, mas não vão além disso. Para o nosso estudante do ensino médio, a história do catolicismo pode ser resumida em três palavras: ignorância, repressão e estagnação; ninguém fez o menor esforço por mostrar-lhe que a civilização ocidental deve à Igreja o sistema universitário, as ciências, os hospitais e a previdência, o direito internacional, inúmeros princípios básicos do sistema jurídico, etc. etc. O propósito deste livro é precisamente mostrar essas influências decisivas, mostrar que devemos muito mais à Igreja Católica do que a maior parte das pessoas – incluídos os católicos – costuma imaginar. Porque, para sermos exatos, foi ela que *construiu* a civilização ocidental.

Como nem é preciso dizer, o Ocidente não deriva apenas do catolicismo; ninguém pode negar a importância da antiga Grécia e de

Roma, ou das diversas tribos germânicas que sucederam ao Império Romano do Ocidente, como elementos formadores da nossa civilização. E a Igreja não só não repudiou nenhuma dessas tradições, como na realidade aprendeu e absorveu delas o melhor que tinham para oferecer.

Nenhum católico sério pretende sustentar que os eclesiásticos tenham acertado em todas as decisões que tomaram. Cremos que a Igreja manterá a *integridade da fé* até o fim dos tempos, não que cada uma das ações de todos os papas e bispos que já houve esteja acima de qualquer censura. Pelo contrário, distinguimos claramente entre a *santidade da Igreja*, enquanto instituição guiada pelo Espírito Santo, e a natureza inevitavelmente pecadora dos homens que a integram, incluídos os que atuam em nome dela.

Mas estudos recentes têm submetido a revisão uma série de episódios históricos tradicionalmente citados como evidências da iniquidade dos eclesiásticos, e a conclusão a que chegam depõe em favor da Igreja. Hoje sabemos, por exemplo, que a Inquisição não foi nem de longe tão dura como se costumava retratá-la e que o número de pessoas levadas aos seus tribunais foi muito menor – em várias ordens de magnitude![1] – do que se afirmava anteriormente. E isto não é nenhuma alegação nossa, mas conclusão claramente expressa nos melhores e mais recentes estudos[2].

De qualquer modo, com exceção dos estudiosos da Europa medieval, a maioria das pessoas acredita que os mil anos anteriores à Renascença foram um período de ignorância e de repressão intelectual, em que não havia um debate vigoroso de ideias nem um intercâmbio intelectual criativo, e em que se exigia implacavelmente uma estrita submissão aos dogmas. Ainda hoje continua a haver autores que repetem essas afirmações. Numa das minhas pesquisas, deparei com um livro de Christopher Knight e Robert Lomas intitulado *Second Messiah* [«O segundo Messias»], em que se traça um quadro da

---

(1) Isto é, no número de zeros depois dos algarismos significativos. Concretamente, não foram milhões, como às vezes se diz, mas centenas (N. do E.).

(2) Veja-se, por exemplo, Henry Kamen, *The Spanish Inquisition: A Historical Revision*, Yale University Press, New Haven, 1999; Edward M. Peters, *Inquisition*, University of California Press, Berkeley, 1989.

I. A IGREJA INDISPENSÁVEL

Idade Média que não poderia estar mais longe da realidade, mas que o público em geral «engole» sem hesitar, por força do preconceito e da ignorância reinantes. Podemos ler ali, por exemplo: «O estabelecimento da era cristã romanizada marcou o começo da Idade das Trevas, esse período da história ocidental em que se apagaram todas as luzes do conhecimento e a superstição substituiu o saber. Esse período durou até que o poder da Igreja Católica foi minado pela Reforma»[3]. E também: «Desprezou-se tudo o que era bom e verdadeiro e ignoraram-se todos os ramos do conhecimento humano em nome de Jesus Cristo»[4].

Hoje em dia, é difícil encontrar um único historiador capaz de ler semelhantes comentários sem rir. Essas afirmações contradizem frontalmente muitos anos de pesquisa séria, e no entanto os seus autores – que não são historiadores de profissão – repetem com inteira despreocupação esses velhos e gastos chavões. Deve ser frustrante lecionar história medieval! Por mais que se trabalhe e se publiquem evidências em contrário, quase todo o mundo continua a acreditar firmemente que a Idade Média foi um período intelectual e culturalmente vazio e que a Igreja não legou ao Ocidente senão métodos de tortura e repressão.

O que Knight e Lomas não mencionam é que, durante essa «Idade das Trevas», a Igreja desenvolveu o sistema universitário europeu, autêntico dom da civilização ocidental ao mundo. Muitos historiadores se maravilham diante da ampla liberdade e autonomia com que se debatiam as questões naquelas universidades. E foi a exaltação da razão humana e das suas capacidades, o compromisso com um debate rigoroso e racional, a promoção da pesquisa intelectual e do intercâmbio entre os estudantes dessas universidades patrocinadas pela Igreja – foi isso que forneceu as bases para a Revolução Científica.

Nos últimos cinquenta anos, praticamente todos os historiadores da ciência – entre eles Alistair C. Crombie, David Lindberg, Edward Grant, Stanley Jaki, Thomas Goldstein e John L. Heilbron – chegaram à conclusão de que a própria Revolução Científica se deveu à Igreja.

---

(3) Christopher Knight e Robert Lomas, *Second Messiah*, Fair Winds Press, Gloucester, Massachusetts, 2001, pág. 70.
(4) Christopher Knight e Robert Lomas, *Second Messiah*, pág. 71.

E a contribuição católica para a ciência não se limitou às ideias – incluídas as teológicas – que tornaram possível o método científico; muitos dos principais inovadores científicos foram sacerdotes, como Nicolau Steno, um luterano converso que se tornou sacerdote católico e é considerado o pai da geologia, ou Athanasius Kircher, pai da egiptologia, ou ainda Rogério Boscovich, considerado frequentemente o pai da teoria atômica moderna. A primeira pessoa a medir a taxa de aceleração de um corpo em queda livre foi ainda outro sacerdote, o pe. Giambattista Riccioli. E os jesuítas dominaram a tal ponto o estudo dos terremotos que a sismologia ficou conhecida como «a ciência jesuítica».

E isso não é tudo. Poucos conhecem as contribuições da Igreja no campo da astronomia, apesar de cerca de trinta e cinco crateras da Lua terem sido descobertas por cientistas e matemáticos jesuítas, dos quais receberam o nome. John L. Heilbron, da Universidade da Califórnia em Berkeley, comentou que «durante mais de seis séculos – desde a recuperação dos antigos conhecimentos astronômicos durante a Idade Média até o Iluminismo –, a Igreja Católica Romana deu mais ajuda financeira e suporte social ao estudo da astronomia do que qualquer outra instituição e, provavelmente, mais do que todas as outras juntas»[5]. Mesmo assim, o verdadeiro papel da Igreja no desenvolvimento da ciência continua a ser até hoje um dos temas mais completamente silenciados pela historiografia moderna.

Embora a importância da tradição monástica seja reconhecida em maior ou menor grau nos livros de História – todo o mundo sabe que, no rescaldo da queda de Roma, os monges preservaram a herança literária do mundo antigo, para não dizer a própria capacidade de ler e escrever –, o leitor descobrirá nesta obra que a sua contribuição foi, na realidade, muito maior. Praticamente não há ao longo da Idade Média nenhum empreendimento significativo para o progresso da civilização em que a intervenção dos monges não fosse decisiva. Os monges proporcionaram «a toda a Europa [...] uma rede de indústrias-modelo, centros de criação de gado, centros de

---

(5) John L. Heilbron, *The Sun in the Church: Cathedrals as Solar Observatories*, Harvard University Press, Cambridge, 1999, pág. 3.

I. A IGREJA INDISPENSÁVEL

pesquisa, fervor espiritual, a arte de viver [...], a predisposição para a ação social, ou seja, [...] uma civilização avançada, que emergiu das vagas caóticas da barbárie circundante. São Bento, o mais importante arquiteto do monacato ocidental, foi, sem dúvida alguma, o pai da Europa. E os beneditinos, seus filhos, foram os pais da civilização europeia»[6].

O desenvolvimento do conceito de Direito Internacional é normalmente atribuído aos pensadores e teóricos do direito dos séculos XVII e XVIII. Na realidade, porém, encontramos pela primeira vez esse conceito jurídico nas universidades espanholas do século XVI, e foi Francisco de Vitória, um sacerdote e teólogo católico e professor universitário, quem mereceu o título de pai do direito internacional. Em face dos maus-tratos infligidos pelos espanhóis aos indígenas do Novo Mundo, Vitória e outros filósofos e teólogos começaram a especular acerca dos direitos humanos fundamentais e de como deveriam ser as relações entre as nações. E foram esses pensadores que deram origem à ideia do direito internacional tal como hoje o concebemos.

Aliás, todo o direito ocidental é uma grande dádiva da Igreja. O direito canônico foi o primeiro sistema legal moderno a existir na Europa, demonstrando que era possível compilar um corpo de leis coerente a partir da barafunda de estatutos, tradições, costumes locais etc. que caracterizava tanto a Igreja como o Estado medievais. De acordo com Harold Berman, «a Igreja foi a primeira a ensinar ao homem ocidental o que é um sistema legal moderno. Foi a primeira a mostrar que costumes, estatutos, decisões judiciais e doutrinas conflitantes podem ser conciliados por meio de análise e síntese»[7].

A própria ideia de que o ser humano tem direitos bem definidos não se deve a John Locke e Thomas Jefferson – como muitos poderiam pensar –, mas ao direito canônico. E muitos outros princípios legais importantes do nosso direito também se devem à influência da Igreja, graças ao empenho milenar dos eclesiásticos em substituir as provas em juízo baseadas em superstições – como o ordálio –, que

---

(6) Réginald Grégoire, Léo Moulin e Raymond Oursel, *The Monastic Realm*, Rizzoli, Nova York, 1985, pág. 277.
(7) Harold J. Berman, *The Interaction of Law and Religion*, Abingdon Press, Nashville, Tennessee, 1974, pág. 59.

caracterizavam o ordenamento legal germânico, por procedimentos baseados na razão e em conceitos legais elaborados.

De acordo com a história econômica tradicional, a economia moderna teria sido criada por Adam Smith e outros teóricos do século XVIII. Estudos mais recentes, no entanto, vêm enfatizando a importância do pensamento econômico dos últimos escolásticos, particularmente dos teólogos espanhóis dos séculos XV e XVI. Tem-se chegado até a designar esses pensadores – assim o faz o grande economista do século XX Joseph Schumpeter – como os fundadores da moderna economia científica.

A maior parte das pessoas tem uma vaga noção das obras assistenciais da Igreja Católica, mas muitas vezes não sabe como foi única a sua ação nesse campo. O mundo antigo fornece-nos alguns exemplos de liberalidade para com os pobres, mas tratava-se de uma liberalidade que procurava fama e reconhecimento para o doador, tendendo a ser indiscriminada e não dirigida especificamente àqueles que passavam necessidade. Os pobres eram com excessiva frequência tratados com desprezo, e a simples ideia de ajudar os necessitados sem nenhuma expectativa de reciprocidade ou de ganho pessoal era alheia à mentalidade da época. Mesmo William Lecky, um historiador do século XIX sempre hostil à Igreja, chegou a admitir que a dedicação aos pobres – tanto no seu espírito como nos seus objetivos – constituiu algo novo no mundo ocidental e representou um avanço surpreendente com relação aos padrões da antiguidade clássica.

* * *

Em todas essas áreas, a Igreja imprimiu uma marca indelével no próprio coração da civilização europeia. Um recente livro de história da Igreja Católica tem por título *Triumph* [«Triunfo»]: é um título extremamente apropriado para resumir o percurso de uma instituição que tem no seu haver tantos homens e mulheres heroicos e tantas realizações históricas. Até agora, encontramos relativamente poucas dessas informações nos livros de texto que a maioria dos estudantes tem de estudar no ensino médio e superior.

A Igreja Católica configurou a civilização em que vivemos e o nosso perfil humano de muitas maneiras além das que costumamos ter presentes. Por isso insistimos em que ela foi a construtora indispensável da civilização ocidental. Não só trabalhou para reverter aspectos moralmente repugnantes do mundo antigo – como o infanticídio e os combates de gladiadores –, mas restaurou e promoveu a civilização depois da queda de Roma. Tudo começou pela educação dos bárbaros, e é neles que nos detemos ao iniciarmos este livro.

II. UMA LUZ NAS TREVAS

«Idade das trevas»

A expressão «Idade das trevas» chegou a ser aplicada a todo o milênio que transcorreu entre o fim da Antiguidade e o Renascimento. No entanto, tem crescido muito o reconhecimento das realizações da alta Idade Média, entre os séculos VI e X, e, em consequência – como comenta David Knowles –, os historiadores têm empurrado cada vez mais para trás essa duvidosa distinção, excluindo dela os séculos VIII, IX e X.

Quanto aos séculos VI e VII, porém, restam poucas dúvidas de que foram marcados por um retrocesso cultural e intelectual, como se pode observar na educação, na produção literária e em outros âmbitos semelhantes. Terá sido culpa da Igreja? Já há décadas, o historiador Will Durant, um agnóstico, defendeu a Igreja dessa acusação, atribuindo a causa do declínio, não a ela – que fez de tudo para impedi-lo –, mas às invasões bárbaras do fim da Antiguidade. «A principal causa do retrocesso cultural – explica Durant – não foi o cristianismo, mas a invasão bárbara; não a religião, mas a guerra. Os aluviões humanos arruinaram ou empobreceram cidades, mosteiros, bibliotecas, escolas, e tornaram impossível a vida dos estudantes e dos cientistas. Mas a ruína talvez fosse muito maior se a Igreja não tivesse mantido uma certa ordem em uma civilização que se desintegrava»[1].

Por volta dos fins do século II, a balbúrdia de tribos germânicas que se deslocavam da Europa central para o Ocidente, no que se chamou a

---

(1) Will Durant, *Caesar and Christ*, MJF Books, Nova York, 1950, pág. 79.

Völkerwanderung – a «migração dos povos» –, começou a pressionar as fronteiras romanas no Reno e no Danúbio. Nos séculos seguintes, como os generais romanos se dedicavam a fazer e desfazer imperadores, ao invés de protegerem as fronteiras, os bárbaros começaram a infiltrar-se através dos vazios abertos nas defesas do Império. Essas invasões apressaram o colapso de Roma e puseram a Igreja diante de um desafio sem precedentes.

O impacto das incursões bárbaras sobre o Império Romano variou de acordo com cada tribo germânica. Os godos, que tinham sido autorizados a estabelecer-se dentro das fronteiras do Império em 376, mas se revoltaram contra as autoridades imperiais em 378, não eram hostis aos romanos, antes respeitavam e admiravam Roma e a cultura clássica: Alarico, o general godo que viria a saquear Roma em 410, depois de tomar Atenas, dedicou-se a explorar a famosa cidade, a admirar os seus monumentos, a assistir ao teatro e a ouvir a leitura do *Timeu*, de Platão[2]. Já os vândalos nutriam uma inimizade implacável por tudo o que não fosse germânico: saquearam a cidade de Roma em meados do século V e depois conquistaram o norte da África, instaurando ali uma autêntica política de genocídio.

Quando a divisão do Império Romano do Ocidente em uma colcha de retalhos de reinos bárbaros passou a ser um fato consumado e a ordem política quase desapareceu, bispos, sacerdotes e religiosos lançaram-se a restabelecer sobre as ruínas os alicerces da civilização. O homem que consideramos o «pai da Europa», Carlos Magno, embora não estivesse completamente livre de resquícios bárbaros, estava ao menos tão persuadido da beleza, verdade e superioridade da religião católica que fez todo o possível para construir sobre ela a nova Europa pós-imperial.

A conversão dos primeiros bárbaros

Os «bárbaros» que tomaram o Império eram povos rurais ou nômades, de língua germânica, sem literatura escrita e com pouca organização política afora a lealdade a um chefe. De acordo com algumas teorias

---

(2) Henri Daniel-Rops, *A Igreja dos tempos bárbaros*, trad. de Emérico da Gama, em *História da Igreja de Cristo*, vol. 2, Quadrante, São Paulo, 1991, pág. 68.

II. UMA LUZ NAS TREVAS

etimológicas, romanos e gregos, ao ouvirem as línguas desses povos, só entendiam «*bar bar bar*», e por isso os apelidaram de *barbari*. Na sua maioria, eram também guerreiros, e a sua ferocidade chocava os romanos já cristianizados. No dizer de Christopher Dawson, «a Igreja teve que incumbir-se da tarefa de introduzir a lei do Evangelho e a ética do Sermão da Montanha entre povos que consideravam o homicídio como a mais honrosa das ocupações e a vingança como sinônimo de justiça».

Quando os visigodos saquearam Roma, em 410, São Jerônimo, que se encontrava em Belém, manifestou-se profundamente triste e chocado: «Um terrível rumor chega do Ocidente. Roma está cercada. Os cidadãos salvam a vida a troco de ouro, mas, depois de espoliados, voltam a ser sitiados e perdem a vida depois de terem perdido as riquezas. Não consigo continuar, os soluços interrompem o meu ditado [ao amanuense que escreve a carta]. Foi tomada a Cidade que tomou o mundo inteiro!»[3] E Santo Oriêncio, bispo de Auch, escreveu na primeira década do século V sobre a invasão da Gália pelos francos: «Vede como a morte se abateu de repente sobre o mundo inteiro, quantas pessoas foram ceifadas pela violência da guerra. Nem as densas e selvagens florestas, nem as altas montanhas, nem os rios que se lançam impetuosamente pelas corredeiras, nem as fortalezas nas remotas alturas, nem as cidades protegidas pelas suas muralhas, nem os confins do mar, nem a triste solidão do deserto, nem os buracos abertos no chão, nem as cavernas sob os íngremes rochedos conseguiram escapar aos ataques bárbaros»[4].

Os francos que se instalaram na Gália (a atual França) eram o mais numeroso desses povos. Ao contrário da maior parte das tribos vizinhas, não se tinham convertido ao arianismo – a heresia que negava a divindade de Cristo, reduzindo-o a um «espírito superior» ou «primeira criatura» de Deus –, e por isso pareciam mais inclinados a receber a fé. Além disso, os galo-romanos cristãos ainda constituíam a imensa maioria dos seus súditos. Assim, quando *Clóvis* (cerca de 466-511) se tornou rei dos francos, em 481, os bispos gauleses vislumbraram a sua oportunidade. São Remígio, bispo de Reims, escreveu uma carta de congratulações ao novo rei, lembrando-lhe como seria benéfico se colaborasse

---

(3) Jocelyn N. Hillgarth (ed.), *Christianity and Paganism 350-750: The Conversion of Western Europe*, University of Pennsylvania Press, Filadélfia, 1986, pág. 69.
(4) Jocelyn N. Hillgarth (ed.), *Christianity and Paganism 350-750*, pág. 70.

e cooperasse com o episcopado: «Manifesta deferência para com os teus bispos, recorrendo sempre a eles em busca de conselho. E, se estiveres em harmonia com eles, a tua terra prosperará». Efetivamente, sob o seu reinado, os gauleses foram equiparados aos seus conquistadores germânicos quanto a direitos e deveres, ao contrário do que aconteceu nos demais reinos bárbaros.

Alguns historiadores conjecturaram que o casamento de Clóvis com a bela, piedosa e católica Clotilde teria sido inspirado e arranjado pelos bispos, visando converter à fé o seu régio esposo. Embora as considerações políticas tivessem certamente desempenhado o seu papel, Clóvis parece ter tido uma conversão genuína, motivado pelo que ouviu sobre a vida de Cristo; conta-se que, quando lhe relataram a crucifixão, teria exclamado: «Ah, se eu tivesse estado ali com os meus francos!» Tardou uns três a quatro anos, mas finalmente recebeu o batismo, provavelmente em 496. Segundo São Gregório de Tours, o bispo São Remígio ter-lhe-ia dito antes de batizá-lo: «Abaixa a cabeça, ó sicâmbrio! Adora o que queimaste e queima o que adoraste».

Ainda haviam de passar outros quatrocentos anos até que todos os povos bárbaros da Europa Ocidental se convertessem, mas era um início auspicioso. Santo Avito, um destacado bispo gaulês, reconheceu a importância da conversão de Clóvis quando lhe disse: «Graças a ti, este canto do mundo resplandece com grande fulgor e a luz de uma nova estrela cintila no Ocidente. Ao escolheres para ti mesmo, escolheste para todos. A tua fé é a nossa vitória!»

Como os povos bárbaros se identificavam fortemente com os seus reis, em geral bastava que o monarca se convertesse para que todo o povo o seguisse. Esse processo, no entanto, nem sempre se implantava facilmente nem era homogêneo; nos séculos seguintes, os sacerdotes católicos francos celebravam a missa para os seus, mas continuavam a oferecer também sacrifícios aos antigos deuses da natureza... Não bastava, pois, converter nominalmente os bárbaros; a Igreja teve que continuar a guiá-los, tanto para garantir que a conversão se consolidasse como para assegurar que a fé começasse a transformar-lhes o modo de vida e as instituições.

A linhagem dos reis merovíngios, à qual pertencia Clóvis, perdeu o seu vigor ao longo dos séculos VI e VII. Eram governantes incompetentes e, além disso, lutavam ferozmente entre si; não era incomum que queimassem vivos os membros de famílias rivais. No transcorrer das suas lutas pelo poder, muitas vezes concediam aos aristocratas francos poder e territórios em troca de apoio, e em consequência enfraqueciam-se cada vez mais. O historiador Norman Cantor chegou a descrevê-los na sua última fase como um conjunto de mulheres, crianças e débeis mentais.

Infelizmente, a degenerescência dos merovíngios afetou também a Igreja. No século VII, os sacerdotes francos, infectados pela depravação e imoralidade, foram caindo numa situação cada vez mais desesperadora. O estado do episcopado não era muito melhor, pois os homens competiam entre si para assumir o controle dos bispados, que para eles representavam unicamente poder secular e riqueza. A Igreja franca só seria reformada por missionários irlandeses e anglo-saxões, que por sua vez tinham recebido a fé católica do continente.

Apesar de tudo, no século VIII o Papado recorreu aos francos em busca de proteção e de uma aliança que permitisse restaurar a civilização cristã. A Igreja tinha desfrutado de um relacionamento especial com os últimos imperadores romanos e, após o colapso do Império Romano do Ocidente, mantivera esse bom relacionamento com a única reminiscência da autoridade «romana», que passara a ser o imperador do Oriente, em Constantinopla. Mas, no século VII, o Império do Oriente – que nunca chegou a ser conquistado pelos bárbaros germânicos – vinha lutando pela sua própria sobrevivência contra os árabes e os persas, e deixara de poder oferecer à Igreja uma proteção eficaz; pior ainda, os basileus bizantinos julgavam-se no dever de intervir constantemente na vida da Igreja em áreas que estavam claramente fora da competência do Estado. Assim, alguns eclesiásticos acharam que tinha chegado o momento de procurar ajuda em outro lugar.

A Renascença Carolíngia

A Igreja tomou então a importante decisão de afastar-se dos imperadores de Constantinopla e procurar a proteção e cooperação dos francos, que, ainda semibárbaros, se haviam convertido ao catolicismo. No século VIII, a Igreja abençoou a transferência oficial do poder da dinastia merovíngia para a família carolíngia: a família de Carlos Martel – que, em 732, havia infligido a famosa derrota aos muçulmanos em Tours – e de Carlos o Grande, ou Carlos Magno, que viria a tornar-se o pai da Europa.

Os carolíngios tinham sabido beneficiar-se do declínio dos merovíngios. Avocando para si o posto hereditário de prefeito do palácio – um cargo semelhante ao de primeiro ministro –, e demonstrando-se muito mais hábeis e competentes que os próprios reis, vinham resolvendo cada vez mais os assuntos ordinários de governo, a tal ponto que, em meados do século VIII, já na posse do poder exercido pelos reis, procuraram alcançar o título correspondente. Pepino o Breve, o prefeito do palácio em 751, escreveu ao papa Zacarias I perguntando-lhe se era bom que um homem sem poder fosse chamado rei, e um homem com poder estivesse privado desse título. Entendendo muito bem aonde Pepino queria chegar, o papa respondeu-lhe que a situação que descrevia não era boa e que os nomes das coisas deveriam corresponder à realidade. Desse modo, fazendo uso da sua reconhecida autoridade espiritual, deu a sua bênção à mudança de dinastia no reino dos francos. O último rei merovíngio retirou-se silenciosamente para um mosteiro.

Foi assim que a Igreja facilitou a transferência pacífica do poder dos decrépitos merovíngios para as mãos dos carolíngios, com os quais, nos anos seguintes, os eclesiásticos viriam a trabalhar tão intimamente para a restauração da vida civilizada. Sob a influência da Igreja, esse povo bárbaro converteu-se em construtor da civilização. *Carlos Magno* (rei 768-814), talvez o maior de todos os francos, personificou esse ideal. (Com as anexações territoriais que fez, o reino franco estendeu-se da assim chamada Marca Espanhola, a leste, através da França dos tempos modernos, até ao norte da Itália, à Suíça e a grande parte da Alemanha). Embora não soubesse escrever – ainda que uma lenda popular, claramente apócrifa, o apresente corrigindo traduções bíblicas no último ano da sua vida –, fomentou vigorosamente a educação e as artes, solicitando aos bispos que organizassem escolas ao redor das suas catedrais. Como explica o historiador Joseph Lynch, «a escrita, as cópias de livros, os trabalhos artísticos e arquitetônicos e o pensamento dos homens educados nas escolas das catedrais ou monásticas incentivaram uma mudança na qualidade e na intensidade da vida intelectual»[5].

---

(5) Joseph H. Lynch, *The Medieval Church: A Brief History*, Longman, Londres, 1992, pág. 89.

II. UMA LUZ NAS TREVAS

O resultado desse estímulo à educação e às artes é conhecido como Renascença Carolíngia, e estendeu-se do reinado de Carlos Magno ao de seu filho, Luis, o Piedoso (rei 814-840). Talvez a figura intelectual central da Renascença Carolíngia tenha sido *Alcuíno* (cerca de 735--804), um anglo-saxão educado em York por um pupilo de *Beda o Venerável*, o grande santo e historiador eclesiástico, uma das maiores inteligências do seu tempo. Alcuíno era o diretor da escola da catedral de York, e mais tarde tornou-se abade do mosteiro de São Martinho de Tours. Além de dominar uma grande variedade de assuntos, também se destacava como professor de latim, tendo assimilado as bem-sucedidas técnicas dos seus predecessores irlandeses e anglo-saxões. Ensinar ao povo germânico um latim gramaticalmente correto – habilidade difícil de adquirir durante os instáveis séculos VI e VII – foi um elemento essencial da Renascença Carolíngia.

O conhecimento do latim tornou possível o estudo tanto dos Padres da Igreja latinos como do mundo da antiguidade clássica. Com efeito, as mais antigas cópias da literatura romana que chegaram até nós datam do século IX, período em que os estudiosos carolíngios resgataram essas obras do esquecimento. «As pessoas nem sempre são conscientes – escreveu Kenneth Clark – de que existem apenas três ou quatro manuscritos dos antigos autores latinos: todo o nosso conhecimento da literatura antiga se deve ao trabalho de compilação e transcrição iniciado durante o reinado de Carlos Magno, e é por isso que quase todos os textos clássicos que tinham sobrevivido até o século VIII continuam vivos atualmente»[6].

A educação carolíngia inspirou-se nos modelos da antiga Roma, nos quais se descobriram as sete artes liberais: o *quadrivium* da astronomia, música, aritmética e geometria, e o *trivium* da lógica, gramática e retórica. Dada a especial urgência em fomentar a educação literária, o *quadrivium* foi muitas vezes abordado superficialmente nos primeiros anos desse reflorescimento da instrução. Mas foi esse o terreno sobre o qual viria a construir-se o futuro progresso intelectual.

Outro resultado substancial da Renascença Carolíngia foi a inovação na escrita, que ficou conhecida como a «minúscula carolíngia». Anteriormen-

---

(6) Kenneth Clark, *Civilization: A Personal View*, Harper Perennial, Nova York, 1969, pág. 18.

te, o isolamento geográfico havia contribuído para a proliferação de escritas por toda a Europa ocidental, o que tornava difícil ler e compreender um texto[7]. Tanto mais que, além de não haver minúsculas, também não havia pontuação nem se deixavam espaços em branco entre as palavras[8].

Fredegiso (?-834), o sucessor de Alcuíno como abade de São Martinho, desempenhou um papel capital no desenvolvimento e na difusão da minúscula carolíngia, com o que a Europa Ocidental passou a dispor de textos que podiam ser lidos e escritos com relativa facilidade. As letras minúsculas, mais os espaços entre as palavras e outras medidas destinadas a aumentar a legibilidade, aceleraram tanto a leitura como a escrita. Dizem dois estudiosos modernos que passou a haver «insuperável graça e clareza, certamente decisivos para a sobrevivência da literatura clássica, que pôde assim plasmar-se numa forma que todos podiam ler com facilidade e prazer»[9]. «Não haveria exagero – escreve Philippe Wolff – em relacionar essa inovação com a invenção da própria imprensa, como dois passos decisivos para o progresso de uma civilização baseada na palavra escrita»[10]. A minúscula carolíngia – desenvolvida pelos monges – foi, pois, crucial para a difusão da cultura na civilização ocidental.

Os historiadores da música falam com frequência da desafortunada «ânsia de prestígio» que leva muitos compositores a querer imitar os gênios e os prodígios. Fenômeno similar se deu no campo das letras durante a Renascença Carolíngia. Einhard, o biógrafo de Carlos Magno, moldou claramente o seu trabalho pela *Vida dos Césares*, de Suetônio, chegando

---

(7) Joseph H. Lynch, *The Medieval Church*, pág. 95.

(8) David Knowles escreve que foi Alcuíno quem «insistiu na necessidade de boas cópias de todos os melhores modelos no campo dos livros-texto, montando ele próprio excelentes *scriptoria* em muitos lugares». Conferiu «um novo impulso e uma nova técnica à cópia de manuscritos, que prosseguiu sem decaimento em muitos mosteiros, de modo mais metódico e com mais amplo alcance do que antes; e teve um instrumento de grande poder na assim chamada minúscula carolíngia, que, na verdade, deve muito à escrita da Irlanda e do norte da Úmbria. Com Alcuíno começou a grande era das cópias dos manuscritos latinos, patrísticos e clássicos, e esse gradual acúmulo de livros escritos com mais clareza (e correção) foi de um valor inestimável quando, dois séculos mais tarde, chegou o renascimento mais amplo» (David Knowles, *The Evolution of Medieval Thought*, 2ª ed., Longman, Londres, 1988, pág. 69).

(9) Leighton Durham Reynolds e Nigel G. Wilson, *Scribes and Scholars: A Guide to the Transmission of Greek and Latin Literature*, Clarendon Press, Oxford, 1991, pág. 95.

(10) Philippe Wolff, *The Awakening of Europe, IXth-XIIth Centuries*, Penguin Books, Nova York, 1968, pág. 57.

II. UMA LUZ NAS TREVAS

mesmo a plagiar parágrafos inteiros da obra do antigo romano. Mas de que outro modo poderia ele, um bárbaro, alcançar a elegância e a mestria de uma civilização tão rica e completa?

Mas os católicos da época de Carlos Magno, apesar das suas notórias carências, aspiravam ao nascimento de uma civilização muito maior que as da Grécia e da Roma antigas, porque, como dizia Alcuíno, eles possuíam um valor que os antigos não possuíam: a fé católica. Modelaram-se conforme a antiga Atenas, mas estavam convencidos de que seriam maiores que Atenas, pois possuíam uma pérola de grande preço que não estava ao alcance dos seus predecessores gregos, apesar de todos os seus êxitos. O entusiasmo de Alcuíno era tão grande que o levou a escrever a Carlos Magno, em termos extravagantes, sobre os cumes da civilização que ele achava possível atingir:

> «Se muitos se deixarem contagiar por essa aspiração, criar-se-á na França uma nova Atenas, uma Atenas mais refinada que a antiga, porque, enobrecida pelos ensinamentos de Cristo, superará toda a sabedoria da Academia. Os antigos tiveram por mestres apenas as disciplinas de Platão, que, inspiradas nas sete artes liberais, ainda brilham com esplendor: mas os nossos estarão dotados também dos sete dons do Espírito Santo e superarão em brilho toda a dignidade da sabedoria secular»[11].

O espírito da Renascença Carolíngia nunca arrefeceu, apesar dos terríveis golpes infligidos pelos invasores vikings, magiares e muçulmanos nos séculos IX e X. Mesmo nos dias mais tenebrosos dessas invasões, o espírito de estudo permaneceu sempre vivo nos mosteiros e assim tornou possível o seu pleno renascimento em tempos mais calmos.

A lenta reconquista do conhecimento

Depois da morte de Carlos Magno, a iniciativa da difusão do conhecimento recaiu cada vez mais sobre a Igreja. Diversos concílios locais clamaram pela abertura de escolas, como ocorreu num sínodo na Bavá-

---

(11) Philippe Wolff, *The Awakening of Europe*, pág. 77.

ria (798) ou nos concílios de Châlons (813) e Aix (816)[12]. O amigo de Alcuíno, Teodulfo, bispo de Orleans e abade de Fleury, também incitou a expandir a educação: «Nas aldeias e cidades, os sacerdotes devem abrir escolas. Se algum dos fiéis lhes confiar os seus filhos para que aprendam letras, não devem recusar-se a instruir esses pupilos com absoluta clareza, usando de toda a caridade [...]. Desempenharão essa tarefa sem pedir nenhum pagamento e, se receberem alguma coisa, que sejam apenas pequenos presentes oferecidos pelos pais»[13].

Como educadora da Europa, a Igreja foi a única luz que sobreviveu às constantes invasões bárbaras dos séculos IV e V e, nos séculos IX e X, às mais devastadoras ondas de ataques, desta vez dos vikings, magiares e muçulmanos, como dissemos acima. (Para se ter uma ideia do que foram estas invasões, tenha-se em conta que um dos mais conhecidos guerreiros vikings era chamado Thorfin Quebra-crânios). A visão certeira e a determinação dos bispos, monges, padres, estudiosos e administradores civis católicos salvaram a Europa de um segundo colapso[14]. Tudo isso se deveu às sementes da instrução plantadas por Alcuíno. Como escreveu um erudito, «havia apenas uma tradição disponível: a que provinha das escolas fomentadas por Alcuíno»[15].

Após o declínio do Império carolíngio, segundo o historiador Christopher Dawson, os monges iniciaram a recuperação do saber:

> «Os grandes mosteiros, especialmente os do sul da Alemanha – Saint Gall, Reichenau e Tegernsee –, foram as únicas ilhas remanescentes da vida intelectual no meio do refluxo do barbarismo que, mais uma vez, ameaçava submergir a Cristandade. Porque, embora a vida monástica pareça à primeira vista uma instituição pouco apta para resistir à destruição material de uma época de guerras e sem lei, demonstrou possuir um extraordinário poder de recuperação»[16].

---

(12) Philippe Wolff, *The Awakening of Europe*, págs. 48-49.
(13) David Knowles, *The Evolution of Medieval Thought*, pág. 66.
(14) Philippe Wolff, *The Awakening of Europe*, págs. 153ss.
(15) Andrew Fleming West, *Alcuin and the Rise of the Christian Schools*, Charles Scribner's Sons, Nova York, 1892, pág. 179.
(16) Christopher Dawson, *Religion and the Rise of Western Culture*, Image Books, Nova York, 1991 [1950], pág. 66.

II. UMA LUZ NAS TREVAS

Esse poder de recuperação dos mosteiros manifestou-se na rapidez e intensidade com que trabalharam para reparar a devastação das invasões e o colapso político.

«Noventa e nove de cada cem mosteiros podiam ser queimados e os seus monges assassinados ou expulsos, mas bastava que ficasse um único sobrevivente para que se reconstruísse toda a tradição; e os lugares arrasados não tardavam a ser repovoados por novos monges, que retomavam a tradição interrompida, seguindo as mesmas regras, cantando a mesma liturgia, lendo os mesmos livros e tendo os mesmos pensamentos que os seus predecessores. Foi assim que a vida monástica e a cultura monacal retornaram na época de São Dunstan à Inglaterra e à Normandia, vindos de Fleury e Ghent, depois de mais de um século de completa destruição; daí resultou que, um século mais tarde, os mosteiros normandos e ingleses se contavam novamente entre os líderes da cultura ocidental»[17].

Esta preservação da herança clássica ocidental e das realizações da Renascença Carolíngia não foi coisa simples. Hordas de invasores saquearam muitas vezes os mosteiros e incendiaram bibliotecas, cujos volumes eram mais preciosos para a comunidade intelectual daquele tempo do que podem imaginar os leitores modernos, tão acostumados a ofertas baratas e abundantes de livros. Dawson tem toda a razão em dizer que foram os monges que preservaram da extinção a luz do conhecimento.

Uma das luminárias do primeiro estágio da reconquista foi Gerberto de Aurillac, que mais tarde se tornaria o papa *Silvestre II* (999-1003). Era sem dúvida o homem mais culto da Europa na sua época, tendo-se tornado famoso pela vastidão dos seus conhecimentos, que abrangiam astronomia, literatura latina, matemática, música, filosofia e teologia. A sua fome de manuscritos antigos evoca-nos o entusiasmo do século XV, quando a Igreja oferecia recompensas aos humanistas que recuperassem textos antigos.

A partir dos anos 970, Gerberto dirigiu a escola episcopal de Reims – onde estudara lógica avançada –, e pôde dedicar-se inteiramente ao estu-

---

(17) Christopher Dawson, *Religion and the Rise of Western Culture*; grifo nosso.

do e ao ensino. «A fé faz viver o justo – dizia –, mas é bom adicionar-lhe a ciência»[18]. Pôs muita ênfase no cultivo da capacidade de raciocínio, que não em vão foi dada ao homem por Deus: «A divindade concedeu um grande dom aos homens, concedendo-lhes a fé e, ao mesmo tempo, não lhes negando o conhecimento – escreveu –. Aqueles que não o possuem são chamados tolos»[19].

Em 997, o imperador alemão Otto III escreveu-lhe implorando a sua ajuda. Desejando ardentemente a sabedoria, recorreu ao futuro papa: «Sou um ignorante – confessou –, e a minha educação foi enormemente negligenciada. Vem e ajuda-me. Corrige o que esteja errado e dá-me conselhos para que governe o império com retidão. Despe-me da minha grosseria saxônica e fomenta as coisas que herdei dos meus antepassados gregos. Explica-me o livro de aritmética que me enviaste». Gerberto acedeu alegremente ao pedido do rei. «Sendo grego por nascimento e romano pelo Império – assegurou-lhe –, podes pedir por direito de herança os tesouros dos gregos e a sabedoria dos romanos. Não é verdade que há neles algo de divino?»[20]

A dedicação de Gerberto ao ensino e a influência que exerceu nos professores e pensadores posteriores foram emblemáticas na recuperação de um século de invasões da Europa, uma recuperação que teria sido impossível sem a inspiração da Igreja.

O trabalho e as intenções da Igreja viriam a trazer os seus maiores frutos no desenvolvimento do sistema universitário, como veremos daqui a pouco; mas antes analisemos as sementes da instrução plantadas pelos mosteiros.

---

(18) Henri Daniel-Rops, *A Igreja dos tempos bárbaros*, pág. 548.
(19) Philippe Wolff, *The Awakening of Europe*, pág. 183.
(20) Philippe Wolff, *The Awakening of Europe*, págs. 177-178.

III. COMO OS MONGES SALVARAM A CIVILIZAÇÃO

Os monges desempenharam um papel crucial no desenvolvimento da civilização ocidental. A julgar pelas práticas de ascese a que se dedicavam, dificilmente se poderia imaginar o enorme impacto que viriam a provocar no mundo exterior. Mas esse fato histórico surpreende menos quando nos lembramos das palavras de Cristo: *Procurai primeiro o reino dos céus e tudo o mais vos será dado por acréscimo*. Essa é, em poucas palavras, a história dos monges.

Inícios do monaquismo

As formas mais antigas da vida monástica surgem já no século III[1]. Encontramo-las em São Paulo de Tebas e no mais popularmente conhecido Santo Antão do Egito (também conhecido por Santo Antão do deserto), que viveu entre os meados do século III e os do IV, e se fez eremita, retirando-se para os desertos do Egito em busca da sua perfeição espiritual pessoal; o que não impediu que o seu grande exemplo tivesse levado milhares a juntar-se a ele.

A vida dos eremitas tinha por característica que se retiravam para um lugar remoto e solitário, a fim de poderem renunciar às coisas mundanas e concentrar-se intensamente na sua vida espiritual. Viviam so-

---

(1) Philip Hughes, *A History of the Church*, vol. 1, ed. rev., Sheed and Ward, Londres, 1948, págs. 139-139. Foram prenunciadas, segundo alguns historiadores, pelas «virgens», mulheres que, desde os primeiros tempos do cristianismo, renunciavam ao casamento e se dedicavam ao cuidado dos pobres e doentes.

zinhos ou em grupos de dois ou três, habitavam em cavernas ou em cabanas simples, e sustentavam-se com o que pudessem produzir nos seus pequenos campos ou com trabalhos como o fabrico manual de cestos. A ausência de uma autoridade que dirigisse o seu regime espiritual levou alguns deles a observar práticas espirituais e penitenciais pouco comuns. De acordo com Philip Hughes, um competente historiador da Igreja, «havia eremitas que mal comiam ou dormiam, e outros que permaneciam imóveis por semanas a fio ou se fechavam em tumbas e lá permaneciam durante anos, recebendo apenas um mínimo de comida através de fendas na parede»[2].

O monaquismo cenobítico – monges que passaram a viver juntos num mosteiro –, com o qual estamos mais familiarizados, desenvolveu-se em parte como uma reação contra a vida dos eremitas e em reconhecimento de que os homens devem viver em comunidade. Essa foi a posição de São Basílio o Grande, que desempenhou um papel importante no desenvolvimento do monaquismo oriental. Não obstante, a vida eremítica nunca desapareceu completamente; mil anos depois de São Paulo de Tebas, um eremita foi eleito papa, com o nome de Celestino V.

O monaquismo oriental influenciou o Ocidente de muitas maneiras: através das viagens de Santo Atanásio, por exemplo, e dos escritos de João Cassiano – um homem do Ocidente que conhecia bem as práticas orientais. Mas o monaquismo ocidental deve muito mais a um dos seus próprios monges: São Bento de Núrsia. São Bento estabeleceu doze pequenas comunidades de monges em Subíaco, a trinta e oito milhas de Roma, e depois, cinquenta milhas ao sul, foi fundar Monte Cassino, o grande mosteiro pelo qual é lembrado. Foi aqui, por volta do ano 529, que compôs a famosa Regra de São Bento, cuja excelência se reflete no fato de ter sido universalmente adotada em toda a Europa Ocidental nos séculos posteriores.

A moderação dessa Regra, assim como a sua estrutura e ordem, facilitou a sua difusão pela Europa. Contrariamente aos mosteiros irlandeses, que eram conhecidos pelas suas severas privações (mas que, apesar disso, atraíram um considerável número de homens), os mosteiros beneditinos asseguravam aos seus monges alimentação e descanso adequa-

---

(2) *Ibid.*, pág. 140.

III. COMO OS MONGES SALVARAM A CIVILIZAÇÃO

dos, ainda que durante os tempos penitenciais o regime pudesse tornar-se mais austero. O monge beneditino típico vivia num nível material comparável ao dos camponeses italianos da época.

Cada mosteiro beneditino era independente de todos os outros e tinha um abade que cuidava dos assuntos da casa e da boa ordem. Anteriormente, os monges tinham a liberdade de perambular de um lugar para outro, mas São Bento concebeu um estilo de vida monástico em que cada um permanecia fixo no seu próprio mosteiro[3].

São Bento também eliminou da existência do monge qualquer vestígio do seu passado no mundo, quer tivesse sido de grande riqueza ou de servidão e miséria, porque todos eram iguais em Cristo. O abade beneditino «não deve fazer distinção entre as pessoas do mosteiro [...]. Um homem livre não deve ser preferido a outro nascido em servidão, a menos que haja alguma causa razoável. Porque, sejamos escravos ou livres, somos todos um em Cristo [...]. Deus não faz acepção de pessoas».

Ao retirar-se para um mosteiro, o monge propunha-se cultivar uma vida espiritual mais disciplinada e dedicada a trabalhar pela sua salvação num ambiente e sob um regime que favorecesse esse propósito. A intenção dos monges não era levar a cabo grandes façanhas em benefício da civilização europeia, embora tivesse chegado um momento em que viriam a abraçar o trabalho para o qual os tempos pareciam chamá-los.

Durante um período de grande turbulência, a tradição beneditina manteve-se intacta e as suas casas permaneceram como oásis de ordem e de paz. Pode-se dizer de Monte Cassino, a casa-mãe dos beneditinos, que a sua própria história refletiu essa permanência. Saqueada pelos bárbaros lombardos em 589, destruída pelos sarracenos em 884, arrasada por um terremoto em 1349, pilhada pelas tropas francesas em 1779 e arrasada pelas bombas da Segunda Guerra Mundial em 1944, Monte Cassino recusou-se a desaparecer, pois de cada uma dessas vezes os seus monges tornaram a reconstruí-lo[4].

---

(3) No início do século X, com o estabelecimento do mosteiro de Cluny, introduziu-se um certo grau de centralização na tradição beneditina. O abade de Cluny possuía autoridade sobre todos os mosteiros afiliados àquela casa, designando priores para dirigir as atividades cotidianas de cada um.

(4) Will Durant, *The Age of Faith*, MJF Books, Nova York, 1950, pág. 519.

As simples estatísticas dificilmente podem fazer justiça às realizações beneditinas, mas a verdade é que, nos começos do século XIV, a Ordem já proporcionara à Igreja 24 papas, 200 cardeais, 7.000 arcebispos, 1.000 bispos e 1.500 santos canonizados; e, em começos do século XIV, teria contado 37.000 mosteiros, número talvez exagerado. E a sua influência não se deu somente dentro da Igreja; o seu ideal monástico foi tão exaltado em toda a sociedade que chegou a ser perfilhado por perto de vinte imperadores, dez imperatrizes, quarenta e sete reis e cinquenta rainhas[5]. Grande parte dos mais poderosos da Europa acolheram-se, pois, à vida humilde e ao regime espiritual da Ordem beneditina, como tinha acontecido entre os bárbaros com figuras como Carlomano dos francos e Rochis dos lombardos[6].

As artes práticas

Embora as pessoas instruídas pensem que toda a contribuição dos mosteiros medievais para a civilização ocidental se circunscreveu à busca da erudição e da cultura, não se deve passar por alto o impulso que deram às chamadas artes práticas. A agricultura é um exemplo particularmente significativo. No início do século XX, Henry Goodell, presidente do que então era o Massachusetts Agricultural College, exaltou «o trabalho daqueles grandes velhos monges ao longo de 1500 anos. Eles salvaram a agricultura quando ninguém mais poderia fazê-lo. Praticaram-na no contexto de uma nova forma de vida e de novas condições, quando ninguém mais ousava empreendê-la»[7].

É expressivo o testemunho de outro especialista: «Devemos aos monges a recuperação agrícola de grande parte da Europa». Outro acrescenta

---

(5) G. Cyprian Alston, «The Benedictine Order», em Charles G. Hebermann, Edward A. Pace, Condé B. Pallen, Thomas J. Shahan e John J. Wynne (eds.), *Catholic Encyclopedia*, The Encyclopedia Press, 1913.

(6) Alexander Clarence Flick, *The Rise of the Medieval Church*, Burt Franklin, Nova York, 1909, pág. 216.

(7) Henry H. Goodell, «The Influence of the Monks in Agriculture», discurso pronunciado diante do Massachusetts State Board of Agriculture, 23.08.1901, em *The Goodell Papers*, University of Massachusetts, Amherst.

III. COMO OS MONGES SALVARAM A CIVILIZAÇÃO

ainda: «Em qualquer lugar em que estiveram, converteram terra bravia em campos cultivados; dedicaram-se à criação de gado e à agricultura, trabalharam com as suas próprias mãos, drenaram pântanos e desmataram florestas. Por eles a Alemanha tornou-se um país fértil». Outro historiador aponta que «todos os mosteiros beneditinos eram uma escola de agricultura para toda a região na qual estavam situados»[8]. No século XIX, o político e historiador francês François Guizot, que não tinha especial simpatia pela Igreja Católica, observou: «Os monges beneditinos foram os agricultores da Europa; transformaram-na em terras de cultivo em larga escala, associando agricultura e oração»[9].

O trabalho manual, especialmente exigido pela Regra de São Bento, desempenhou um papel central na vida monástica. Ainda que a Regra fosse conhecida pela sua moderação e pela aversão a penitências exageradas, os monges abraçavam com gosto as tarefas mais difíceis e menos atraentes, porque as encaravam como canais da graça e oportunidades de mortificar a carne; isso era bem evidente no trabalho de mondar e preparar a terra. A respeito dos pântanos, predominava a ideia de que não tinham nenhum valor e eram focos de pestilência. Mas os monges assumiram o desafio que representava represá-los e drená-los, e em pouco tempo conseguiram transformar o que até então era uma fonte de doenças e imundície em fértil terra cultivada[10].

Montalembert, o grande historiador dos monges do século XIX, rendeu-lhes homenagem pelo grande trabalho agrícola que empreenderam. «É impossível esquecer – escreveu – como souberam aproveitar tão vastas terras incultas e desabitadas (um quinto de todo o território da Inglaterra), cobertas de florestas e cercadas de pântanos». Essas eram, com efeito, as características da maior parte das terras que os monges ocupavam, em parte por serem lugares mais retirados e inacessíveis – o que favorecia a vida em solidão –, e em parte por serem terras que os doadores leigos lhes ofereciam mais facilmente[11]. Ao desmatarem as florestas para destiná-las ao cultivo e habitação,

---

(8) Alexander Clarence Flick, *The Rise of the Medieval Church*, pág. 223.
(9) Cf. John Henry Newman, *Essays and Sketches*, vol. 3, Charles Frederick Harrold (ed.), Longmans, Green and Co., Nova York, 1948, págs. 264-265.
(10) Henry H. Goodell, «The Influence of the Monks in Agriculture», pág. 11.
(11) *Ibid.*, pág. 6.

tinham o cuidado de plantar árvores e de conservar as matas, dentro do possível[12].

Um exemplo particularmente vivo da salutar influência dos monges no seu entorno físico é o que nos dão os pântanos de Southampton, na Inglaterra. Um especialista descreve como era essa região no século VII, antes da fundação da abadia de Thorney:

> «Não passava de um enorme pântano. Os charcos, no século VII, eram provavelmente parecidos com as florestas da desembocadura do Mississipi ou as marismas das Carolinas: um labirinto de errantes córregos negros; grandes lagoas, atoleiros submersos a cada maré da primavera; enormes extensões de juncos, carriços e samambaias; grandes bosques de salgueiros, amieiros e álamos cinzentos; florestas de abetos e carvalhos, freixos e álamos, aveleiras e teixos, que em outro tempo haviam crescido naquele solo baixo e fétido, agora eram engolidas lentamente pela turfa flutuante, que vagarosamente devorava tudo, embora tudo conservasse. Árvores derrubadas pelas inundações e tormentas flutuavam e se acumulavam, represando as águas sobre o terreno. Córregos desnorteados nas florestas mudavam de leito, misturando limo e areia com o solo negro da turfa. A natureza, abandonada ao seu próprio curso, corria cada vez mais para uma selvagem desordem e caos, até transformar todo o charco em um lúgubre pântano»[13].

Cinco séculos depois, foi assim que William de Malmesbury (cerca de 1096-1143) descreveu essa região:

> «É uma réplica do paraíso, onde parecem refletir-se a delicadeza e a pureza do céu. No meio das lagoas, erguem-se bosques de árvores que parecem tocar as estrelas com as suas altas e esbeltas frondes; o olhar fascinado vagueia sobre o mar de ervas verdejantes, os pés pisam as amplas pradarias sem encontrar obstáculos no

---

(12) Charles Montalembert, *The Monks of the West: From St. Benedict to St. Bernard*, vol. 5, Nimmo, Londres, 1896, pág. 208.

(13) Henry H. Goodell, «The Influence of the Monks in Agriculture», págs. 7-8.

seu caminho. Até onde a vista alcança, nenhum palmo de terra está por cultivar. Aqui o solo é escondido pelas árvores frutíferas; acolá, pelas vinhas estendidas sobre o chão ou puxadas para o alto sobre caramanchões. Natureza e arte rivalizam, uma suprindo tudo o que a outra esqueceu de produzir. Ó profunda e amável solidão! Foste dada por Deus aos monges, para que a sua vida mortal pudesse aproximá-los diariamente do céu»[14].

Aonde quer que tenham ido, os monges introduziram plantações, indústrias ou métodos de produção desconhecidos do povo. Aqui introduziam a criação de gado e de cavalos, ali a elaboração da cerveja, a criação de abelhas ou a produção de frutas. Na Suécia, o comércio de cereais deve a sua existência aos monges; em Parma, a produção do queijo; na Irlanda, a pesca do salmão e, em muitos lugares, as vinhas de alta qualidade. Os monges represavam as águas das nascentes a fim de distribuí-las em tempos de seca. Foram os monges dos mosteiros de Saint Laurent e Saint Martin que, observando as águas das fontes espalharem-se inutilmente pelos prados de Saint Gervais e Belleville, as canalizaram para Paris. Na Lombardia, os camponeses aprenderam dos monges a irrigação, o que contribuiu poderosamente para tornar a região tão famosa em toda a Europa pela sua fertilidade e riqueza. Os monges foram os primeiros a trabalhar na melhoria das raças do gado, em vez de as deixar evoluir ao acaso[15].

Em inúmeros casos, o bom exemplo dos monges serviu de inspiração a muitos, especialmente incentivando-os a respeitar e honrar o trabalho manual em geral e a agricultura em particular. «A agricultura tinha entrado em decadência – diz um estudioso –. O que outrora tinham sido campos férteis, estava agora coberto de charcos e os homens que deveriam ter cultivado a terra rejeitavam o arado como algo degradante». Mas quando os monges emergiram das suas celas para cavar valas e arar os campos, «esse empenho teve um efeito mágico. Os camponeses retornaram a uma atividade nobre, mas desprezada»[16].

---

(14) *Ibid.*, pág. 8.
(15) *Ibid.*, págs. 8-9.
(16) *Ibid.*, pág. 10.

O papa São Gregório Magno (590-604) conta-nos uma reveladora história sobre o abade Equitius, um missionário do século VI de notável eloquência. Quando um enviado pontifício foi ao mosteiro procurá-lo, dirigiu-se imediatamente ao *scriptorium* – a sala destinada à cópia dos textos –, esperando encontrá-lo entre os copistas. Mas não estava lá. Os calígrafos limitaram-se a dizer: «Está lá em baixo, no vale, cortando o feno»[17].

Os monges também foram pioneiros na produção do vinho, que utilizavam tanto para a celebração da Santa Missa como para o consumo ordinário, expressamente permitido pela Regra de São Bento. Pode-se atribuir a descoberta do champanhe a Dom Perignon, um monge da abadia de São Pedro, em Hautvilliers-no-Marne. Encarregado em 1688 de cuidar da adega da abadia, esse monge descobriu o champanhe misturando diversos tipos de vinho. O princípio fundamental que ele estabeleceu continua a nortear até hoje a produção desse espumante[18]. Talvez não tão glamourosas como algumas contribuições intelectuais dos monges, essas tarefas cruciais foram quase tão importantes como as que contribuíram para a construção e preservação da civilização do Ocidente, numa época de tumulto e desesperança generalizados.

Os monges também deram um contributo importante à tecnologia medieval. Os cistercienses – uma Ordem beneditina reformada, estabelecida em Citeaux em 1098 – eram muito conhecidos pela sua sofisticação tecnológica; qualquer avanço obtido difundia-se rapidamente graças à vasta rede de comunicação que ligava os diversos mosteiros: é por isso que encontramos sistemas hidráulicos muito similares em mosteiros situados a grande distância uns dos outros, até mesmo a milhares de milhas[19]. «Esses mosteiros – escreve um historiador – eram verdadeiramente as unidades fabris mais produtivas de todas as que haviam existido até então na Europa e talvez no mundo»[20].

---

(17) Charles Montalembert, *The Monks of the West*, vol. 5, págs. 198-9.

(18) John B. O'Connor, *Monasticism and Civilization*, P.J. Kennedy & Sons, Nova York, 1921, págs. 35-6.

(19) Jean Gimpel, *The Medieval Machine: The Industrial Revolution of the Middle Ages*, Holt, Rinehart, and Winston, Nova York, 1976, pág. 5.

(20) Randall Collins, *Weberian Sociological Theory*, Cambridge University Press, Cambridge, 1986, págs. 53-4.

III. COMO OS MONGES SALVARAM A CIVILIZAÇÃO

A comunidade monástica cisterciense tinha geralmente as suas próprias fábricas para a produção de energia hidráulica, que lhes servia para moer o trigo, peneirar a farinha, lavar a roupa e tratar o couro[21]. Se o mundo da antiguidade clássica não adotou a mecanização para fins industriais em grau significativo, já o mundo medieval o fez em larga escala, como se vê por um relatório do mosteiro cisterciense de Claraval, datado do século XII, que descreve o modo como nele se usava a energia hidráulica:

«Entrando por baixo do muro exterior da abadia, que, como um porteiro, lhe dá passagem, inicialmente o arroio lança-se de modo impetuoso no moinho, contorcendo-se em um movimento revolto, primeiro para moer o trigo sob o peso das pedras, depois para agitar a fina peneira que separa a farinha do farelo. Depois de alcançar a construção seguinte, enche os tanques e entrega-se às chamas, que o aquecem para preparar a cerveja ou o licor dos monges, quando as vinhas recompensam o duro trabalho dos vinicultores com uma colheita pobre. Mas o arroio ainda não concluiu a sua tarefa. Convocam-no os lavadores, postados perto do moinho. No moinho, ocupara-se em preparar alimento para a irmandade; agora cuida-lhes da roupa. Nunca se esquiva nem se recusa a fazer qualquer coisa que lhe seja pedida. Levanta e deixa cair um a um os pesados pilões, os grandes martelos de madeira, poupando assim aos monges grandes fadigas... Quantos cavalos não cairiam esgotados, quantos homens não ficariam com os braços extenuados, se esse gracioso rio, ao qual devemos roupas e comida, não trabalhasse por nós!

«Depois de fazer girar o eixo a uma velocidade muito superior à que qualquer roda é capaz de se mover, desaparece em um frenesi de espuma; é como se ele próprio se deixasse triturar pelo moinho. Em seguida, entra no curtume, onde se mostra ainda mais aplicado e diligente no preparo do couro para o calçado dos monges; depois,

---

(21) Como aponta Jean Gimpel no seu livro *The Medieval Machine*, um relatório do século XII sobre a utilização da energia hidráulica no mosteiro de Claraval, na França, poderia ter sido escrito 742 vezes, já que, naquela época, era esse o número de mosteiros cistercienses que existiam na Europa. O mesmo nível de conquistas tecnológicas podia observar-se praticamente em todos eles (Randall Collins, *Weberian Sociological Theory*, págs. 53-4).

divide-se em uma multidão de pequenos veios e prossegue o seu curso para cumprir os deveres que lhe são confiados, sempre atento a todos os trabalhos que requerem a sua participação, sejam eles quais forem – cozinhar, peneirar, girar, moer, regar ou lavar –, sem se recusar nunca a colaborar em qualquer tarefa. Finalmente, carrega para fora os resíduos, deixando tudo imaculado»[22].

A perícia dos monges ia das inovações de grande valor prático às curiosidades interessantes. No início do século XI, por exemplo, um monge chamado Eilmer voou mais de 180 metros com um planador, realizando uma façanha que seria recordada durante os três séculos seguintes[23]. Houve também entre os monges consumados fabricantes de relógios. O primeiro relógio de que temos notícia foi construído pelo futuro papa Silvestre II para a cidade germânica de Magdeburgo, por volta do ano 996. Posteriormente, outros monges foram aperfeiçoando essa técnica. Peter Lightfoot, um monge de Glastonbury, construiu no século XIV um dos mais antigos relógios que chegaram até nós e que agora se encontra, em excelentes condições, no Museu de Ciência de Londres.

Richard de Wallingford, um abade do século XIV, da abadia beneditina de Saint Albans (e um dos precursores da trigonometria no Ocidente), é famoso pelo relógio astronômico que projetou para o seu mosteiro. Diz-se que, pelo menos nos dois séculos seguintes, não apareceu outro relógio que se igualasse a esse em sofisticação tecnológica; era uma maravilha para a sua época. Não sobreviveu muito tempo: talvez tenha desaparecido entre os objetos dos mosteiros confiscados por Henrique VIII. Mas as notas deixadas pelo abade permitiram fazer um

---

(22) Citado em David Luckhurst, «Monastic Watermills», Society for the Protection of Ancient Buildings, n. 8, London, s.d., pág. 6; citado em Gimpel, págs. 5-6.

(23) Stanley L. Jaki, «Medieval Creativity in Cience and Technology», em *Patterns and Principles and Other Essays*, Byrn Mawr, Pasadena, Intercollegiate Studies Institute, 1995, pág. 81; cf. Lynn White Jr., «Eilmer of Malmesbury, an Eleventh-Century Aviator: A Case Study of Technological Innovation, Its Context and Tradition», *Technology and Culture 2* (1961), págs. 97-111.

Séculos mais tarde, o pe. Francesco Lana-Terzi – não um monge, mas um padre jesuíta – estudou de um modo mais sistemático o tema do voo, ganhando a honra de ser chamado o pai da aviação. O seu livro *Prodromo alla Arte Maestra*, de 1670, foi o primeiro a descrever a geometria e a física de uma aeronave (Joseph MacDonnell, *Jesuit Geometers*, St. Louis, Institute of Jesuit Sources, 1989, págs. 21-22).

modelo e uma réplica desse relógio em escala real. Além de marcar o tempo, conseguia prever com precisão os eclipses lunares.

Os monges como consultores técnicos

Os cistercienses também eram conhecidos pela sua perícia em metalurgia. «Na sua rápida expansão pela Europa – escreve Jean Gimpel –, os cistercienses vieram a desempenhar um papel significativo na difusão de novas técnicas, porque o alto nível da sua tecnologia agrícola se equiparava à sua tecnologia industrial. Todos os mosteiros possuíam a sua fábrica – frequentemente tão espaçosa como a igreja e a pouca distância dela –, com diversas máquinas no subsolo movidas a energia hidráulica»[24]. De vez em quando, os monges recebiam em doação minas de ferro, quase sempre juntamente com os fornos necessários para extrair o metal; outras vezes, eles próprios compravam as minas e os fornos. Embora precisassem do ferro para uso próprio, houve um momento em que os mosteiros cistercienses estiveram em condições de oferecer os seus excedentes para venda: com efeito, da metade do século XIII até o século XVII, os cistercienses foram os líderes em produção de ferro na região francesa da Champagne. Sempre empenhados em melhorar a eficiência dos seus mosteiros, usavam a escória das suas fornalhas como fertilizante, pois pela sua alta concentração de fosfato eram especialmente úteis para essa finalidade[25].

Esses avanços eram parte de um fenômeno mais amplo de conquistas tecnológicas. Observa Gimpel que «a Idade Média introduziu a mecanização na Europa em uma escala que nenhuma civilização havia conhecido até então»[26]. E os monges, segundo outro estudo, foram «os hábeis consultores técnicos não remunerados do terceiro mundo daqueles tempos – isto é, da Europa após as invasões bárbaras»[27]. E prossegue:

---

(24) Jean Gimpel, *The Medieval Machine*, pág. 67.
(25) *Ibid.*, pág. 68.
(26) *Ibid.*, pág. 1.
(27) Réginald Grégoire, Léo Moulin e Raymond Oursel, *The Monastic Realm*, pág. 271.

«Com efeito, quer na mineração do sal, do chumbo, do ferro, do alumínio ou da cal, quer na metalurgia, na extração do mármore, na cutelaria, na vidraria ou na forjaria, não havia nenhuma atividade em que os monges não demonstrassem a sua criatividade e um fértil espírito de pesquisa. Desenvolveram e aprimoraram o seu trabalho até alcançarem a perfeição, e o seu *know-how* viria a espalhar-se por toda a Europa»[28].

Os arqueólogos ainda continuam a pesquisar o alcance da perícia e engenhosidade tecnológica dos monges. Em fins da década de 1990, o arqueólogo-metalurgista Gerry McDonnell, da Universidade de Bradford, encontrou nas proximidades da abadia de Rievaulx, em North Yorkshire, Inglaterra, evidências de um grau de sofisticação tecnológica que apontava para as grandes máquinas da revolução industrial do século XVIII. (A abadia de Rievaulx foi um dos mosteiros que o rei Henrique VIII mandou fechar por volta de 1530). Explorando as ruínas de Rievaulx e Laskill, McDonnell descobriu a cerca de quatro milhas do mosteiro um forno construído pelos monges para extrair ferro do minério.

O tipo de forno que existia no século XVI progrediu relativamente pouco em comparação com os seus antecessores e era notavelmente ineficiente para os padrões modernos. A escória ou subproduto desses fornos continha uma concentração significativa de ferro, já que não se conseguia atingir temperaturas suficientemente altas para extrair todo o ferro do minério. Mas a escória que McDonnell descobriu em Laskill continha uma baixa quantidade de ferro, semelhante à escória hoje produzida por um moderno alto-forno.

McDonnell acha que os monges estiveram perto de construir fornos para uma produção de ferro fundido em larga escala – tal como aconteceria na era industrial –, e que o forno de Laskill foi o protótipo desses fornos. «Um dos pontos-chave foi que os cistercienses tinham todos os anos encontros regulares de abades, e isso permitia-lhes compartilhar os avanços tecnológicos que se alcançavam em qualquer parte da Europa –

---

(28) *Ibid.*, pág. 275.

disse ele –. A dissolução dos mosteiros rompeu essa rede de transferência de tecnologia». Os monges «tinham capacidade para fabricar altos-fornos que não produzissem nada além de ferro fundido. Estavam em condições de fazê-lo em larga escala, mas, ao suprimir os mosteiros da Inglaterra, Henrique VIII quebrou esse potencial»[29]. Não fosse pela cobiça do rei em apossar-se dos bens da Igreja, os monges teriam chegado aos umbrais da era industrial, com a sua explosão de riqueza, população e expectativa de vida. Em vez disso, esse avanço teve que esperar mais de dois séculos e meio.

Obras de caridade

Em outro capítulo, veremos com mais detalhe quais foram as obras assistenciais da Igreja. Por agora, limitemo-nos a mencionar que a Regra beneditina exortava os monges a ser esmoleres e a cultivar a hospitalidade. De acordo com essa Regra, como vimos, todos os que chegavam deviam ser recebidos como se fossem Cristo. Os mosteiros davam hospedagem gratuita, proporcionavam um lugar de descanso calmo e seguro a viajantes estrangeiros, peregrinos e pobres. Um antigo historiador da abadia normanda de Bec escreveu: «Perguntem como espanhóis, burgúndios ou quaisquer outros viajantes têm sido recebidos em Bec. Responderão que as portas do mosteiro estão sempre abertas a todos e que a todos se oferece pão gratuitamente»[30]. Era em obediência ao espírito de Cristo que davam abrigo e conforto a qualquer forasteiro.

Os monges eram igualmente conhecidos pelo empenho com que saíam em busca dos infelizes que, perdidos ou isolados quando caía a noite, necessitavam de um abrigo. Em Aubrac, por exemplo, onde tinham fundado um albergue no meio das montanhas do Rouergue, em fins do século XVI, um sino especial tocava todas as noites para chamar qualquer viandante que se tivesse extraviado ou fosse surpreendido pela intimidante escuridão da floresta. Era um sino conhecido pelo povo como «o sino dos caminhantes»[31].

---

(29) David Derbyshire, «Henry 'Stamped Out Industrial Revolution'», *Telegraph*, 21.06.2002, ed. britânica; cf. também «Henry's Big Mistake», *Discover*, fev. 1999.
(30) Charles Montalembert, *The Monks of the West*, vol. 5, págs. 89-90, 225.
(31) *Ibid.*, pág. 227.

Também não era infrequente que os monges que viviam junto do mar montassem dispositivos para avisar os marinheiros dos obstáculos perigosos, ou que os mosteiros próximos tivessem provisões reservadas para acolher os náufragos. Diz-se que a cidade de Copenhague deveu a sua origem a um mosteiro estabelecido pelo seu fundador, o bispo Absalon, para socorrer os náufragos. Em Arbroath, na Escócia, os monges fixaram um sino flutuante numa rocha traiçoeira, muito conhecida na costa de Forfarshire. Em determinadas fases da maré, a rocha quase não se via, escondida pelas águas, e muitos marinheiros se apavoravam, temerosos de chocar-se contra ela. As ondas faziam soar o sino e os marinheiros se acautelavam para fugir do perigo. Até hoje, a rocha é conhecida como a «Rocha do Sino»[32]. Estes exemplos são uma pequena amostra da preocupação dos monges pelas pessoas que viviam nas redondezas. Acrescente-se a isso o contributo que deram para a construção ou reparação de pontes, estradas e outros elementos da infraestrutura medieval.

O trabalho monástico com que estamos mais familiarizados é a cópia de manuscritos, tanto sagrados como profanos. Era uma ocupação considerada especialmente honrosa para os que a realizavam. Um prior cartuxo escreveu: «O diligente trabalho exigido por esta tarefa deve ser umas das principais ocupações dos cartuxos na sua clausura [...]. Pode-se dizer que, em certo sentido, é um trabalho imortal, que nunca passa e permanece para sempre; um trabalho que, por assim dizer, não é trabalho; uma tarefa que se destaca por cima de todas as outras como a mais apropriada para a educação religiosa dos homens»[33].

A palavra escrita

A honrosa tarefa dos copistas era difícil e exigente. Em um manuscrito monástico, lemos estas palavras: «Quem não sabe escrever pensa que não é um trabalho; mas a verdade é que, embora se sustente a pena só com três dedos, todo o corpo se cansa». Os monges tinham de tra-

---

(32) *Ibid.*, págs. 227-28.
(33) John B. O'Connor, *Monasticism and Civilization*, pág. 118.

III. COMO OS MONGES SALVARAM A CIVILIZAÇÃO

balhar frequentemente no meio do frio mais cortante. Ao concluir uma cópia que fez do comentário de São Jerónimo ao Livro de Daniel, um copista monástico pedia a nossa simpatia: «Rogo aos leitores que fizerem uso deste trabalho que tenham por bem não se esquecerem daquele que o copiou: era um pobre irmão chamado Luis que, enquanto transcrevia este volume trazido de um país estrangeiro, suportou o frio e foi obrigado a terminar de noite o que não conseguiu escrever à luz do dia. Mas Tu, Senhor, serás a plena recompensa do seu esforço»[34].

No século VI, um senador romano já retirado da vida pública, que se chamava Cassiodoro, teve um primeiro vislumbre do papel cultural que os mosteiros viriam a desempenhar. Em meados desse século, fundou o mosteiro de Vivarium no sul da Itália, dotando-o de uma refinada biblioteca – a bem dizer, a única biblioteca desse período de que hoje se tem notícia – e insistiu na importância de copiar manuscritos. Parece que alguns importantes manuscritos cristãos desse mosteiro se encontram hoje na Biblioteca Lateranense, à disposição dos papas[35].

Surpreendentemente, não é a Vivarium, mas a outras bibliotecas monásticas e *scriptoria*, que devemos a maior parte da literatura latina antiga que chegou até nós. Nos casos em que não foram conservadas e transcritas pelos monges, essas obras sobreviveram graças às bibliotecas e escolas associadas às grandes catedrais medievais[36]. A par das suas próprias contribuições originais, a Igreja empenhou-se em preservar livros e documentos que foram de seminal importância para salvar a civilização antiga.

Descrevendo o acervo da sua biblioteca em York, o grande Alcuíno referiu-se a obras de Aristóteles, Cícero, Lucano, Plínio, Estácio, Pompeu Trogo e Virgílio. Na sua correspondência, cita ainda outros autores clássicos, como Ovídio, Horácio e Terêncio[37]. E não estava sozinho na sua familiaridade com os escritores antigos e no apreço por eles. *Lupo* (cerca de 805-862), o abade de Ferrières, cita Cícero, Horácio, Marcião, Suetónio e Virgílio. Abbon de Fleury (cerca de 950-

---

(34) Charles Montalembert, *The Monks of the West*, vol. 5, págs. 151-2.
(35) Leighton D. Reynolds e Nigel G. Wilson, *Scribes and Scholars*, pág. 83.
(36) *Ibid.*, págs. 81-82.
(37) Charles Montalembert, *The Monks of the West*, vol. 5, pág. 145.

-1004), que foi abade do mosteiro de Fleury, demonstra estar particularmente familiarizado com Horácio, Salustiano, Terêncio e Virgílio. Desidério – tido como o maior dos abades de Monte Cassino, depois do próprio Bento, e que, em 1086, veio a tornar-se o papa Vítor III – supervisionou a transcrição de Horácio e de Sêneca, assim como a do *De natura deorum*, de Cícero, e dos *Fastos* de Ovídio[38]. O seu amigo, o arcebispo Alfano, que também tinha sido monge em Monte Cassino, manejava com similar fluência as obras dos escritores antigos, e citava frequentemente Apolônio, Aristóteles, Cícero, Platão, Varrão e Virgílio, além de imitar Ovídio e Horácio nos seus versos. Santo Anselmo, enquanto foi abade de Bec, recomendou aos seus alunos a leitura de Virgílio e outros escritores clássicos, embora os aconselhasse a passar por alto trechos moralmente censuráveis[39].

O grande Gerberto de Aurillac não se limitou a ensinar lógica; também analisava com os seus alunos passagens de Horácio, Juvenal, Lucano, Pérsio, Terêncio, Estácio e Virgílio; sabemos de conferências sobre autores clássicos que pronunciou em lugares como Saint Alban's e Paderborn. Conserva-se de Santo Hildeberto um exercício escolar que compôs juntando excertos de Cícero, Horácio, Juvenal, Pérsio, Sêneca, Terêncio e outros: o cardeal John Henry Newman – o grande converso do anglicanismo do século XIX e talentoso historiador – dá a entender que Santo Hildeberto conhecia Horácio praticamente de cor[40]. O certo

---

(38) *Ibid.*, pág. 146; Raymund Webster, «Pope Victor III», em *Catholic Encyclopedia*.

(39) Charles Montalembert, *The Monks of the West*, vol. 5, pág. 146. Sobre todo este tema, veja-se também John Henry Newman, *Essays and Sketches*, vol. 3, págs. 320-21.

(40) John Henry Newman, *Essays and Sketches*, vol. 3, págs. 316-17. Ao longo da história do monaquismo, encontramos abundantes evidências da devoção dos monges pelos livros. São Benedito Biscop, por exemplo, que fundou o mosteiro de Wearmouth, na Inglaterra, chegou a viajar até os lugares mais remotos com o propósito de encontrar volumes para a sua biblioteca monástica: embarcou cinco vezes com essa finalidade, e de cada vez trouxe uma carga considerável (Charles Montalembert, *The Monks of the West*, vol. 5, pág. 139). Lupo pediu a um amigo abade que lhe permitisse copiar *A vida dos Césares*, de Suetônio, e implorou a outro que lhe conseguisse *A conspiração de Catilina* e a *Guerra jugurtina*, de Salústio, além do *Verrines*, de Cícero, e de qualquer outro volume que fosse de interesse. Pediu a outro amigo que lhe emprestasse a *Retórica* de Cícero e solicitou ao papa uma cópia das *Institutiones*, de Quintiliano, e de outros textos.

Gerberto tinha igual entusiasmo pelos livros e ofereceu-se para ajudar outro abade a terminar algumas cópias incompletas de Cícero e do filósofo Demóstenes e a tentar localizar os manuscritos do *Verrines* e do *De Republica*, de Cícero (John Henry Newman, *Essays and Sketches*, vol. 3, pág. 321). Sabemos que São Mayeul de Cluny apreciava tanto a leitura que sempre tinha um livro entre as mãos quando viajava a cavalo. Também Halinard, que era abade de São Benigno de Dijon antes

III. COMO OS MONGES SALVARAM A CIVILIZAÇÃO

é que a Igreja apreciou, preservou, estudou e ensinou as obras dos antigos, que de outro modo se teriam perdido[41].

Além da cuidadosa conservação de obras do mundo clássico e dos Padres da Igreja, umas e outras primordiais para a civilização ocidental, os monges realizaram outro trabalho de incomensurável importância com a sua habilidade de copistas: a preservação da Bíblia[42]. Sem a sua dedicação a essa tarefa e as numerosas cópias que produziram, não se sabe como o texto sagrado teria podido sobreviver aos ataques dos bárbaros. Era frequente embelezarem os Evangelhos com primorosas iluminuras artísticas, como nos famosos Evangelhos de Lindau e Lindisfarne – obras de arte e de fé.

Centros de educação

Mas os monges fizeram mais do que simplesmente preservar as capacidades de ler e escrever. Até mesmo um historiador sem qualquer simpatia pela educação monástica reconheceu: «Os monges estudavam os poemas dos poetas pagãos e os escritos dos historiadores e dos filósofos. Os mosteiros e as escolas monásticas tornaram-se, não apenas centros florescentes de vida religiosa, mas também de ensino»[43]. Outro

---

de se tornar arcebispo de Lyon, cultivava os mesmos gostos e fala-nos com orgulho do seu interesse pelos filósofos da Antiguidade (Charles Montalembert, *The Monks of the West*, vol. 5, pág. 143).

«Sem estudo e sem livros», dizia um monge de Muri, «a vida de um monge não é nada». São Hugo de Lincoln, quando era prior de Witham, a primeira casa cartuxa da Inglaterra, teve palavras parecidas: «Os nossos livros são o nosso deleite e a nossa riqueza em tempos de paz, as nossas armas de ataque e defesa em tempos de guerra, o nosso alimento quando passamos fome e o nosso remédio quando estamos doentes» (*ibid.*, pág. 142).

(41) No século XI, Monte Cassino experimentou uma revivescência cultural que foi qualificada como «o mais espetacular evento singular na história do conhecimento latino do século XI» (Leighton D. Reynolds e Nigel G. Wilson, *Scribes and Scholars*, pág. 109). Além desse transbordar de empenho artístico e intelectual, Monte Cassino renovou o interesse pelos textos da antiguidade clássica: «De um só golpe, recuperou um grande número de textos que, de outra forma, se teriam perdido para sempre. A esse único mosteiro devemos a preservação dos *Anais* e das *Histórias* de Tácito, do *Asno Dourado* de Apuleio, dos *Diálogos* de Sêneca, do *De língua latina* de Varrão, do *De aquis* de Frontino, e de trinta linhas raras da sexta *Sátira* de Juvenal, que não foram encontradas em nenhum outro manuscrito» (*ibid.*, págs. 109-10).

(42) John B. O'Connor, *Monasticism and Civilization*, pág. 115.

(43) Adolf von Harnack, citado em John B. O'Connor, *Monasticism and Civilization*, pág. 90.

cronista não simpatizante escreveu: «Os monges não apenas fundaram escolas e foram professores, mas também lançaram as bases das futuras universidades. Eram os pensadores e filósofos da época, e moldaram o pensamento político e religioso. A eles se deveu, tanto coletiva como individualmente, que o pensamento e a civilização do mundo antigo passassem para a Idade Média e para o período moderno»[44].

Em maior ou menor escala, ao longo dos séculos, os monges sempre foram professores. São João Crisóstomo conta-nos que, já na sua época (347-407), as famílias de Antioquia costumavam confiar a educação dos seus filhos aos monges. São Bento instruiu os filhos dos nobres romanos[45]. São Bonifácio criou uma escola em cada mosteiro que fundou na Alemanha, e, na Inglaterra, Santo Agostinho de Cantuária e os seus monges abriam escolas onde quer que se fixassem[46]. Atribui-se a São Patrício o estímulo aos estudos na Irlanda e o fato de os mosteiros irlandeses se terem convertido em importantes centros de ensino, proporcionando instrução tanto a monges como a leigos[47].

Era normal os monges complementarem a sua educação frequentando uma ou mais das escolas monásticas estabelecidas. Abbon de Fleury, sendo já mestre das disciplinas ensinadas em sua própria casa, foi estudar Filosofia e Astronomia em Paris e Rheims, e ouvimos histórias similares sobre o arcebispo Rábano de Mogúncia, São Wolfgang e Gerberto (papa Silvestre II)[48].

É verdade que a maior parte da educação ministrada aos que não iam professar votos monásticos se deu em outros lugares, como as escolas das catedrais fundadas sob o império de Carlos Magno. Mas, mesmo que a contribuição dos mosteiros tivesse sido apenas a de ensinar os seus monges a ler e escrever, não teria sido um feito desprezível. Quando os gregos micênicos sofreram uma catástrofe no século XII a.C. – uma invasão dos dórios, segundo alguns historiadores –, o resultado foram os três séculos de completo analfabetismo conhecidos como a Era Negra

---

(44) Alexander Clarence Flick, *The Rise of the Medieval Church*, págs. 222-23.
(45) *Ibid.*, pág. 118.
(46) G. Cyprian Alston, «The Benedictine Order», em *Catholic Encyclopedia*.
(47) Thomas Cahill, *How the Irish Saved Civilization*, Doubleday, Nova York, 1995, págs. 150 e 158.
(48) *Ibid.*, págs. 317-9.

da Grécia: a escrita simplesmente desapareceu no meio do caos e da desordem. Mas o empenho com que os monges fomentaram a escrita e a educação evitou que a terrível destruição que se abateu sobre os gregos micênicos viesse a repetir-se na Europa após a queda do Império Romano. Desta vez, graças aos monges, o cultivo do espírito pela leitura e pela escrita sobreviveu à catástrofe política e social.

Certos mosteiros ficaram também conhecidos pela sua proficiência em determinados ramos particulares do conhecimento. Assim, por exemplo, os monges de São Benigno (em Dijon) davam conferências sobre medicina; o mosteiro de Saint Gall tinha uma escola de pintura e gravura; e certos mosteiros alemães davam palestras em grego, hebreu e árabe[49].

Este apanhado da contribuição dos monges mal arranha a superfície de um tema imenso. Quando Comte de Montalembert escreveu, nas décadas de 1860 e 1870, uma história dos monges ocidentais em seis volumes, lamentou a sua incapacidade de oferecer algo mais que um esboço sumário de grandes figuras e grandes obras, e remetia continuamente os seus leitores para as referências nas notas de pé de página.

Como acabamos de ver, a contribuição monástica para a civilização ocidental foi imensa. Os monges ensinaram as técnicas da metalurgia, introduziram novos plantios, copiaram textos antigos, preservaram a educação, foram pioneiros em tecnologia, inventaram o champanhe!, mudaram a paisagem europeia, acudiram aos viajantes, resgataram extraviados e náufragos. Quem mais na história da civilização ocidental pode ostentar um tal elenco de realizações?

Vejamos agora como a Igreja, que deu ao Ocidente os seus monges, também criou a Universidade.

---

(49) *Ibid.*, pág. 319.

IV. A IGREJA E A UNIVERSIDADE

Uma instituição única na história

Embora muitos colegiais de hoje não sejam capazes de situar cronologicamente a Idade Média, estão convencidos de que foi um período de ignorância, superstição e repressão intelectual. Nada mais longe da verdade, pois é à Idade Média que devemos a maior – e inigualável – contribuição intelectual da civilização ocidental para o mundo: o sistema universitário.

A Universidade foi um fenômeno completamente novo na história da Europa. Nada de parecido existira na Grécia ou na Roma antigas[1]. A instituição que conhecemos atualmente, com as suas Faculdades, cursos, exames e títulos, assim como a distinção entre estudos secundários e superiores, chegaram-nos diretamente do mundo medieval. A Igreja desenvolveu o sistema universitário porque, com palavras do historiador Lowrie Daly, era «a única instituição na Europa que manifestava um interesse consistente pela preservação e cultivo do saber»[2].

Não podemos estabelecer com precisão as datas em que as universidades surgiram, em Paris e Bolonha, Oxford e Cambridge, visto que tiveram os seus primórdios nas escolas das catedrais e nas posteriores reuniões informais de professores e alunos. Mas podemos dizer com

---

(1) Cf. Charles Homer Haskins, *The Rise of Universities*, Cornell University Press, Ithaca, 1957 [1923], pág. 1; *id.*, *The Renaissance of the Twelfth Century*, Meridian, Cleveland, 1957 [1927], pág. 369; Lowrie J. Daly, *The Medieval University, 1200-1400*, Sheed and Ward, Nova York, 1961, págs. 213-4.

(2) Lowrie J. Daly, *The Medieval University*, pág. 4.

segurança que começaram a ganhar forma na segunda metade do século XII.

Para identificarmos determinada escola medieval como universidade, devemos atentar para algumas características. Uma universidade possuía um núcleo de textos obrigatório, com base nos quais os professores faziam as suas preleções e, ao mesmo tempo, expunham ideias próprias. Caracterizava-se também por estabelecer currículos acadêmicos bem definidos, que duravam um número de anos mais ou menos fixo, assim como por conferir diplomas. A concessão do título de «mestre» permitia a quem o recebesse o acesso ao grêmio dos docentes, tal como um artesão elevado a mestre era admitido no grêmio da sua profissão. Embora muitas vezes as universidades tivessem de batalhar junto das autoridades externas pela sua autonomia, geralmente conseguiam-na, assim como o seu reconhecimento legal como corporações[3].

O Papado desempenhou um papel capital na fundação e incentivo das universidades. Nos tempos da Reforma, havia oitenta e uma universidades. Trinta e três delas possuíam estatuto pontifício; quinze estatuto real ou imperial; vinte gozavam de ambos, e treze não tinham nenhuma credencial[4]. Havia consenso em que uma universidade não podia conceder diplomas sem a aprovação do papa, do rei ou do imperador. O papa Inocêncio IV concedeu oficialmente esse privilégio à Universidade de Oxford em 1254. Como o Pontífice (de fato) e o Imperador (em teoria) possuíam autoridade sobre toda a Cristandade, era a eles que a universidade costumeiramente tinha de recorrer para obter o direito de emitir diplomas. Uma vez obtido o reconhecimento de uma ou outra dessas autoridades, os diplomas universitários eram respeitados por toda a Cristandade. Já os diplomas conferidos apenas com a aprovação de monarcas nacionais eram considerados válidos unicamente no reino no qual eram emitidos[5].

Em certos casos, como o das Universidades de Bolonha, Oxford e Paris, o título de mestre dava a quem o possuía o direito de lecionar em

---

(3) Richard C. Dales, *The Intellectual Life of Western Europe in the Middle Ages*, University Press of America, Washington, DC, 1980, pág. 208.

(4) «Universities», em *Catholic Encyclopedia*. As universidades que careciam de estatutos haviam-se constituído espontaneamente *ex consuetudine*.

(5) *Ibid.*

IV. A IGREJA E A UNIVERSIDADE

qualquer lugar do mundo: era o *ius ubique docendi*. Vemo-lo pela primeira vez em um documento do papa Gregório IX, datado de 1233, relativo à Universidade de Toulouse, e que se tornou um modelo para o futuro. Em fins do século XIII, o *ius ubique docendi* tornou-se «o selo jurídico distintivo da Universidade»[6]. Teoricamente, esses professores podiam dar aulas em qualquer centro universitário da Europa Ocidental, mas, na prática, cada instituição preferia examinar o candidato antes de admiti-lo[7]. De qualquer modo, esse privilégio concedido pelos papas contribuiu significativamente para a disseminação do conhecimento e para a formação do conceito de uma comunidade acadêmica internacional.

Cidade e toga

A participação dos papas no sistema universitário estendeu-se a muitos outros assuntos.

Um olhar de relance sobre a história da universidade medieval revela que não eram incomuns os conflitos entre a universidade e o povo ou o governo local. Os habitantes da cidade nutriam com frequência sentimentos ambivalentes em relação aos estudantes universitários; por um lado, a universidade era um presente para os comerciantes locais e para a atividade econômica em geral, uma vez que os estudantes traziam dinheiro para gastar; mas, por outro lado, esses estudantes podiam ser irresponsáveis e indisciplinados. Como explicava um comentarista moderno, os habitantes das cidades em que se situavam as universidades medievais amavam o dinheiro, mas odiavam os estudantes. Como resultado, ouvia-se muitas vezes os estudantes e os seus professores queixarem-se de que eram «tratados com abuso pelos cidadãos locais, com dureza pela polícia, desatendidos nas suas demandas legais e ludibriados no preço dos aluguéis, alimentos e livros»[8].

No meio dessa atmosfera tensa, a Igreja rodeou os estudantes universitários de uma proteção especial, concedendo-lhes o chamado *bene-*

---

(6) Gordon Leff, *Paris and Oxford Universities in the Thirteenth and Fourteenth Centuries: An Institutional and Intellectual History*, John Wiley and Sons, Nova York, 1968, pág. 18.
(7) Lowrie J. Daly, *The Medieval University*, pág. 167.
(8) Joseph H. Lynch, *The Medieval Church*, pág. 250.

fício do clero. Os clérigos gozavam na Europa medieval de um estatuto especial: maltratá-los era um crime extraordinariamente grave; tinham o direito de que as suas causas fossem julgadas por um tribunal eclesiástico, e não pelo civil. Os estudantes universitários, como atuais ou potenciais candidatos ao estado clerical, passaram também a gozar desses privilégios. Os governantes civis também lhes estenderam muitas vezes uma proteção similar: em 1200, Filipe Augusto da França concedeu e confirmou esses privilégios aos estudantes da Universidade de Paris, permitindo-lhes ter as suas causas julgadas por um tribunal especial, que certamente lhes seria mais simpático do que os tribunais da cidade[9].

Os papas intervieram em defesa da universidade em numerosas ocasiões. Em 1220, o papa Honório III (1216-1227) pôs-se do lado dos professores de Bolonha, que protestavam contra as violações das suas liberdades. Quando o chanceler de Paris insistiu em que se jurasse lealdade à sua pessoa, o papa Inocêncio III (1198-1216) interveio. Em 1231, perante a intromissão das autoridades diocesanas locais na autonomia institucional da universidade, o papa Gregório IX lançou a bula *Parens scientiarum*, em favor dos mestres de Paris. Nesse documento, concedeu efetivamente à Universidade de Paris o direito à autonomia de governo, com a qual podia elaborar as suas próprias regras a respeito dos cursos e pesquisas; e submeteu-a diretamente à jurisdição pontifícia, emancipando-a da interferência diocesana. «Com esse documento – escreve um historiador –, a Universidade de Paris atingiu a maioridade e entrou na história do direito como uma corporação intelectual plenamente formada, destinada ao preparo e aperfeiçoamento acadêmicos»[10].

Foi ainda nesse mesmo documento que o papa procurou zelar pela justiça e concórdia no ambiente universitário, mediante a concessão de um privilégio conhecido como *cessatio* – o direito de os alunos entrarem em greve, se fossem tratados de modo abusivo. Consideravam-se justa causa para a greve os preços extorsivos fixados para o alojamento, a injúria ou mutilação de um estudante sem que houvesse uma satisfação

---

(9) Lowrie J. Daly, *The Medieval University*, págs. 163-4.

(10) *Ibid.*, pág. 22. O Papado, escreve Cobban, «deve ser considerado a principal influência responsável pela liberdade de que gozava a guilda (isto é, o corpo acadêmico organizado) de Paris» (Alan B. Cobban, *The Medieval Universities: Their Development and Organization*, Methuen & Co., Londres, 1975, págs. 82-3).

IV. A IGREJA E A UNIVERSIDADE

adequada dentro do prazo de quinze dias, bem como a prisão ilegal de um estudante»[11].

Tornou-se comum que as universidades remetessem as suas queixas ao Papa[12]. Em várias ocasiões, os pontífices intervieram para obrigar as autoridades universitárias a pagar aos professores os seus salários; assim o fizeram Bonifácio VIII, Clemente V, Clemente VI e Gregório IX[13]. Não é de admirar, pois, que um historiador tenha declarado que «o mais sólido e confiável protetor [das universidades] foi o Papa de Roma. Foi ele quem lhes concedeu, aumentou e protegeu um estatuto privilegiado em um mundo de frequentes conflitos de jurisdições»[14].

No seu estágio inicial, a universidade carecia de edifícios ou de um *campus* próprio. Consistia em um corpo de professores e alunos, não em um local específico. As aulas eram ministradas em catedrais ou em salas privadas. Não havia bibliotecas, e teria sido difícil adquirir significativas coleções de livros, mesmo que as universidades possuíssem instalações próprias. Os livros absolutamente necessários aos estudantes eram em geral alugados, em vez de comprados.

Ao que parece, muitos estudantes universitários medievais provinham de famílias de poucas posses. A maior parte dos estudantes de artes (em sentido amplo) tinha entre catorze e vinte anos de idade. Muitos matriculavam-se na universidade com o objetivo de se prepararem para uma profissão, e por isso não é de surpreender que o curso mais frequentado fosse o de Direito. Havia também frades entre os estudantes: eram homens que desejavam simplesmente ampliar os seus conhecimentos ou contavam com o patrocínio de um superior eclesiástico[15].

O que é que se estudava nessas instituições? Começava-se pelas sete artes liberais, para os principiantes, e prosseguia-se com o direito civil e canônico, a filosofia natural, a medicina e a teologia. Quando as universidades ganharam forma no século XII, foram as felizes beneficiárias

---

(11) Lowrie J. Daly, *The Medieval University*, pág. 168.
(12) «Universities», em *Catholic Encyclopedia*; Alan B. Cobban, *The Medieval Universities*, pág. 57.
(13) «Universities», em *Catholic Encyclopedia*.
(14) Lowrie J. Daly, *The Medieval University*, pág. 202.
(15) Gordon Leff, *Paris and Oxford Universities in the Thirteenth and Fourteenth Centuries*, pág. 10.

dos frutos daquilo que alguns historiadores denominaram «a Renascença do século XII»[16]. Os intensos esforços de tradução permitiram recuperar muitas das obras do mundo antigo – sobre a geometria euclidiana, a lógica, a metafísica, a filosofia natural e a ética aristotélicas –, bem como as obras de medicina de Galeno. Também os estudos jurídicos começaram a florescer, particularmente em Bolonha, quando foi descoberto o *Digesto*, coleção das decisões dos jurisconsultos romanos mais célebres, transformadas em lei e integradas no *Corpus juris civilis* pelo imperador Justiniano no século VI, e que está na base de todos os códigos civis modernos.

Vida acadêmica

A distinção que hoje fazemos entre os estudos de graduação e os de pós-graduação seguia mais ou menos os padrões de hoje. E, também como hoje, algumas universidades eram especialmente conhecidas pelo seu alto nível em determinadas áreas: assim, Bolonha tornou-se famosa pelo seu curso de direito e Paris pelos de teologia e de artes.

O *graduando* ou *artista* (isto é, o estudante das artes liberais), assistia a conferências, participava dos debates que eventualmente se organizavam nas aulas e assistia aos que eram entabulados por outros. As preleções versavam geralmente sobre textos importantes, muitas vezes dos clássicos da Antiguidade. Além dos comentários sobre esses textos, os professores passaram a incluir gradualmente uma série de questões que deviam ser resolvidas pelo recurso ao pensamento lógico. Com o tempo, a análise dessas questões substituiu basicamente os comentários de textos. Esta foi a origem do método escolástico de argumentação por meio da discussão de argumentos contrapostos, tal como a encontramos na *Summa theologiae* de São Tomás de Aquino.

O mestre designava alunos para defenderem aspectos contrários de uma questão. Quando acabava a interação entre as partes, cabia ao professor «definir» ou resolver a questão. Para obter o diploma de bacharel em artes, o aluno devia resolver satisfatoriamente uma questão perante os examinadores, depois de provar, naturalmente, que possuía a pre-

---

(16) O estudo clássico é de Charles Homer Haskins, *The Renaissance of the Twelfth Century*; veja-se também *Id.*, *The Rise of Universities*, págs. 4-5.

IV. A IGREJA E A UNIVERSIDADE

paração adequada e que estava apto para ser avaliado. Essa ênfase na argumentação meticulosa, na exploração de um «caso» (um exemplo) pela discussão de cada um dos seus aspectos com argumentos racionais, soa como o oposto daquilo que se costuma associar à vida intelectual do homem medieval. Mas era assim que funcionava o processo para a obtenção de um diploma.

Uma vez que o examinando dirimia satisfatoriamente a questão, era-lhe conferido o diploma de bacharel em artes. O processo levava normalmente quatro ou cinco anos. Chegado a este ponto, o estudante podia simplesmente dar por terminada a sua formação, como faz hoje em dia a maior parte dos bacharéis, e sair em busca de um trabalho remunerado (até mesmo como professor nalguma das escolas menores da Europa), ou decidir continuar os seus estudos e obter um diploma de pós-graduação, o que lhe conferiria o título de mestre e o direito de lecionar em uma universidade[17].

---

(17) Para fazer uma ideia da vastidão dos conhecimentos que se exigiam para obter o título de mestre, vejamos o que diz um historiador moderno a respeito dos textos com que o mestrando devia estar familiarizado: «Depois do bacharelado e antes de requerer a licença para lecionar, o estudante devia ter "aprendido em Paris ou em outra universidade" as seguintes obras aristotélicas: *Física, Da geração e da corrupção, Do céu* e o *Parva naturalia*; especialmente, os tratados de Aristóteles *Da sensação e do sensível, Do sono e da vigília, Da memória e reminiscência, Da longevidade e brevidade da vida*. Também devia ter estudado (ou ter planos de fazê-lo) *Da metafísica*, além de ter assistido a conferências sobre os livros matemáticos. (O historiador) Rashdall, falando do currículo de Oxford, dá a seguinte lista de obras que deviam ser lidas pelo estudante no período entre a conclusão do bacharelado e a iniciação no mestrado: livros sobre as artes liberais: em gramática, Prisciano; em retórica, a *Retórica* de Aristóteles (três períodos) ou *Tópicos* (livro IV), de Boécio, ou a *Nova retórica*, de Cícero, ou *Metamorfose*, de Ovídio, ou *Poetria Virgilii*; em lógica, *De interpretatione*, de Aristóteles, (três trimestres), ou *Tópicos* (livros I-III), de Boécio, ou *Analíticos anteriores*, ou *Tópicos*, de Aristóteles; em aritmética e em música, Boécio; em geometria, Euclides, Alhazém ou a *Perspectiva* de Vitélio; em astronomia, *Theorica planetarum* (dois trimestres) ou o *Almagesto* de Ptolomeu. Em filosofia natural: *Física*, ou *Do céu* (três trimestres), ou *Das propriedades dos elementos*, ou *Meteoros*, ou *Dos vegetais e plantas*, ou *Da alma*, ou *Dos animais* ou algum do *De parva naturalia*; em filosofia moral, a *Ética* ou a *Política* de Aristóteles (três trimestres), e em metafísica a *Metafísica* (dois trimestres, ou três se o candidato ainda não tivesse «defendido» o caso» (Lowrie J. Daly, *The Medieval University*, págs. 132-3).

A cerimônia pela qual se conferia o grau era muito variável; cada universidade tinha os seus usos. Na de Paris, revestia-se do carácter de uma cerimônia eclesiástica. O licenciando ajoelhava-se, na igreja de Sainte Geneviève, diante do vice-chanceler que lhe dizia: «Eu, pela autoridade a mim conferida pelos Apóstolos Pedro e Paulo, confiro-te a licença para ensinar, ler [as lições magistrais], disputar e determinar [dar a solução de questões discutidas], além de exercer outros atos escolásticos e magisteriais, tanto na faculdade de artes de Paris como em todas as partes, em nome do Pai e do Filho e do Espírito Santo. Amém» (*ibid.*, pág. 135).

É difícil determinar o intervalo de tempo exato que costumava transcorrer entre a obtenção da licenciatura e a do mestrado, mas uma estimativa razoável é que oscilava entre seis meses e três anos. Sabe-se de um candidato que, certamente por ter lido todos os livros requeridos, recebeu os dois diplomas em um mesmo dia[18].

Contrariando a impressão geral de que as pesquisas estavam impregnadas de pressupostos teológicos, os estudiosos medievais tinham um grande respeito pela autonomia de tudo quanto se referisse à filosofia natural, um ramo que se ocupava de estudar o funcionamento do mundo físico e, particularmente, as mudanças e o movimento nesse mundo. Procurando explicações naturais para os fenômenos da natureza, esses pesquisadores mantinham os seus estudos à margem da teologia. Como escreve Edward Grant em *Deus e a razão na Idade Média*, «exigia-se dos filósofos naturais das faculdades de artes que se abstivessem de introduzir teologia e temas de fé na filosofia natural»[19].

Esse respeito pela autonomia da filosofia natural, em relação à teologia, também se observava entre os teólogos que escreviam sobre ciências físicas. Um irmão dominicano pediu a Alberto Magno, o mestre de São Tomás de Aquino, que escrevesse um livro de física que os pudesse ajudar a entender as obras de física de Aristóteles. Temendo que esperassem um trabalho entremeado de ideias teológicas, Alberto Magno rejeitou antecipadamente a ideia, esclarecendo que as ideias teológicas pertenciam aos tratados de teologia, e não aos de física.

O estudo da lógica na Idade Média fornece-nos mais um testemunho do compromisso com o pensamento racional nessa época. «Através dos sólidos cursos de lógica – escreve Grant –, os estudantes medievais eram instruídos acerca das sutilezas da linguagem e das armadilhas da argumentação. Daí o grande peso que se dava à importância e utilidade da razão na educação universitária». Edith Sylla, uma especialista em filosofia natural, lógica e teologia dos séculos XIII e XIV, escreve que deveríamos «maravilhar-nos com o nível de sofisticação lógica que com certeza atingiram os universitários de Oxford do século XIV»[20].

---

(18) *Ibid*, pág. 136.
(19) Edward Grant, *God and Reason in the Middle Ages*, Cambridge University Press, Cambridge, 2001, pág. 184.
(20) *Ibid.*, pág. 146.

IV. A IGREJA E A UNIVERSIDADE

Naturalmente, os mestres guiavam-se por Aristóteles, um gênio da lógica, mas também compunham os seus próprios textos de lógica. Quem escreveu o mais famoso deles? Um futuro papa, Pedro de Espanha (João XXI), na década de 1230. Por centenas de anos, a sua *Summulae logicales* serviu de texto-base, e lá pelo século XVII já tinha atingido 166 edições.

A idade da Escolástica

Se a Idade Média tivesse sido realmente um período em que as questões eram resolvidas pelo mero recurso aos argumentos de autoridade, esse rigor no estudo da lógica formal não faria sentido. O empenho com que se ministrava essa disciplina revela, pelo contrário, uma civilização que almejava compreender e persuadir. Para esse fim, os professores procuravam alunos capazes de detectar as falácias lógicas e de formular argumentos logicamente sólidos. Foi a idade da Escolástica.

É difícil chegar a uma definição da Escolástica que se possa aplicar a todos os pensadores a quem tem sido atribuída essa designação. Por um lado, o termo foi atribuído às obras eruditas produzidas nas escolas, isto é, nas universidades da Europa. Por outro, presta-se menos a descrever o *conteúdo* do pensamento dos autores dessas obras do que a identificar o *método* que usavam. Geralmente, a Escolástica estava ligada ao uso da razão como ferramenta indispensável para os estudos teológicos e filosóficos e para a dialética – confronto de proposições opostas, seguido da solução da questão em debate pelo recurso à razão e à autoridade –, e como método de tratar assuntos de interesse intelectual. Com o amadurecimento dessa tradição, tornou-se comum que os tratados escolásticos seguissem uma pauta fixa: enunciado de uma questão, exposição dos argumentos de ambos os lados, manifestação do ponto de vista do autor e resposta às objeções.

Talvez o primeiro dos escolásticos tenha sido *Santo Anselmo de Cantuária* (1033-1109), o abade do mosteiro de Bec e depois arcebispo de Canterbury que, ao contrário dos demais, não ocupou nenhum cargo de docência, mas compartilhou com eles do empenho em usar da razão para analisar questões filosóficas e teológicas. Por exemplo, o seu *Cur Deus homo* examina de um ponto de vista racional por que era conveniente e adequado que Deus se fizesse homem.

Nos círculos filosóficos, no entanto, Santo Anselmo é bem mais conhecido pela sua prova racional da existência de Deus – o chamado argumento ontológico –, que intrigou e estimulou mesmo aqueles que dele discordavam. Para Anselmo, a existência de Deus era uma consequência lógica da própria definição de Deus. Tal como um bom conhecimento e profunda compreensão da ideia de «nove» implica que a sua raiz quadrada é «três», assim também a profunda compreensão da ideia de Deus implica que esse ser deve existir necessariamente[21].

Anselmo postulou como definição inicial de Deus «aquilo em relação ao qual nada maior se pode conceber» (para simplificar, modificaremos essa formulação para «o maior ser concebível»). O maior ser concebível deve possuir todas as perfeições; caso contrário, não seria o maior ser concebível. Ora, a existência é uma perfeição, afirmava Anselmo, porque é melhor existir do que não existir. Suponhamos que Deus existisse apenas na mente das pessoas, mas não na realidade. Isso significaria admitir que o maior ser concebível existe unicamente como uma ideia nas nossas mentes e não tem existência no mundo extramental (o mundo fora das nossas mentes). Nesse caso, *não* poderia ser o maior ser concebível, uma vez que poderíamos conceber outro maior: um que existisse nas nossas mentes *e também* na realidade. Assim, a própria noção de «o maior ser concebível» implica imediatamente a existência de tal ser, porque, sem existência no mundo real, não seria o maior ser concebível.

A prova de Anselmo não convenceu muitos dos filósofos posteriores, incluindo São Tomás de Aquino – embora uma minoria tenha insistido em que Anselmo estava certo –, mas, ao longo dos cinco séculos seguintes e até mais além, a grande maioria dos filósofos viu-se compelida a levar em conta o raciocínio do santo. Muito mais significativo que as seculares reverberações desse argumento é, no entanto, o compromisso com o uso da razão que os escolásticos posteriores assumiram de modo ainda mais efetivo.

---

(21) Esta formulação do argumento de Santo Anselmo é do Dr. William Marra († 1998), um velho amigo que ensinou filosofia durante décadas na Fordham University e que pertenceu à tradição minoritária de filósofos ocidentais convencidos de que essa prova racional era capaz de demonstrar a necessidade da existência de Deus.

IV. A IGREJA E A UNIVERSIDADE

Outro dos primeiros escolásticos importantes foi *Pedro Abelardo* (1079-1142), um mestre muito admirado que lecionou durante dez anos na escola da catedral de Paris. Em *Sic et non* («Sim e não», cerca de 1120), Abelardo elaborou uma lista de aparentes contradições, citando passagens dos primeiros Padres da Igreja e da própria Bíblia. Qualquer que fosse a solução para cada caso, cabia à razão humana – e mais concretamente aos discípulos de Abelardo – resolver essas dificuldades intelectuais. O prólogo de *Sic et non* contém um belo testemunho da importância da atividade intelectual e do zelo com que devia ser realizada:

«Apresento aqui uma coleção de afirmações dos Santos Padres pela ordem em que delas me lembrei. As discrepâncias que esses textos parecem conter levantam certas questões que devem constituir um desafio para que os meus jovens leitores concentrem todo o seu zelo em estabelecer a verdade e, assim agindo, cresçam em perspicácia. Como já foi definido, a primeira fonte de sabedoria é a inquirição constante e profunda. O mais brilhante dos filósofos, Aristóteles, encorajou os seus alunos a assumir essa tarefa com todo o peso da sua curiosidade [...]. Disse ele: "É tolice que alguém faça afirmações rotundas sobre estes assuntos, se não lhes dedicou muito tempo. É prática muito útil questionar todos os detalhes". Ao levantarmos questões, começamos a pesquisar e, pela pesquisa, atingimos a verdade, como disse Aquele que é a própria Verdade: *Buscai e achareis; batei e abrir-se-vos-á*. Ele demonstrou-nos isso pelo seu próprio exemplo moral, quando foi encontrado, aos doze anos de idade, *sentado no meio dos doutores, ouvindo-os e fazendo-lhes perguntas*. Aquele que é a própria Luz, a plena e perfeita sabedoria de Deus, quis, pelas suas perguntas, dar exemplo aos seus discípulos antes de tornar-se modelo de mestres com as suas pregações. Portanto, quando cito passagens das Escrituras, é para estimular e incitar os meus leitores a pesquisar, dentro da verdade e da maior autoridade dessas passagens, com a maior seriedade que essa pesquisa possa ter»[22].

---

(22) Citado em Edward Grant, *God and Reason in the Middle Ages*, págs. 60-61.

Embora o seu trabalho sobre a Trindade lhe tenha acarretado uma censura eclesiástica, Abelardo estava em grande sintonia com a vitalidade intelectual do seu tempo e partilhava com ela da confiança na capacidade da razão que Deus concedeu ao homem. Era ele um filho fiel da Igreja e o seu trabalho sempre se orientou para a construção e fortalecimento do grande edifício da verdade sustentada pela Igreja. Disse certa vez que não «desejava ser um filósofo, se isso significasse rebelar-se contra o Apóstolo Paulo, nem um Aristóteles, se isso significasse separar-se de Cristo»[23]. Os hereges – disse também – usaram argumentos da razão para atacar a fé e, por isso mesmo, era muito conveniente e apropriado que os fiéis da Igreja fizessem uso da razão para defender a fé[24].

Embora tenha feito levantar algumas sobrancelhas na sua época, o uso que fez da razão para refletir sobre os assuntos teológicos viria a ser assumido por escolásticos posteriores, culminando, no século seguinte, em São Tomás de Aquino. Nota-se claramente a sua influência em *Pedro Lombardo* (1100-1160), que deve ter sido seu aluno.

Arcebispo de Paris durante um breve período, Pedro Lombardo escreveu as *Sentenças*, uma obra que se tornou um texto básico para os alunos de teologia dos cinco séculos seguintes. O livro é uma exposição sistemática da fé católica, em que se abordam numerosos assuntos, desde os atributos divinos até questões como o pecado, a graça, a Encarnação, a Redenção, as virtudes, os sacramentos e os novíssimos (morte, juízo céu e inferno). De modo significativo, procura combinar a confiança na autoridade com a disposição de empregar a razão na explanação dos temas teológicos[25].

O maior dos escolásticos e, na realidade, uma das maiores inteligências de todos os tempos foi *São Tomás de Aquino* (1225-1274). A sua imensa obra, a *Summa theologiae*, levantou e respondeu a milhares de questões em teologia e filosofia, que vão da teologia dos sacramentos

---

(23) David C. Lindberg, *The Beginnings of Western Science*, University of Chicago Press, Chicago, 1992, pág. 196.

(24) Sobre Abelardo como fiel filho da Igreja e não um racionalista do século XVIII translocado para o XIII, veja-se David Knowles, *The Evolution of Medieval Thought*, págs. 111 e segs.

(25) Lowrie J. Daly, *The Medieval University*, pág. 105.

IV. A IGREJA E A UNIVERSIDADE

até à guerra justa ou à questão de saber se todos os vícios deveriam ser considerados crimes (São Tomás disse que não). Mostrou que Aristóteles – tido por ele e por muitos dos seus contemporâneos como o ponto alto do pensamento profano – podia ser facilmente harmonizado com os ensinamentos da Igreja.

Os escolásticos discutiram muitos temas significativos, mas, nos casos de Anselmo e Tomás de Aquino, prefiro concentrar aqui o foco na existência de Deus, talvez por ser o exemplo clássico do uso da razão em defesa da fé. (A existência de Deus pertence àquela categoria de conhecimentos que São Tomás considerava poderem ser atingidos tanto por meio da razão como da revelação divina). Já vimos o argumento de Santo Anselmo; São Tomás, por sua vez, desenvolveu na *Summa theologiae* cinco vias para demonstrar a existência de Deus, e descreveu-as ainda mais amplamente na *Summa contra gentiles*. Para se ter alguma ideia do caráter e da profundidade da sua argumentação neste ponto, deve-se ver como aborda a questão pelo ângulo do que é conhecido tecnicamente como o argumento da causalidade eficiente, e tomando por empréstimo um pedaço do argumento sobre a contingência e a necessidade[26].

Entenderemos melhor a visão de São Tomás se começarmos com uma experiência imaginária da nossa vida corrente. Suponhamos que eu queira comprar meio quilo de peito de peru em uma mercearia. Ao chegar lá, sou informado de que tenho de pegar uma senha antes de poder fazer o meu pedido. No entanto, justamente quando estou a ponto de pegar essa senha, dizem-me que tenho de pegar outra senha para poder pegar a senha anterior. E que, justamente quando estou para pegar esta última, devo pegar ainda outra. Deste modo, tenho de pegar uma senha, para pegar uma senha, para pegar uma senha, a fim de poder fazer o meu pedido no balcão da mercearia.

Suponhamos ainda que a série de senhas requeridas é infinita, isto é, que de cada vez que pego uma senha descubro que existe uma senha anterior e devo tê-la em meu poder antes de pegar a seguinte. Nessas condições, nunca chegarei ao balcão. Por todo o sempre, daqui até o final dos tempos, estarei correndo atrás de senhas.

---

(26) Veja-se o excelente artigo de James A. Sadowsky, «Can There Be an Endless Regress of Causes?», em Brian Davies (ed.), *Philosophy of Religion: A Guide and Anthology*, Oxford University Press, Nova York, 2000, págs. 239-42.

Mas se eu vir alguém que vem saindo da mercearia com meio quilo de rosbife comprado no balcão, saberei instantaneamente que, na realidade, a série de senhas não *pode* continuar para sempre, porque nesse caso ninguém poderia jamais ser atendido ao balcão. Portanto, a série *tem de ser finita*.

Este exemplo pode parecer muito distante da questão da existência de Deus, mas não o é; a prova de São Tomás é de certo modo análoga a ambos. Começa pela ideia de que todo o efeito requer uma causa e de que nada do que existe no mundo físico é causa da sua própria existência: é o chamado princípio da razão suficiente. Quando vemos uma mesa, por exemplo, sabemos perfeitamente que ela não apareceu espontaneamente. Deve a sua existência a algo mais: a um construtor e a uma matéria-prima anteriormente existente.

Uma coisa A deve a sua existência a alguma causa B. Mas B, por sua vez, não é um ser que exista por si mesmo, e tem também necessidade de uma causa C. Mas agora C precisa igualmente de uma causa D para existir. Tal como no exemplo da mercearia, deparamos com as dificuldades levantadas por uma série infinita. E se tivermos uma série infinita, na qual cada causa requeira ela própria uma causa, então nada poderia jamais ter chegado à *existência*.

São Tomás explica que *tem de haver*, em consequência, uma Causa sem causa – uma causa que em si mesma não necessite de causa, e que, por conseguinte, dê início à sequência de causas. Esta primeira causa – diz São Tomás – é Deus. Deus é um ser que existe por si mesmo, cuja existência é parte da sua própria essência. Nenhum ser humano deve existir necessariamente; houve um tempo antes de cada um de nós ter vindo à existência, e o mundo continuará a existir depois de cada um de nós ter morrido. A existência não é parte da essência de nenhum ser humano. Mas com Deus é diferente: Ele não pode não existir. E não depende de nada anterior a si mesmo para explicar a sua existência.

Um «rio de ciência»

Este tipo de rigor filosófico caracterizou a vida intelectual das primeiras universidades. Não é de estranhar que os papas e outros homens

IV. A IGREJA E A UNIVERSIDADE

da Igreja situassem as universidades entre as grandes joias da civilização cristã. Era comum ouvir descrever a Universidade de Paris como a «nova Atenas»[27] – uma designação que evoca as ambições de Alcuíno quando, vários séculos antes, no período carolíngio, se propunha estabelecer uma nova Atenas no reino dos francos. O papa Inocêncio IV (1243-1254) descreveu as universidades como «rios de ciência cuja água fertiliza o solo da Igreja universal», e o papa Alexandre IV (1254-1261) chamou-as «lâmpadas que iluminam a casa de Deus». E é ao apoio dado pelos papas que se devem o crescimento e o êxito do sistema universitário. «Graças a essas intervenções pontifícias – escreve o historiador Henri Daniel-Rops –, o ensino superior foi capaz de expandir-se. A Igreja foi sem dúvida a matriz de onde saiu a Universidade, o ninho de onde ela levantou voo»[28].

É um fato comprovado que uma das mais importantes contribuições medievais para a ciência moderna foi a liberdade de pesquisa no mundo universitário, onde os acadêmicos podiam debater e discutir as proposições apoiados na certeza da utilidade da razão humana. Contrariamente ao retrato grosseiramente inexato que se tem feito da Idade Média, a vida intelectual medieval prestou contribuições indispensáveis à civilização ocidental. «Os mestres da Idade Média – concluiu David Lindberg em The Beginnings of *Western Science* (1992) – criaram uma ampla tradição intelectual, sem a qual o subsequente progresso na filosofia natural teria sido inconcebível»[29].

Christopher Dawson, um dos grandes historiadores do século XX, observou que, desde os tempos das primeiras universidades, «os mais altos estudos eram dominados pela técnica da discussão lógica: a *questio* e o debate público, que tão amplamente determinaram a *forma* da filosofia medieval, sobretudo nos seus principais expoentes. "Nada pode ser perfeitamente conhecido – disse Roberto de Sorbonne – se não tiver sido mastigado pelos dentes do debate, e a tendência a submeter todas as questões, da mais óbvia à mais abstrusa, a esse processo de mastigação não só estimulava a perspicácia e a exatidão do pensamento como,

---

(27) Henri Daniel-Rops, *A Igreja das catedrais e das cruzadas*, em *História da Igreja de Cristo*, vol. 3, Quadrante, São Paulo, 2021, pág. 348.
(28) *Ibid.*, pág. 345.
(29) David C. Lindberg, *The Beginnings of Western Science*, pág. 363.

acima de tudo, desenvolvia o espírito crítico e a dúvida metódica a que a cultura e a ciência ocidentais tanto devem"»[30].

O historiador da ciência Edward Grant concorda com esse juízo:

«O que foi que tornou possível à civilização ocidental desenvolver a ciência e as ciências sociais de um modo que nenhuma outra civilização havia conseguido até então? Estou convencido de que a resposta está no penetrante e profundamente arraigado espírito de pesquisa que teve início na Idade Média como consequência natural da ênfase posta na razão. Com exceção das verdades reveladas, a razão era entronizada nas universidades medievais como árbitro decisivo para a maior parte dos debates e controvérsias intelectuais. Os estudantes, imersos em um ambiente universitário, consideravam muito natural empregar a razão para pesquisar as áreas do conhecimento que não haviam sido exploradas anteriormente, assim como discutir possibilidades que antes não haviam sido consideradas seriamente»[31].

A criação da Universidade, o compromisso com a razão e com a argumentação racional e o abrangente espírito de pesquisa que caracterizou a vida intelectual medieval representaram «um dom da Idade Média latina ao mundo moderno [...], ainda que nunca se venha a reconhecê-lo. Talvez esse dom conserve para sempre a condição de segredo mais bem guardado que a civilização ocidental teve durante os quatro séculos passados»[32]. Foi um dom da civilização cujo centro era a Igreja Católica.

---

(30) Christopher Dawson, *Religion and the Rise of Western Culture*, págs. 190-1.
(31) Edward Grant, *God and Reason in the Middle Ages*, pág. 356.
(32) *Ibid.*, pág. 364.

V. A IGREJA E A CIÊNCIA

Terá sido apenas coincidência que a ciência moderna se desenvolvesse em um ambiente em ampla medida católico, ou houve alguma coisa no próprio catolicismo que possibilitou o seu progresso? O simples fato de levantarmos esta questão já significa transgredir as fronteiras da opinião em voga. No entanto, são cada vez em maior número os estudiosos que a levantam, e as suas respostas podem surpreender-nos.

Não é um assunto secundário. Na mentalidade popular, a alegada hostilidade da Igreja Católica para com a ciência talvez constitua o seu principal ponto fraco. O caso Galileu, na versão deturpada com a qual a maior parte das pessoas está familiarizada, é largamente responsável pela crença tão difundida de que a Igreja obstruiu o avanço da pesquisa científica. Porém, ainda que esse caso tenha sido bem menos ruim do que as pessoas pensam, o cardeal John Henry Newman, famoso converso do anglicanismo do século XIX, achou revelador que seja esse praticamente o único exemplo que sempre acode à mente das pessoas quando se pensa na relação entre a Igreja e a ciência.

Galileu

A controvérsia de Galileu centrou-se em torno do trabalho do astrônomo polonês Nicolau Copérnico (1473-1543). Alguns estudiosos modernos de Copérnico afirmam que era padre, mas não existe nenhuma evidência direta de que tivesse chegado a receber as ordens maiores, embora tivesse sido nomeado cônego do cabido de Frauenburg no final da década de 1490. Fosse qual fosse o seu estado clerical, porém, o certo é que nasceu e se criou em uma família profundamente religiosa, na qual todos pertenciam à Ordem Terceira de São Domingos, a associação de fiéis vinculada à Ordem que estendera aos leigos a oportunidade de participar da espiritualidade e da tradição dominicanas[1].

Como cientista, Copérnico era uma figura de renome nos meios eclesiásticos, tendo sido consultado pelo V Concílio de Latrão (1512-1517) sobre a reforma do calendário. A pedido dos amigos, de colegas acadêmicos e de vários prelados, que o instavam a publicar o seu trabalho, Copérnico acabou por ceder e publicou *Seis livros sobre as revoluções das órbitas celestes*, que dedicou ao papa Paulo III, em 1543. Antes ainda, em 1531, tinha redigido para os amigos um sumário do seu sistema heliocêntrico que viria a atrair as atenções até do papa Clemente VII; este convidaria o humanista e advogado Johann Albert Widmanstadt a dar uma conferência pública no Vaticano sobre o tema, ficando muito bem impressionado com o que ouviu[2].

No seu trabalho, Copérnico conservou muito da astronomia convencional da sua época, a qual se devia quase por completo a Aristóteles e, acima de tudo, a Ptolomeu (87-150 d.C.), um brilhante astrônomo grego para quem o universo era geocêntrico. A astronomia copernicana partilhou com a dos seus precursores gregos alguns aspectos, tais como a perfeita esfericidade dos corpos celestes, as órbitas circulares e a velocidade constante dos planetas. Mas introduziu uma diferença significativa ao situar o Sol, ao invés da Terra, no centro do sistema; no seu modelo, a Terra e os outros planetas moviam-se em torno do Sol.

Apesar do feroz ataque dos protestantes, que viam no sistema copernicano uma frontal oposição à Sagrada Escritura, esse sistema não foi objeto de uma censura católica formal até que surgiu o caso Galileu.

Galileu Galilei (1564-1642), além dos seus trabalhos no campo da física, fez com o seu telescópio algumas observações astronômicas importantes que contribuíram para abalar o sistema ptolomaico. Observou montanhas na lua, com o que derrubava a velha certeza de que os corpos celestes eram perfeitamente esféricos. Descobriu as quatro luas que orbitam em torno de Júpiter, demonstrando não só a presen-

---

(1) Cf. por exemplo J.G. Hagen, «Nicolaus Copernicus», em *Catholic Encyclopedia*.
(2) Jerome J. Langford OP, *Galileo, Science and the Church*, Desclée, Nova York, 1966, pág. 35.

V. A IGREJA E A CIÊNCIA

ça de fenômenos celestes que Ptolomeu e os antecessores não haviam percebido, mas também que um planeta, movendo-se na sua órbita, não deixa para trás os seus satélites. (Um dos argumentos contrários ao movimento da Terra era o de que a Lua seria deixada para trás). A descoberta das fases de Vênus foi outra peça de evidência em favor do sistema copernicano.

Inicialmente, Galileu e a sua obra foram bem acolhidos e festejados por eminentes eclesiásticos. Em fins de 1610, o pe. Cristóvão Clavius[3] comunicava por carta a Galileu que os seus amigos astrônomos jesuítas haviam confirmado as suas descobertas. Quando foi a Roma no ano seguinte, o astrônomo foi saudado com entusiasmo tanto pelos religiosos como por personalidades leigas. Escreveu a um amigo: «Tenho sido recebido e favorecido por muitos cardeais ilustres, prelados e príncipes desta cidade». O papa Paulo V concedeu-lhe uma longa audiência e os jesuítas do Colégio Romano organizaram um dia de atividades em homenagem às suas descobertas.

Galileu estava encantado: perante uma audiência de cardeais, matemáticos e líderes civis, alguns alunos dos pes. Grienberger[4] e Clavius discorreram sobre as descobertas do astrônomo. Tudo parecia favorecê--lo. Quando, em 1612, publicou o seu *História e demonstrações em torno das manchas solares e dos seus acidentes*, em que pela primeira vez aderia publicamente ao sistema copernicano, uma das muitas e entusiásticas cartas de congratulação que recebeu veio de ninguém menos que o cardeal Maffeo Barberini, futuro papa Urbano VIII[5].

A Igreja não fazia objeção ao uso do sistema copernicano como um *modelo teórico*, como uma hipótese cuja verdade literal não tinha

---

(3) O pe. *Cristóvão Clavius* (1538-1612), um dos grandes matemáticos do seu tempo, havia chefiado a comissão encarregada de elaborar o calendário gregoriano, que entrou em vigor em 1582, eliminando as imprecisões que afetavam o antigo calendário juliano. Os seus cálculos em relação à duração do ano solar e ao número de dias necessários para manter o calendário ajustado ao ano solar – saltar noventa e sete dias a cada quatrocentos anos – foram de tal precisão que até hoje os estudiosos não sabem como conseguiu realizá-los (cf. Joseph E. MacDonnell, *Jesuit Geometers*, pág. 19).

(4) O pe. *Cristoph Grienberger* (1531-1636), que comprovou pessoalmente a descoberta das luas de Júpiter por Galileu, era um competente astrônomo, inventor da montagem equatorial, que fazia girar um telescópio sobre um eixo paralelo ao da Terra. Também contribuiu para o desenvolvimento do telescópio de refração que se utiliza hoje em dia (*ibid.*).

(5) Cf. Jerome J. Langford, *Galileo, Science and the Church*, págs. 45 a 52.

sido comprovada[6], pois efetivamente explicava os fenômenos celestes de maneira mais elegante e precisa que o sistema ptolemaico. Pensava-se que não havia nenhum mal em apresentá-lo e usá-lo como um sistema hipotético.

Galileu, porém, acreditava que o sistema copernicano era literalmente verdadeiro, e não uma simples hipótese que fornecesse previsões precisas, mas não dispunha de evidências adequadas que respaldassem a sua crença. Assim, por exemplo, argumentava que o movimento das marés constituía uma prova do movimento da Terra, argumento que hoje, curiosamente, os cientistas consideram ridículo. Não era capaz de responder à objeção dos geocentristas – que vinha de Aristóteles – de que, se a Terra se movia, então deveria ser possível observar uma mudança de paralaxe quando observássemos as estrelas, coisa que não acontecia[7]. No entanto, apesar da falta de provas estritamente científicas, Galileu insistiu na verdade literal do sistema copernicano e recusou-se a aceitar um compromisso pelo qual o copernicanismo deveria ser ensinado como hipótese até que pudesse apoiar-se em evidências conclusivas. Quando foi mais longe ainda e sugeriu que, pelo contrário, eram os versículos da Sagrada Escritura que deviam ser reinterpretados, passou a ser visto como alguém que usurpara a autoridade dos teólogos.

Jerome Langford, um dos mais judiciosos estudiosos modernos deste assunto, fornece-nos um sumário muito útil da posição de Galileu:

> «Galileu estava convencido de possuir a verdade, mas não tinha provas objetivas suficientes para convencer os homens de mente aberta. É uma completa injustiça afirmar, como fazem alguns historiadores, que ninguém ouvia os seus argumentos e que nunca teve

---

(6) É precisamente o que era na época. A rotação da terra e o heliocentrismo só vieram a ser comprovados experimentalmente em *1851*, com o pêndulo que Léon Foucault pendurou do ápice do domo do Panteão de Paris (N. do E.).

(7) *Paralaxe* é o deslocamento aparente que se deveria observar na posição de umas estrelas em relação às outras por causa da mudança de posição do observador. O argumento diz que, se a Terra se move em torno do Sol, as estrelas (não os planetas) deveriam aparecer em posições diferentes ao longo do ano, à medida que o nosso ponto de observação delas mudasse com o deslocamento da Terra, e isso não acontece. Na realidade, até a época de Galileu não se podia observar nenhuma mudança de paralaxe porque os instrumentos de que se dispunha – ou o olho humano – não eram precisos o suficiente; além disso, a distância das estrelas fixas mais próximas é enorme, de maneira que a paralaxe é extremamente pequena (N. do E.).

V. A IGREJA E A CIÊNCIA

uma oportunidade. Os astrônomos jesuítas tinham confirmado as suas descobertas e esperavam ansiosamente por provas ulteriores para poderem abandonar o sistema de Tycho[8] e passarem a apoiar com segurança o copernicanismo. Muitos eclesiásticos influentes acreditavam que Galileu devia estar certo, mas tinham de esperar por mais provas».

«Como é evidente, não é inteiramente correto pintar Galileu como uma vítima inocente do preconceito e da ignorância do mundo», acrescenta Langford. «Parte da culpa dos acontecimentos subsequentes deve ser atribuída ao próprio Galileu, que recusou qualquer ressalva e, sem provas suficientes, fez derivar o debate para o terreno próprio dos teólogos»[9].

Foi, portanto, a insistência de Galileu sobre a verdade literal do copernicanismo que causou a dificuldade, uma vez que, aparentemente, o modelo heliocêntrico parecia contradizer certas passagens da Escritura. A Igreja, sensível às acusações protestantes de que os católicos não faziam muito caso da Bíblia, hesitou em acolher a sugestão de que se pusesse de lado o sentido literal da Escritura – que, às vezes, parecia implicar na ausência de movimento da Terra – para acomodar uma teoria científica sem provas[10]. Mesmo assim, aqui a Igreja não foi inflexível. Como comentou na época o célebre cardeal Roberto Belarmino,

> «se houvesse uma verdadeira prova de que o Sol é o centro do universo, de que a Terra está no terceiro céu e de que o Sol não gira em torno da Terra, mas a Terra em torno do Sol, então deveríamos agir com grande circunspeção ao explicar passagens da Escritura que parecem ensinar o contrário, e admitir que não as havíamos entendido, em vez de declarar como falsa uma opinião que se prova

---

(8) Tycho Brahe (1546-1601) propôs um sistema astronômico que se situava mais ou menos entre o geocentrismo ptolomaico e o heliocentrismo copernicano. Nesse sistema, todos os planetas, com exceção da Terra, giravam em torno do Sol, mas o Sol girava em torno da Terra, que permanecia estacionária.

(9) Cf. Jerome J. Langford, *Galileo, Science and the Church*, págs. 68-69.

(10) Cf. Jacques Barzun, *From Dawn to Decadence*, Harper Collins, Nova York, 2001, pág. 40; um bom resumo deste assunto aparece em H.W. Crocker III, *Triumph*, Prima, Roseville, Califórnia, 2001, págs. 309-11.

verdadeira. Mas eu mesmo não devo acreditar que existam tais provas enquanto não me sejam mostradas»[11].

A abertura de princípio do cardeal Belarmino a novas interpretações da Escritura à luz dos acréscimos feitos ao universo do conhecimento humano não era nada de novo. Santo Alberto Magno era do mesmo parecer: «Acontece com frequência», escreveu certa vez, «que surge alguma questão sobre a terra, o céu ou outros elementos deste mundo, a respeito da qual um não-cristão possui conhecimentos derivados dos mais acurados raciocínios ou observações. Neste caso, deve-se evitar cuidadosamente, porque seria muito desonroso e prejudicial para a fé, que um cristão, ao falar dessas matérias de acordo com o que pensa que dizem as Sagradas Escrituras, seja ouvido por um não-crente a dizer tais tolices que esse não-crente – percebendo que o outro está tão afastado da realidade como o leste o está do oeste – quase não conseguisse conter o riso»[12]. Também São Tomás de Aquino advertiu sobre as consequências de se querer sustentar uma determinada interpretação da Sagrada Escritura a respeito da qual tivessem surgido sérios motivos para pensar que não era correta:

«Primeiro, é preciso crer que a verdade da Escritura é inviolável. Segundo, quando há diferentes maneiras de explicar um texto da Escritura, nenhuma das interpretações particulares deve ser sustentada com tanta rigidez que, se argumentos convincentes mostrarem que é falsa, alguém ouse insistir em que, mesmo assim, esse ainda é o sentido correto do texto. Caso contrário, os não-crentes desprezarão a Sagrada Escritura e o caminho da fé se fechará para eles»[13].

Em 1616, depois de ter ensinado pública e insistentemente a teoria copernicana, Galileu foi avisado pelas autoridades da Igreja de que devia

---

(11) James Brodrick, *The Life and Work of Blessed Robert Francis Cardinal Bellarmine, SJ, 1542-1621*, vol. 2, Burns, Oates and Washbourne, Londres, 1928, pág. 359.

(12) James J. Walsh, *The Popes and Science*, Fordham University Press, Nova York, 1911, págs. 296-97.

(13) Cit. por Edward Grant, «Science and Theology in the Middle Ages», em David C. Lindberg e Ronald L. Numbers (eds.), *God and Nature: Historical Essays on the Encounter Between Christianity and Science*, University of California Press, Berkeley, 1986, pág. 63.

V. A IGREJA E A CIÊNCIA

parar de sustentá-la como verdade, embora fosse livre para apresentá-la como hipótese. Galileu concordou e prosseguiu com os seus trabalhos.

Em 1624, fez outra viagem a Roma, onde foi novamente recebido com grande entusiasmo e procurado por influentes cardeais desejosos de discutir com ele questões científicas. O papa Urbano VIII deu-lhe muitos presentes valiosos e emitiu um breve de recomendação ao grão--duque da Toscana em que o reconhecia como um homem «cuja fama brilha no céu e se espalha por todo o mundo». Comentou com ele, em particular, que a Igreja não tinha declarado herético o copernicanismo e que nunca o faria.

No entanto, o *Diálogo sobre os dois grandes sistemas do mundo*, que Galileu publicou em 1632 e fora escrito a pedido do papa, ignorou a instrução de que o copernicanismo devia ser tratado como hipótese e não como verdade estabelecida[14]. Para sua infelicidade, em 1633 o astrônomo foi declarado suspeito de heresia e proibido de publicar escritos sobre o tema. Continuou a produzir outras obras, aliás ainda melhores e mais importantes, particularmente os seus *Discursos e demonstrações matemáticas em torno de duas novas ciências* (1635). Mas essa censura insensata manchou por muito tempo a reputação da Igreja.

É importante, porém, não exagerar o que aconteceu. Como explica J.L. Heilbron:

> «Os contemporâneos bem informados foram da opinião de que a alusão à heresia no caso de Galileu ou Copérnico não tinha nenhum alcance geral ou teológico. Em 1642, Gassendi observou que a decisão dos cardeais, embora importante para os fiéis, não teve a categoria de um artigo de fé; em 1651, Riccioli afirmou que o heliocentrismo não era uma heresia; em 1675, Mengoli declarou que as interpretações da Escritura só podem obrigar os católicos se forem aprovadas em um concílio geral; e em 1678, Baldigiani acrescentou que não havia ninguém que não soubesse disso»[15].

---

(14) Anos mais tarde, o pe. Griemberger comentou que, se Galileu tivesse tratado as suas conclusões como hipóteses, poderia ter escrito qualquer coisa que quisesse (cf. Joseph MacDonnell, *Jesuit Geometers*, Apêndice 1, 6-7).

(15) J.L. Heilbron, *The Sun in the Church*, pág. 203.

O certo é que os cientistas católicos, muitos deles jesuítas ou membros de outras Ordens religiosas, continuaram a fazer as suas pesquisas sem nenhum tipo de entraves, cuidando apenas de tratar como hipótese o movimento da terra, como aliás já o tinha recomendado o decreto da Santa Sé de 1616. Um decreto de 1633, pouco posterior ao processo, excluiu das discussões académicas qualquer menção ao movimento da terra; no entanto, cientistas como o pe. Rogério Boscovich continuaram a usar nas suas obras a ideia de uma terra em movimento, e por isso os historiadores especulam que se tratava apenas de um reforço da censura original e era «dirigido a Galileu Galilei pessoalmente», não aos cientistas católicos como um todo[16].

De qualquer modo, a condenação de Galileu, mesmo que enquadrada no seu contexto, tão distante da colocação exagerada e sensacionalista da mídia, criou embaraços à Igreja e deu origem ao mito de que ela seria hostil à ciência[17].

Deus «dispôs todas as coisas com medida, quantidade e peso»

A partir da obra de Pierre Duhem, nos começos do século XX, os historiadores da ciência tendem cada vez mais a destacar o papel crucial da Igreja no desenvolvimento da ciência. Infelizmente, muito pouco desse trabalho académico tem penetrado na consciência popular. Aliás, essas falsas imagens populares não são incomuns; a maior parte das pessoas, por exemplo, ainda acredita que a Revolução Industrial reduziu drasticamente o padrão de vida dos trabalhadores, quando, na realidade, o padrão médio de vida se elevou[18]. Do mesmo modo, o verdadeiro

---

(16) Zdenek Kopal, «The Contribution of Boscovich to Astronomy and Geodesy», em Lancelot Law Whyte (ed.), *Roger Joseph Boscovich, S. J., F. R.S., 1711-1787*, Fordham University Press, Nova York, 1961, pág. 175.

(17) Para uma narrativa mais completa da vida de Galileu e uma análise mais detalhada da condenação, pode-se ver Jorge Pimentel Cintra, *Galileu*, 2ª. ed., Quadrante, São Paulo, 1995 (N. do E.).

(18) Ver Thomas E. Woods Jr., *The Church and the Market: A Catholic Defense of the Free Economy*, Lexington Books, Lanham, Maryland, 2005, págs. 169-74.

V. A IGREJA E A CIÊNCIA

papel da Igreja no desenvolvimento da ciência moderna continua a ser uma espécie de segredo para o público em geral.

O pe. Stanley Jaki é um historiador da ciência – com doutorados em teologia e em física e prêmios internacionais –, cujos profundos conhecimentos ajudaram a dar ao catolicismo e à Escolástica o seu devido valor em relação ao desenvolvimento da ciência ocidental. Muitos dos seus livros anteciparam a provocativa afirmação de que, longe de obstruírem o progresso da ciência, as ideias cristãs contribuíram para torná-lo possível.

Jaki dá grande importância ao fato de que a tradição cristã – desde a sua pré-história no Antigo Testamento e através de toda a Idade Média, como também depois – concebe Deus – e, por extensão, a criação – como uma realidade racional e ordenada. Ao longo de toda a Bíblia, a regularidade dos fenômenos naturais é descrita como reflexo da bondade, beleza e ordem de Deus. Por isso, se Deus «impôs uma ordem às magníficas obras da sua sabedoria», é unicamente porque *Ele existe de eternidade em eternidade* (Eclo 42, 21). «O mundo, – escreve Jaki, condensando o testemunho do Antigo Testamento – como obra artesanal que é de uma Pessoa sumamente racional, está dotado de ordem e propósito».

Essa ordem é evidente em tudo o que nos cerca. «A regularidade das estações, a trajetória infalível das estrelas, a harmonia dos planetas, o movimento das forças da natureza segundo ordenamentos fixos –, tudo isso são resultados do Único em quem se pode confiar incondicionalmente». É isso mesmo que diz Jeremias quando cita a recorrente fidelidade das colheitas como prova da bondade de Deus, e quando traça o paralelo «entre o amor sem falhas de Yavé e a ordem eterna pela qual estabelece o curso das estrelas e das marés»[19].

Jaki chama a nossa atenção para o livro da Sabedoria (11, 20), onde se diz que Deus *dispôs todas as coisas com medida, quantidade*

---

(19) Stanley L. Jaki, *Science and Creation: From Eternal Cycles to an Oscillating Universe*, Scottish Academic Press, Edimburgo, 1986, pág. 150. O mesmo autor acrescenta: «O vínculo que há entre a racionalidade do Criador e a constância da natureza merece ser notado porque é aí que se encontram os começos da ideia de que a natureza é autônoma e tem leis próprias» (*ibid.*). Cf. também Sl 8, 4; 19, 3-7; 104, 9; 148, 3.6 e Jr 5, 24; 31-35.

e peso[20]. Esse versículo, de acordo com Jaki, não apenas deu suporte aos cristãos que defenderam a racionalidade do universo nos fins da Antiguidade, como também incentivou os cristãos que viveram um milênio mais tarde, nos começos da ciência moderna, a investir em pesquisas quantitativas como caminho para entender o universo.

Isto pode parecer tão óbvio que desperte pouco interesse. Mas a ideia de um universo racional e ordenado – enormemente fecunda e na realidade indispensável para o progresso da ciência – escapou a civilizações inteiras. Uma das teses centrais de Jaki é a de que não foi uma coincidência que o nascimento da ciência, como um campo de esforço intelectual permanente, tivesse ocorrido em um meio católico. Certas ideias cristãs fundamentais – sugere ele – foram indispensáveis ao surgimento do pensamento científico. As culturas não-cristãs não possuíam as mesmas ferramentas filosóficas e, pelo contrário, tinham estruturas conceituais que dificultavam o desenvolvimento da ciência.

Em *Science and Creation*, Jaki examina à luz dessa tese sete grandes culturas – a árabe, a babilônica, a chinesa, a egípcia, a grega, a hindu e a maia – e conclui que em todas elas a ciência sofreu um «aborto espontâneo». A razão disso é que, por carecerem da crença em um Criador transcendente que dotou a sua criação de leis físicas consistentes, essas culturas conceberam o universo de modo panteísta, como um gigantesco organismo dominado por um panteão de divindades e destinado a um ciclo sem fim de nascimento, morte e renascimento. Isso tornou impossível o desenvolvimento da ciência[21].

Por sua vez, o animismo, que caracterizou as culturas mais primitivas, impediu o crescimento da ciência por imaginar que as coisas criadas possuíam mente e vontade próprias – uma ideia que impedia de pensar que elas pudessem ter um comportamento ditado por leis, segundo padrões fixos que era possível averiguar.

---

(20) David Lindberg cita diversas ocasiões em que Santo Agostinho se refere a esse versículo; ver David C. Lindberg, «On the Applicability of Mathematics to Nature: Roger Bacon and his Predecessors», *British Journal for the History of Science* 15 (1982), 7.

(21) A única exceção, dentre as sete mencionadas, é a maometana (árabe), que concebe um Deus único, mas tão soberanamente livre que não se submeteria nem mesmo às leis da racionalidade que Ele mesmo criou. Uma vez que Ele poderia mudar a todo o momento as «regras do jogo» da Criação – determinar que o que era verdade até então deixasse de sê-lo, que o mal passasse a ser bem, etc. –, não faria sentido tentar averiguá-las (N. do E.).

V. A IGREJA E A CIÊNCIA

A doutrina cristã da Encarnação opõe-se firmemente tanto a um como ao outro desses modos de pensar. Cristo é o *monogenes* – o «unigênito» – Filho de Deus. Se, dentro da visão greco-romana do mundo, «o universo era o *monogenes* ou o "unigênito", emanação de um princípio divino que não seria realmente distinto desse mesmo universo»[22], para o cristianismo o divino repousa estritamente em Cristo e na Santíssima Trindade, que transcende o mundo; exclui-se assim qualquer tipo de imanentismo ou panteísmo, e não se impede os cristãos, muito pelo contrário, de enxergarem o universo como um reino de ordem e previsibilidade –, ou seja, em última análise como o domínio próprio da ciência.

Jaki não nega que essas culturas tenham alcançado notáveis feitos *tecnológicos*, mas mostra que não vemos surgir daí nenhum tipo de *pesquisa científica formal e sustentável*. É por isso que, em outra obra recente sobre este assunto, se pôde afirmar que «as primeiras inovações tecnológicas greco-romanas, do Islã, da China Imperial, sem mencionar as realizações dos tempos pré-históricos, não constituem ciência e podem ser descritas mais adequadamente como artesanato, *savoir-faire*, habilidade, tradição, treinamento, técnica, tecnologia, engenharia ou, simplesmente, conhecimento»[23].

A antiga Babilônia é um exemplo ilustrativo. A cosmogonia babilônica era sumamente inadequada ao desenvolvimento da ciência e, mais ainda, chegava a desencorajá-la positivamente. Os babilônios pensavam que a ordem natural era tão fundamentalmente incerta que somente uma cerimônia anual de expiação seria capaz de prevenir o caos cósmico. Aqui temos uma civilização que se destacou pela observação do céu, coligindo dados astronômicos e desenvolvendo os rudimentos da álgebra, mas da qual, pelo seu ambiente espiritual e filosófico, dificilmente se poderia esperar que dirigisse esses dons práticos para o desenvolvimento de alguma coisa que merecesse a sério o nome de ciência[24]. Por contraste, é significativo que, na criação cristã,

---

(22) Stanley L. Jaki, «Medieval Creativity in Science and Technology», em *id.*, *Patterns or Principles and Other Essays*, Intercollegiate Studies Institute, Bryn Mawr, Pensilvânia, 1995, pág. 80.
(23) Rodney Stark, *For the Glory of God*, Princeton University Press, Princeton, 2003, pág. 125.
(24) Paul Haffner, *Creation and Scientific Creativity*, Christendom Press, Front Royal, Virgínia, 1991, pág. 35.

tal como é descrita no Gênesis, o caos esteja completamente sujeito à soberania de Deus[25].

Fatores culturais similares tenderam a inibir a ciência na China. Curiosamente, foi um historiador marxista, Joseph Needham, quem chegou realmente ao fundo desse malogro. Segundo ele, a culpa foi da estrutura religiosa e filosófica em que os pensadores chineses se moviam. Os intelectuais chineses, afirma, eram incapazes de aceitar a ideia de umas leis da natureza. E acrescenta – para nossa surpresa, pois a observação procede de um ideólogo que teria preferido encontrar explicações econômicas ou materialistas – que essa incapacidade resultou de «nunca se ter desenvolvido a concepção de um divino legislador celestial que tivesse imposto ordem à natureza física».

«Não é que, para os chineses, não houvesse ordem na natureza – prossegue –, mas, mais exatamente, que não havia uma ordem estabelecida por um ser racional e pessoal; por isso, não existia a convicção de que uns seres racionais pessoais fossem capazes de transpor para as suas linguagens terrenas inferiores o divino código de leis decretado antes de todos os tempos. Os taoístas, com efeito, teriam desprezado essa ideia como ingênua demais para a sutileza e complexidade do universo, tal como o intuíam»[26].

Particularmente desafiador é o caso da antiga Grécia, que deu passos enormes na aplicação da razão humana ao estudo de diversas disciplinas. De todas as culturas antigas analisadas por Jaki, os gregos foram os que chegaram mais perto de desenvolver uma ciência de tipo moderno, embora tenham acabado por ficar muito aquém. Os gregos atribuíam um propósito aos agentes imateriais do cosmos material (assim, por exemplo, Aristóteles explicava o movimento circular dos corpos celestes pela «afeição» que os «primeiros motores» de cada esfera celeste – esfera da lua, esfera do sol, etc. – teriam por esse tipo de movimento). Jaki sustenta que, no que diz respeito ao progresso da ciência, coube aos es-

---

(25) *Ibid.*, pág. 50.

(26) Joseph Needham, *Science and Cvilization in China*, vol. 1, Cambridge University Press, Cambridge, 1954, pág. 581; cit. em Rodney Stark, *For the Glory of God*, pág. 151.

V. A IGREJA E A CIÊNCIA

colásticos da Idade Média levar a cabo uma autêntica *despersonalização* da natureza.

Grande parte da atenção acadêmica mais recente tem-se concentrado sobre as contribuições dos estudiosos muçulmanos à ciência, particularmente no campo da medicina e no da ótica. É sem dúvida inegável que uma parte importante da história intelectual do Ocidente se deve à difusão por todo o mundo ocidental, no século XII, de traduções dos clássicos da antiga Grécia (Hipócrates e Aristóteles, sobretudo) feitas por estudiosos árabes. No entanto, a verdade é que essas contribuições dos cientistas muçulmanos se deram *apesar* do Islã, mais do que por causa dele. Os estudiosos muçulmanos ortodoxos rejeitaram totalmente qualquer concepção do universo que envolvesse leis físicas estáveis, porque a absoluta autonomia de Alá não podia ser cerceada pelas leis naturais[27]. As leis naturais aparentes não passariam de meros «hábitos», por assim dizer, de Alá, e poderiam ser modificadas a qualquer momento[28].

O catolicismo admite a possibilidade de milagres e reconhece o papel do sobrenatural, mas a própria ideia de milagre já sugere que se trata de algo *incomum*; aliás, só faz sentido falar em milagre em contraste com o pano de fundo de um mundo naturalmente ordenado. Mais ainda, a linha principal do pensamento cristão nunca retratou Deus como fundamentalmente arbitrário; pelo contrário, sempre aceitou que a natureza opera de acordo com padrões fixos e inteligíveis.

Isto é o que Santo Anselmo quis dizer quando falou da distinção entre o poder ordenado de Deus (*potentia ordinata*) e o seu poder absoluto (*potentia absoluta*). De acordo com ele, uma vez que Deus nos quis revelar algo sobre a sua natureza, sobre a ordem moral e sobre os seus planos de redenção, por isso mesmo obrigou-se a seguir determinado comportamento, e podemos confiar em que se manterá coerente[29]. Por volta dos séculos XIII e XIV, essa distinção tinha criado raízes profundas[30]; é verda-

---

(27) Stanley L. Jaki, *The Savior of Science*, Eerdmans, Grand Rapids, Michigan, 2000, págs. 77-78.
(28) Stanley L. Jaki, «Myopia about Islam, with an eye on Chesterbelloc», em *The Chesterton Review* 28, inverno de 2002, pág. 500.
(29) Richard C. Dales, *The Intellectual Life of Western Europe in the Middle Ages*, pág. 264.
(30) Richard C. Dales, «The De-Animation of the Heavens in the Middle Ages», *Journal of the History of Ideas* 41 (1980), pág. 535.

de que um Guilherme de Ockham enfatizou a *potentia absoluta* de Deus em um grau tão elevado que não ajudava em nada ao desenvolvimento da ciência, mas, via de regra, o pensamento cristão dava por certa a ordem fundamental do universo.

Foi na realidade São Tomás de Aquino quem encontrou o ponto de equilíbrio entre a liberdade que Deus tem de criar qualquer tipo de universo que deseje e a sua coerência no governo do universo que efetivamente criou. Como explica Jaki, a visão católica tomista considerava importante saber que universo Deus *criou* a fim de evitar elucubrações abstratas sobre que universo *deveria ter criado*. A completa liberdade criadora de Deus significa que o universo não *tinha* de ser de um certo jeito; ora, é por meio da experiência – ingrediente-chave do método científico – que chegamos a conhecer a natureza do universo que Deus *decidiu* criar. E podemos chegar a conhecê-lo porque é racional, previsível e inteligível[31].

Esta abordagem evita dois possíveis erros.

Em primeiro lugar, previne contra as especulações sobre o universo físico divorciadas da experiência em que os antigos caíam frequentemente. Com isso, desfere um golpe extremamente importante contra os argumentos *a priori* acerca de como o universo «tinha de» ser assim ou assado ou de como «era conveniente» que fosse deste ou daquele jeito. Aristóteles sustentava, por exemplo, que um objeto duas vezes mais pesado que outro cairia duas vezes mais depressa, se ambos fossem lançados da mesma altura. Chegou a essa conclusão por uma simples indução, mas ela não é verdadeira, como qualquer um de nós pode comprovar facilmente. Ainda que o estagirita coligisse muitos dados empíricos ao longo das suas pesquisas, persistiu na crença de que a filosofia natural podia basear-se unicamente no trabalho da razão, desligada da pesquisa estritamente empírica. Para ele, o universo eterno era um universo *necessário*, e os seus princípios físicos poderiam ser alcançados por meio de um processo intelectual desvinculado da experiência[32].

Em segundo lugar, implica que o universo criado por Deus é inteligível e ordenado, pois, embora Ele tenha em tese o poder de instaurar

---

(31) Citado em Paul Haffner, *Creation and Scientific Creativity*, pág. 39; ver também pág. 42.

(32) A.C. Crombie, *Medieval and Early Modern Science*, vol. 1, Doubleday, Nova York, 1959, pág. 58.

o caos em um mundo físico sem leis, isso seria incoerente com a ordem e a racionalidade do seu comportamento. Foi precisamente este sentido de racionalidade e previsibilidade do mundo físico o que, em primeiro lugar, deu aos modernos cientistas a confiança filosófica necessária para se dedicarem aos estudos científicos. Como afirmou um estudioso, «foi somente dentro dessa matriz conceitual que a ciência pôde nascer efetivamente e depois crescer de maneira sustentada»[33].

Esta posição, surpreendentemente, encontrou um apoio em Friedrich Nietzsche, um dos maiores críticos do cristianismo do século XIX. «Estritamente falando – afirma ele –, não existe uma ciência "sem nenhum tipo de pressupostos" [...]. Sempre tem de vir em primeiro lugar uma filosofia, uma "fé", para que a partir dela a ciência possa adquirir uma direção, um significado, um limite, um método, um direito de existir [...]. Continua hoje a ser uma *fé metafísica* o que sustenta a nossa fé na ciência»[34].

O problema do momento inercial

A tese de Jaki, de que foi a teologia cristã que sustentou a aventura científica no Ocidente, também pode ser aplicada ao modo como os estudiosos ocidentais resolveram importantes questões relativas ao movimento, aos projéteis e ao impulso. Para os antigos gregos, o estado natural de todos os corpos era o repouso. Por isso, o movimento pedia uma explicação, e foi o que Aristóteles tentou fazer. Segundo ele, a terra, a água e o ar – três dos quatro elementos que, conforme se dizia, compunham o mundo terrestre – tendiam naturalmente para o centro da terra. Quando um objeto que era largado de uma árvore se precipitava no chão, esse movimento devia-se à sua natureza, que o fazia buscar o centro da terra (no que seria impedido, é claro, pelo chão). Quanto ao fogo, tendia por

---

(33) Paul Haffner, *Creation and Scientific Creativity*, pág. 40.
(34) Cit. em Ernest L. Fortin, «The Bible Made Me Do It: Christianity, Science and the Environment», em J. Brian Benestad (ed.), *Ernest Fortin: Colected Essays*, vol. 3: *Human Rights, Virtue and the Common Good: Untimely Meditations on Religion and Politcs*, Rowman & Littlefield, Lanham, Maryland, 1996, pág. 122. O itálico é do original de Nietzsche, *Genealogia da Moral*, III, 23-24.

natureza a mover-se para algum ponto acima de nós, ainda que dentro dos limites da região sublunar (isto é, da região «abaixo da lua»)[35].

Aristóteles falava de dois movimentos: o natural e o violento. O exemplo de movimento natural era o das chamas que se elevam e o das pedras que caem, casos em que o objeto em movimento procurava o seu lugar natural de repouso. O exemplo clássico de movimento violento era o dos projéteis, pois contraria a sua tendência natural para o centro da terra. Era particularmente difícil para Aristóteles encontrar uma explicação para o movimento dos projéteis. A sua teoria parecia sugerir que o projétil deveria cair ao chão no instante em que deixasse a mão da pessoa – pois esta é a sua natureza –, e só continuaria a subir se estivesse sendo empurrado por alguma força externa. Incapaz de resolver o impasse, Aristóteles sugeriu que, quando o projétil voava pelo ar, era porque havia no seu percurso uma espécie de vibrações que o empurravam.

Um elemento essencial da transição da física antiga para a moderna foi a introdução do conceito de *inércia*: a resistência de um objeto a alterar o seu estado de movimento. No século XVIII, Isaac Newton descreveria esse conceito na sua primeira lei do movimento, segundo a qual os corpos em repouso tendem a permanecer em repouso e os corpos em movimento tendem a permanecer em movimento. Mas os estudiosos modernos observaram que essa ideia do movimento inercial já teve precedentes muito antes de Newton, na época medieval.

Particularmente importante neste sentido foi o trabalho de *Jean Buridan* (ca. 1295-1358), sacerdote e professor da Sorbonne no século XIV. Como qualquer católico, Buridan rejeitava a ideia aristotélica de que o universo é eterno por si mesmo; em vez disso, sustentava que o universo fora criado por Deus a partir do nada, em um momento determinado. E se o universo não era eterno, então o movimento celeste, cuja eternidade Aristóteles também havia sustentado, tinha que ser concebido de outra maneira. Em outras palavras, se os planetas tinham começado a existir em um dado momento do tempo, então o *movimento planetário* também tinha de ter começado em um dado momento do tempo.

---

(35) Sobre todo este tema, ver Herbert Butterfield, *The Origins of Modern Science. 1300-1800*, ed. rev., Free Press, Nova York, 1957, cap. 1: «The Historical Importance of a Theory of Impetus».

V. A IGREJA E A CIÊNCIA

O que Buridan procurou descobrir foi de que modo os corpos celestes, uma vez criados, puderam começar a mover-se e permanecer em movimento na ausência de uma força que os continuasse a propelir. A sua resposta foi que Deus, após ter criado os corpos celestes, lhes havia *conferido* o movimento, e que esse movimento *nunca se havia dissipado* porque os corpos celestes, movendo-se no espaço exterior, não encontravam atrito e, portanto, não sofriam nenhuma força contrária que pudesse diminuir a sua velocidade ou interromper o seu movimento. Aqui estão contidas em germe as ideias de momento físico e de inércia[36]. Embora não tenha chegado a livrar-se inteiramente dos limites da física aristotélica e a sua concepção de momento permanecesse embaraçada em alguns equívocos da Antiguidade, foi um profundo avanço teórico[37].

É importante ter em mente o contexto teológico e religioso em que Buridan chegou a essa conclusão, já que foi pela inexistência desse contexto que as grandes culturas antigas não chegaram à ideia do momento inercial. Como explicou Jaki, todas essas culturas, por serem pagãs, agarravam-se à crença de que o universo e os seus movimentos eram eternos, sem começo nem fim, ao passo que a crença na criação *ex nihilo*, em torno da qual havia «um consenso bastante generalizado na Idade Média cristã, tornou quase natural que surgisse no seu seio a ideia do movimento inercial»[38]. E acrescenta: «Uma vez que esse consenso amplo se apoia no credo ou na teologia, pode-se dizer que a ciência não é propriamente "ocidental", mas "cristã"»[39].

Os sucessores de Buridan não se destacaram especialmente pelo seu empenho em reconhecer as suas dívidas intelectuais. Isaac Newton, por exemplo, quando já mais velho dedicou um tempo considerável a apagar o nome de Descartes dos seus cadernos de notas. Do mesmo modo,

---

(36) Sobre Buridan e o movimento inercial, ver Stanley L. Jaki, «Science: Western or What?», em *id.*, *Patterns or Principles and Other Essays*, págs. 169-71.

(37) A.C. Crombie, *Medieval and Early Modern Science*, vol. 2, págs. 72-73. Sobre as diferenças entre o «impulso» de Buridan e as ideias modernas de inércia, ver Herbert Butterfield, *The Origins of Modern Science*, pág. 25.

(38) Stanley L. Jaki, «Science: Western or What?», *Patterns or Principles and Other Essays*, págs. 170-71.

(39) *Ibid.*, pág. 171.

Descartes não revelou a dívida para com a teoria medieval do momento física, essencial para as suas teorias[40]. Copérnico menciona a teoria do momento na sua obra, mas também não cita as fontes; é bastante provável que a tenha aprendido na Universidade de Cracóvia, onde facilmente podia obter cópias manuscritas dos comentários de Buridan e do seu continuador Nicolau de Oresme[41].

Seja como for, essa percepção decisiva, resultado direto da fé católica de Buridan, teve um profundo efeito sobre a ciência ocidental e culminou na primeira lei de Newton. «Na medida em que a ciência é um estudo quantitativo dos objetos em movimento, e a primeira lei de Newton foi a base de inúmeras outras leis – conclui Jaki –, podemos sem dúvida falar de uma origem fundamentalmente medieval da ciência moderna»[42].

Outro aspecto importante é que o conceito de momento inercial de Buridan era uma tentativa de descrever o movimento, tanto na terra como nos céus, por meio de um sistema mecânico único[43]. Desde a Antiguidade, tinha-se por certo que as leis que governam o movimento celeste eram fundamentalmente diferentes daquelas que governam o movimento terrestre. As culturas não-ocidentais, que tendiam para o panteísmo ou encaravam os corpos celestes como algo de certo modo divino, também pressupunham que os movimentos desses corpos celestes deviam ser explicados de maneira diferente do movimento terrestre. Foi somente com Newton que se demonstrou finalmente que um conjunto simples de leis podia explicar todo o movimento do universo, tanto terrestre como celeste. Mas Buridan já havia pavimentado a estrada.

A Escola Catedral de Chartres

A escola da catedral de Chartres, uma instituição de ensino que alcançou a sua plena maturidade no século XII, representa outro ca-

---

(40) Stanley L. Jaki, «Medieval Criativity in Science and Technology», em *Patterns or Principles and Other Essays*, pág. 76.

(41) *Ibid.*, págs. 76-77.

(42) *Ibid.*, pág. 79.

(43) A.C. Crombie, *Medieval and Early Modern Science*, vol. 2, pág. 73.

V. A IGREJA E A CIÊNCIA

pítulo importante na história intelectual do Ocidente e na história da ciência ocidental.

Desde o século VIII, a Igreja empenhava-se em que toda a catedral tivesse anexa uma escola de ensino médio. Criada dentro dessa preocupação, a escola de Chartres deu passos importantes para a excelência no século XI, sob a direção de *Fulberto* (?-1028), que havia sido aluno de Gerberto de Aurillac, o futuro papa Silvestre II, brilhante luminária de fins do século X. Quase todos os que contribuíram substancialmente para o desenvolvimento da ciência nesse período estiveram, em um momento ou em outro, associados ou influenciados por Chartres[44].

Pelo seu próprio exemplo, Fulberto transmitia um espírito de curiosidade intelectual e versatilidade. Estava familiarizado com os mais recentes progressos em lógica, matemática e astronomia, e mantinha contato com o ensino dos muçulmanos da Espanha. Além de ser um médico competente, também compôs vários hinos. Era um fino exemplo de erudito católico: qualquer pensamento de menosprezo pelas ciências seculares ou pelas obras dos antigos pagãos estava muito longe da sua mentalidade.

Podem-se captar na fachada oeste da catedral de Chartres alguns traços da orientação da sua Escola: ali se veem personificadas em esculturas as sete tradicionais artes liberais, cada uma delas representada por um antigo mestre: Aristóteles, Boécio, Cícero, Donato (ou talvez Prisciano), Euclides, Ptolomeu e Pitágoras[45]. A construção dessa fachada foi supervisionada, na década de 1140, por *Teodorico de Chartres* (†1050?), que era o chanceler da escola naquela época. Homem profundamente dedicado ao estudo das artes liberais, Teodorico converteu Chartres na mais procurada escola dessas veneráveis disciplinas.

As suas convicções religiosas enchiam-no de zelo pelas artes liberais. Para ele, assim como para a grande maioria dos intelectuais da Idade Média, as disciplinas do *quadrivium* – aritmética, geometria, música e astronomia – convidavam os estudantes a contemplar os padrões segundo os quais Deus ordenou o mundo e a apreciar a bela arte da obra

---

(44) E. J. Dijksterhuis, *The Mechanization of the World Picture*, Oxford University Press, Londres, 1961, pág. 106.

(45) Thomas Goldstein, *Dawn of Modern Science: From the Ancient Greeks to the Renaissance*, Da Capo Press, Nova York, 1995 [1980], págs. 71 e 74.

divina. E o *trivium* – gramática, retórica e lógica – permitia que as pessoas exprimissem de modo convincente e inteligível essa ação da sabedoria divina. Por último, no dizer de um estudioso moderno, as artes liberais «revelaram ao homem o seu lugar no universo e ensinaram-no a apreciar a beleza do mundo criado»[46].

Uma das características centrais da filosofia natural do século XII é, como vimos, que encarava a natureza como algo autônomo, que opera de acordo com leis fixas e discerníveis pela razão; e talvez tenha sido nisto que Chartres deu a sua contribuição mais significativa: os que participavam dessa escola estavam ansiosos por desenvolver explicações baseadas em causas naturais[47]. Segundo *Adelardo de Bath* (cerca de 1080--1142), um estudante de Chartres, «é pela razão que somos homens. Assim, se virássemos as costas para a surpreendente beleza racional do universo em que vivemos, mereceríamos sem dúvida ser expulsos dele, como um hóspede que se comporta mal na casa em que foi recebido»[48]. E conclui: «Não pretendo tirar nada de Deus, porque tudo o que existe provém dEle [...]. Mas devemos dar ouvidos aos verdadeiros horizontes do conhecimento humano, para só explicar as coisas por meio de Deus depois que o conhecimento racional tiver fracassado»[49].

Guilherme de Conques (cerca de 1090-após 1154) concordava com ele: «Não considero que haja nada à margem de Deus – escreve –. Ele é o autor de todas as coisas, excetuado o mal. Mas a natureza da qual dotou as suas criaturas leva a cabo todo um plano de operações, e essas também se dirigem à sua glória, já que foi Ele quem criou essa mesma natureza»[50]. O que significa dizer que a estrutura da natureza que Deus criou basta normalmente para justificar os fenômenos que observamos, sem necessidade de recorrer a explicações sobrenaturais. Guilherme olhava com escárnio e desdém todos aqueles que menosprezassem a pesquisa científica:

---

(46) Raymond Klibansky, «The School of Chartres», in Marshall Clagett, Gaines Post, and Robert Reynolds, eds., *Twelfth Century Europe and the Foundations of Modern Society*, University of Wisconsin Press, Madison, 1961, págs. 9-10.

(47) Cf. David C. Lindberg, *The Beginnings of Western Science*, pág. 200.

(48) Cit. em Thomas Goldstein, *Dawn of Modern Science*, pág. 88.

(49) Cit. em Edward Grant, *God and Reason in the Middle Ages*.

(50) Thomas Goldstein, *Dawn of Modern Science*, pág. 82.

V. A IGREJA E A CIÊNCIA

«Como eles próprios ignoram as forças naturais e desejam ter todos os homens por companheiros da sua ignorância, não querem que ninguém as investigue, mas preferem que acreditemos como se fôssemos camponeses, e não perguntemos pelas causas [naturais] das coisas. Nós, pelo contrário, afirmamos que se deve procurar a causa de todas as coisas [...]. Essas pessoas, porém, [...] se têm notícia de alguém que pesquise, proclamam-no herege»[51].

Naturalmente, posições como essas levantavam suspeitas: poderiam esses filósofos católicos manter o seu compromisso de pesquisar a natureza em termos de causas secundárias e como realidade racional por essência, sem eliminar completamente o sobrenatural e o miraculoso? No entanto, o que esses pensadores fizeram foi precisamente manter a harmonia entre os dois aspectos.

Rejeitaram a ideia de que a investigação racional das causas poderia supor uma afronta a Deus ou que equivaleria a subordinar a ação divina aos limites das leis naturais que fossem descobertas. Esses pensadores reconheciam que, de acordo com a perspectiva acima descrita, Deus podia certamente ter criado qualquer espécie de universo que desejasse; mas ao mesmo tempo afirmavam que, tendo criado este em concreto, permitiu que operasse de acordo com a sua natureza e, normalmente, não interferiria na sua estrutura básica[52].

Na sua discussão sobre a descrição bíblica da criação, Teodorico de Chartres não admitia nenhuma proposição que implicasse que os corpos celestes tivessem algo de divino ou fossem compostos de uma matéria imperecível, não sujeita às leis terrestres, ou ainda que o universo fosse em si mesmo um grande organismo. Pelo contrário, explicou que todas as coisas «têm a Deus como criador, porque todas estão sujeitas a mudanças e podem perecer». Descreveu as estrelas e o firmamento como compostos de água e ar, mais do que de uma substância semidivina cujo comportamento devesse ser explicado segundo princípios fundamentalmente diferentes dos que governam as

---

(51) David C. Lindberg, *The Beginnings of Western Science*, pág. 200.
(52) *Ibid.*, pág. 201.

coisas da terra[53]. Essa concepção foi crucial para o desenvolvimento da ciência.

Thomas Goldstein, um historiador moderno da ciência, descreve a importância fundamental da Escola de Chartres:

«Formularam as premissas filosóficas; definiram o conceito básico do cosmos a partir do qual viriam a desenvolver-se todas as ciências particulares posteriores; reconstruíram sistematicamente o conhecimento científico do passado e lançaram assim uma sólida base tradicional para a futura evolução da ciência ocidental. Cada um desses passos parece tão crucial que, tomados em conjunto, só podem significar uma coisa: que, em um período de quinze ou vinte anos, por volta de meados do século XII, um punhado de homens empenhou-se conscienciosamente em lançar as bases do progresso da ciência ocidental e deu todos os principais passos necessários para atingi-lo»[54].

Goldstein prognostica que, no futuro «Teodorico será provavelmente reconhecido como um dos verdadeiros fundadores da ciência ocidental»[55].

O século em que a escola de Chartres mais se distinguiu foi uma época de grande animação intelectual. À medida que os conquistadores muçulmanos começaram a recuar na Espanha e foram derrotados na Sicília, importantes centros de ensino árabes caíram nas mãos dos cristãos. Muitos textos gregos inacessíveis durante séculos aos europeus, e que tinham sido vertidos para o árabe na esteira das conquistas muçulmanas da Síria e de Alexandria no Egito, foram agora recuperados e traduzidos para o latim. Na Itália, graças às relações com Bizâncio estabelecidas pelas Cruzadas, já se podiam fazer traduções latinas diretamente do original grego. Pois bem, entre essas obras recuperadas estavam os livros-chave da física de Aristóteles, incluindo a *Física*, o *Do céu e do mundo* e o *Da geração e da corrupção*.

---

(53) Stanley L. Jaki, *Science and Creation*, págs. 220-21.
(54) Thomas Goldstein, *Dawn of Modern Science*, pág. 77.
(55) *Ibid.*, pág. 82.

V. A IGREJA E A CIÊNCIA

Esses textos vieram a mostrar que havia sérias contradições entre as verdades da fé e o melhor da filosofia antiga. Aristóteles tinha proposto um universo eterno, ao passo que a Igreja ensinava que Deus havia criado o mundo em um momento determinado do tempo. Além disso, a Criação dera-se a partir do nada, ao passo que Aristóteles negava a possibilidade do vácuo; e isso equivalia a negar – como aqueles católicos do século XIII perceberam claramente – o poder criador de Deus, porque nada pode ser impossível a um Deus onipotente. E havia ainda outras afirmações problemáticas no *corpus* aristotélico que precisariam ser enfrentadas.

Um grupo de estudiosos conhecidos como «averroístas latinos» – Averroes fora um dos mais famosos e respeitados comentadores muçulmanos de Aristóteles – abordou a questão segundo uma ótica que tem sido frequentemente descrita, de modo impreciso, como a *doutrina da dupla verdade*: uma afirmação falsa em teologia podia ser verdadeira em filosofia, e vice-versa. Assim, as afirmações contraditórias que mencionamos (eternidade do mundo x Criação, vácuo x Criação do nada) poderiam ser ambas verdadeiras, conforme fossem consideradas do ponto de vista da religião ou da filosofia.

Na verdade, porém, o que eles ensinavam era mais sutil. Acreditavam que as afirmações de Aristóteles, como a da eternidade do mundo, eram o resultado indiscutível de um raciocínio correto, e que não se podia encontrar nenhuma falha no processo lógico que conduzia a elas. Argumentavam que, como filósofos, tinham de seguir os ditames da razão aonde quer que estes os conduzissem; mas, se as conclusões a que chegassem contradissessem a revelação, então não podiam de modo algum ser tomadas como verdadeiras em sentido absoluto. Afinal, o que era a débil razão humana em contraposição à onipotência de Deus, que a transcendia?[56]

Essa solução pareceu tão instável e cheia de dificuldades aos «conservadores» daquela época como nos parece a nós, e isso afastou completamente alguns pensadores católicos da filosofia. São Tomás de Aquino, que tinha um profundo respeito por Aristóteles, temia que a

---

(56) Sobre os averroístas latinos, ver Étienne Gilson, *Reason and Revelation in the Middle Ages*, Charles Scribner's Sons, Nova York, 1938, págs. 54-66.

reação conservadora aos erros dos averroístas pudesse levar a um completo abandono do «Filósofo» (como ele se referia a Aristóteles). Na sua famosa síntese, demonstrou que a fé e a razão são complementares e não se podem contradizer; qualquer contradição aparente que se observasse era sinal de que havia erros na compreensão ou da religião ou da filosofia.

No entanto, nem a genialidade de São Tomás dissipou completamente as apreensões que os novos textos e as respostas dadas por alguns estudiosos suscitavam. E foi nesse contexto que, pouco depois da morte de São Tomás, o bispo de Paris editou uma série de 219 proposições condenadas – conhecidas historicamente como as Condenações de 1277 – que os professores da Universidade de Paris foram proibidos de ensinar: eram afirmações de Aristóteles ou, em alguns casos, conclusões que se podiam tirar dos seus ensinamentos, inconciliáveis com a visão católica de Deus e do mundo. Embora essas condenações se aplicassem somente a Paris, a sua influência chegou a ser sentida na longínqua Oxford. O papa não desempenhou qualquer papel nessas condenações; limitou-se simplesmente a pedir que se investigassem as causas de toda a agitação intelectual que vinha envolvendo os mestres de Paris (um estudioso afirma que «a aprovação pontifícia às ações do bispo de Paris foi menos que entusiástica»[57]).

Mas esse documento de 1277 também teve um efeito positivo no desenvolvimento da ciência: Pierre Duhem, um dos grandes historiadores da ciência do século XX, foi ao ponto de sustentar que representou o começo da ciência moderna. O que ele e outros estudiosos mais recentes como A.C. Crombie e Edward Grant dão a entender é que as Condenações forçaram os pensadores a sair do confinamento intelectual que os pressupostos aristotélicos lhes tinham imposto e a pensar o mundo físico em moldes novos. Embora os estudiosos discordem sobre a influência do documento, todos concordam em que forçou os pensadores a emancipar-se das restrições da ciência aristotélica e a considerar possibilidades que o grande filósofo nunca imaginara[58].

---

(57) Richard C. Dales, *The Intellectual Life of Western Europe in the Middle Ages*, pág. 254.

(58) Concordam com essa argumentação A.C. Crombie, *Medieval and Early Modern Science*, vol. 1, pág. 64, e vol. 2, págs. 35-36; Edward Grant, *God and Reason in the Middle Ages*, págs. 213ss, e 220-1; *Id.*, *The Foundations of Modern Science in the Middle Ages: Their Religious, Institutional,*

V. A IGREJA E A CIÊNCIA

Vejamos um exemplo. Se Aristóteles negava, como vimos, a possibilidade do vácuo, e os pensadores da Idade Média o seguiam habitualmente nesse ponto, depois das Condenações passou-se a exigir que os estudiosos admitissem que Deus todo-poderoso podia realmente criar o vácuo. Isso abriu novas e entusiasmantes possibilidades científicas. Por certo, alguns estudiosos que até então pareciam admitir a possibilidade do vácuo de um modo meramente formal – isto é, ainda que certamente admitissem que Deus fosse todo-poderoso e, portanto, podia criar um vácuo, geralmente estavam persuadidos de que na realidade não o fizera – agora mostravam-se intrigados e envolveram-se em um importante debate científico. Deste modo, as Condenações, segundo o historiador da ciência Richard Dales, «parecem ter promovido definitivamente um modo mais livre e imaginativo de fazer ciência»[59].

Isso ficou muito claro no caso de outra condenação, concretamente da proposição aristotélica de que «os movimentos do céu resultam de uma alma intelectiva»[60]. A condenação dessa afirmação foi de grande importância, uma vez que negou que os corpos celestes possuíssem alma e fossem de alguma maneira seres vivos – uma crença cosmológica que prevalecia desde a Antiguidade. Embora possamos encontrar Padres da Igreja que condenavam essa ideia como incompatível com a fé, a grande maioria dos pensadores cristãos tinha-a adotado e concebia as esferas planetárias como propelidas por substâncias intelectuais de algum tipo.

Essa condenação catalisou novas abordagens sobre a questão central do comportamento dos corpos celestes. Jean Buridan, seguindo as pegadas de Roberto Grosseteste, argumentou que era notável a ausência de evidências escriturísticas a respeito de tais inteligências e Nicolau de Oresme avançou ainda mais no combate a essa ideia[61].

Já na época patrística, o pensamento cristão – ainda que, normalmente, apenas pelas suas implicações – deu início à *des-animação* da natureza, isto é, à remoção da ideia de que os corpos celestes pudes-

---

and Intellectual Contexts, Cambridge University Press, Cambridge, 1996, págs. 78-83 e 147-48. David C. Lindberg, *The Beginnings of Western Science*, págs. 238 e 365, é mais cético, mas admite o ponto essencial.
(59) Richard C. Dales, «The De-Animation of the Heavens in the Middle Ages», pág. 550.
(60) *Ibid.*, pág. 546.
(61) *Ibid.*

sem, por si mesmos, estar vivos e dotados de inteligência, ou que não pudessem funcionar sem algum tipo de agente espiritual. Existem afirmações dispersas nesse sentido em escritos de santos como Agostinho, Basílio, Gregório de Nisa, Jerónimo e João Damasceno. Mas foi mais tarde, quando os estudiosos começaram a aplicar-se de modo mais deliberado e consistente ao estudo da natureza, que surgiram pensadores que concebiam conscienciosamente o universo como uma entidade mecânica e, por extensão, inteligível às indagações da mente humana[62]. Escreve Dales: «Durante o século XII, na Europa latina, os aspectos do pensamento judeu-cristão que enfatizavam a ideia da criação a partir do nada e a distância entre Deus e o mundo tiveram o efeito de eliminar [...] todos os entes semidivinos do reino da natureza»[63]. E, segundo Stanley Jaki, «a natureza teve que ser des-animizada» para que a ciência pudesse nascer[64].

Muito depois de as próprias Condenações já terem sido esquecidas, durante todo o século XVII e o princípio da Revolução Científica, a discussão provocada por essas afirmações antiaristotélicas continuou a influenciar a história intelectual europeia[65].

O sacerdote cientista

É relativamente simples mostrar que a grande maioria dos cientistas, como Louis Pasteur, foi católica. No entanto, muito mais revelador é o número surpreendente de figuras da Igreja, especialmente de sacerdotes, cuja obra científica foi muito extensa e significativa. A insaciável curiosidade desses homens acerca do universo criado por Deus e a sua dedicação à pesquisa científica revelam – mais do que poderia fazê-lo uma simples discussão teórica – que o relacionamento entre a Igreja e a ciência foi de amizade mais do que de antagonismo e desconfiança.

---

(62) Richard C. Dales, «A Twelfth Century Concept of the Natural Order», em *Viator* 9 (1978), pág. 79.
(63) *Ibid.*, 191.
(64) Paul Haffner, *Creation and Scientific Creativity*, pág. 41.
(65) Edward Grant, «The Condemnation of 1277, God's Absolute Power, and Physical Thought in the Late Middle Ages», *Viator* 10 (1979), págs. 242-44.

V. A IGREJA E A CIÊNCIA

Merecem ser mencionadas diversas figuras importantes do século XIII. Roger Bacon, um franciscano que lecionava em Oxford, foi admirado pelo seu trabalho no campo da matemática e da ótica, e é considerado um precursor do moderno método científico. Bacon escreveu sobre filosofia da ciência e enfatizou a importância da observação e dos ensaios. No seu *Opus maius*, observou: «Sem experimentos, nada pode ser adequadamente conhecido. Um argumento prova teoricamente, mas não dá a certeza necessária para remover toda a dúvida; nem a mente repousará na visão clara da verdade se não a encontrar pela via do experimento». Do mesmo modo, no seu *Opus tertium*, adverte que «o argumento mais forte não prova nada enquanto as conclusões não forem verificadas pela experiência»[66].

Santo Alberto Magno (1200-1280) foi educado em Pádua e depois ingressou na ordem dominicana. Lecionou em vários mosteiros antes de assumir uma cátedra na Universidade de Paris, em 1241, onde viria a ter entre os seus alunos ilustres ninguém menos do que São Tomás de Aquino. «Perito em todos os ramos da ciência», diz o *Dictionary of Scientific Biography*, «foi um dos mais famosos precursores da ciência moderna na Idade Média». Canonizado pelo papa Pio XI em 1931, Pio XII nomeou-o, dez anos depois, patrono de todos os que cultivam as ciências naturais[67].

Renomado naturalista, Alberto Magno registrou uma enorme quantidade de coisas sobre o mundo que o cercava. As suas obras, de uma prodigiosa vastidão, abrangiam física, lógica, metafísica, biologia, psicologia e várias outras ciências profanas. Tal como Roger Bacon, sublinhava a importância da observação direta para a aquisição do conhecimento sobre o mundo físico. Em *De mineralibus*, explicou que o objetivo da ciência natural era «não simplesmente aceitar as afirmações de outros, ou seja, o que é narrado pelas pessoas, mas investigar as causas que agem por si mesmas na natureza»[68]. A sua insistência na observação direta e a sua recusa em aceitar a autoridade científica da fé foram contributos essenciais para a estruturação científica da mente.

---

(66) James J. Walsh, *The Popes and Science*, págs. 292-293.
(67) William A. Wallace, OP, «Albertus Magnus, Saint», em *DSB*, pág. 99.
(68) James J. Walsh, *The Popes and Science*, pág. 297.

Roberto Grosseteste (1168-1253), que foi chanceler de Oxford e bispo de Lincoln, a maior diocese da Inglaterra, partilhou dessa enorme gama de interesses de estudo e de conquistas que caracterizou Roger Bacon e Santo Alberto Magno. Tinha sido influenciado pela escola de Chartres, particularmente por Teodorico[69]. Considerado um dos homens mais cultos da Idade Média, é conhecido como o primeiro homem a deixar por escrito o conjunto completo dos passos que se devem dar para realizar uma experiência científica. Em *Robert Grosseteste and the Origins of Experimental Science*, A.C. Crombie sugeriu que o século XIII já possuía os rudimentos do método científico graças, em grande parte, a figuras como Grosseteste. Por isso, embora as inovações da Revolução Científica do século XVII mereçam as maiores honras, já na Idade Média era evidente a ênfase teórica na observação e na experimentação.

Mas há outros nomes no campo da ciência que, apesar de nunca terem sido tirados da obscuridade, merecem ser mencionados. O pe. *Nicolau Steno* (1638-1686), por exemplo, um luterano que se converteu ao catolicismo e veio a tornar-se sacerdote, foi quem «estabeleceu a maior parte dos princípios da geologia moderna» e chegou a ser chamado o «pai da estratigrafia» (a ciência dos estratos ou camadas da terra)[70]. Nascido na Dinamarca, viveu e viajou por toda a Europa e exerceu a medicina por algum tempo na corte do grão-duque da Toscana. Gozava de excelente reputação e realizou um trabalho criativo em medicina, mas foi no estudo dos fósseis e da estratigrafia que alcançou renome científico.

O seu trabalho iniciou-se em um contexto inusitado: a dissecção da cabeça de um enorme tubarão que pesava cerca de 1270 quilos e foi encontrado por um barco de pesca francês em 1666. Steno, que era conhecido pela sua grande perícia como dissecador, foi chamado para realizar a dissecção.

Para os nossos propósitos, é suficiente concentrarmo-nos no fascínio que despertaram em Steno os dentes do tubarão. Apresentavam uma

---

(69) Richard C. Dales, «The De-Animation of the Heavens in the Middle Ages», pág. 540.

(70) William B. Ashworth Jr., «Catholicism and Early Modern Science», em David C. Lindberg e Ronald L. Numbers, eds., *God and Nature: Historical Essays on the Encounter Between Christianity and Science*, pág. 146.

V. A IGREJA E A CIÊNCIA

estranha semelhança com as assim chamadas línguas de pedra, ou *glossopetrae*, cujas origens estavam envolvidas em mistério desde os tempos antigos: dizia-se que essas pedras, que os malteses extraíam da terra, possuíam poderes curativos. Tinham-se proposto incontáveis teorias para explicá-las, e no século XVI Guillaume Rondelet sugeriu que podia tratar-se de dentes de tubarão, mas poucos se impressionaram com a ideia; agora, Steno tinha a oportunidade de comparar os dois objetos e estabelecer claramente a semelhança.

Foi um momento significativo na história da ciência, porque apontava para um tema muito maior e mais importante que os dentes de tubarão e as pedras misteriosas: a presença de conchas e fósseis marinhos, engastados em rochas muito distantes do mar. A questão das *glossopetrae* – agora quase com certeza dentes de tubarão – suscitou o problema mais amplo da origem dos fósseis em geral e de como tinham chegado ao estado em que se encontravam. Por que essas coisas eram encontradas dentro de rochas? Ter-se-iam formado por geração espontânea? Essa era uma das numerosas explicações que se tinham proposto no passado.

Steno considerou cientificamente duvidosas essa e outras explicações, além de ofensivas à sua ideia de Deus, que não agiria de um modo tão aleatório e despropositado. Lançou-se então a estudar a questão, dedicando os dois anos seguintes a escrever e compilar aquilo que viria a ser a sua influente obra *De solido intra solidum naturaliter contento dissertationis prodromus* («Discurso preliminar a uma dissertação sobre um corpo sólido naturalmente contido dentro de outro sólido»).

Não era uma tarefa fácil, pois exigia desbravar um território desconhecido. Não existia uma ciência da geologia à qual Steno pudesse recorrer em busca de uma metodologia ou de princípios fundamentais. No entanto, foi adiante com ousadia e lançou uma ideia nova e revolucionária: tinha a certeza de que as rochas, os fósseis e os estratos geológicos contavam uma história sobre a história da terra e os estudos geológicos podiam iluminar essa história[71]. «Steno – escreveu o seu bió-

---

(71) Das muitas ideias encontradas nos seus escritos, três costumam ser chamadas «os princípios de Steno». É dele o primeiro livro de que temos notícia acerca da sobreposição, uma das chaves principais da estratigrafia (David R. Oldroyd, *Thinking About the Earth: A History of Ideas in Geology*, Harvard University Press, Cambridge, 1996, págs. 63-67; ver também A. Wolf, *A History of Science, Technology, and Philosophy in the 16th and 17th Centuries*, George Allen & Unwin, Londres, 1938, págs. 359-60). A *lei da sobreposição* é o primeiro dos princípios de Steno. Estabelece

grafo mais recente – foi o primeiro a afirmar que a história do mundo podia ser reconstituída a partir das rochas, e assumiu pessoalmente a tarefa de deslindá-la»[72].

«Em última análise, o feito de Steno no *De solido* não consistiu apenas em propor uma nova e correta teoria sobre os fósseis. Como ele próprio disse, houve escritores que, mais de mil anos antes, tinham dito essencialmente a mesma coisa. Tampouco ocorria que ele estivesse simplesmente apresentando uma nova e correta interpretação dos estratos de rocha. O que fez foi traçar um plano para uma abordagem científica totalmente nova da natureza, ampliando as fronteiras do tempo. Como ele próprio escreveu, "da conclusão definida que tiramos do que é observável podemos extrair conclusões sobre o que é imperceptível". Do mundo atual podemos deduzir mundos que já desapareceram»[73].

Com o passar dos anos, o pe. Steno viria a ser tomado como modelo de santidade e de sabedoria. Em 1722, o seu sobrinho-neto Jacob

---

que as camadas sedimentares são formadas em sequência, de tal modo que a camada mais baixa é a mais antiga, e as camadas vão decrescendo em idade até à mais recente, situada no topo.

Mas, como a maioria dos estratos que encontramos foi de algum modo alterada, distorcida ou inclinada, nem sempre é fácil reconstruir a sua história geológica, a sequência da estratificação. Por esse motivo, Steno introduziu o *princípio da horizontalidade original*. A água – disse ele – é a fonte dos sedimentos, seja na forma de um rio, de uma tempestade ou de fenômenos similares: carrega-os e deposita-os em várias camadas sedimentares. Uma vez que os sedimentos se depositam numa bacia, a gravidade e as correntes de águas rasas têm sobre eles um efeito nivelador, de tal modo que as camadas sedimentares, como a própria água, acompanham a forma da superfície do fundo, mas se tornam horizontais na parte superior. Como descobrir a sequência sedimentar em rochas que não permaneceram na posição original? Tendo em conta que os grãos maiores e mais pesados naturalmente se depositam em primeiro lugar, seguidos pelos que vão tendo tamanhos cada vez menores, só precisamos examinar as camadas e observar onde as partículas maiores foram depositadas. Aí está a camada inferior da sequência (Alan Cutler, *The Seashell on the Mountaintop*, Dutton, Nova York, 2003, págs. 109-12).

Finalmente, temos o princípio da *continuidade lateral*: esse princípio indica que, quando ambos os lados de um vale exibem rochas sedimentares, é porque os dois lados estavam originalmente unidos – formavam camadas contínuas –, e que o vale é que se deveu a um evento geológico posterior, por exemplo um processo de erosão. Steno também apontou que, se em um estrato é encontrado sal marinho ou qualquer outra coisa que pertença ao mar – dentes de tubarão, por exemplo –, isso revela que em algum momento o mar deve ter estado ali.

(72) Alan Cutler, *The Seashell on the Mountaintop*, pág. 10.
(73) *Ibid.*, págs. 113-14.

V. A IGREJA E A CIÊNCIA

Winslow escreveu a sua biografia, que apareceu em um livro chamado *Vidas de santos para cada dia do ano*, na secção dedicada a prováveis futuros santos. Winslow, um convertido do luteranismo ao catolicismo, atribuiu a sua conversão à intercessão do pe. Steno. Em 1938, um grupo de admiradores dinamarqueses procurou o papa Pio XI para pedir-lhe que o declarasse santo. Cinquenta anos mais tarde, o papa João Paulo II beatificou-o, louvando a sua santidade e a sua ciência.

Conquistas científicas dos jesuítas

Era na Companhia de Jesus, a sociedade sacerdotal fundada no século XVI por Inácio de Loyola, que se encontrava o maior número de sacerdotes católicos interessados nas ciências. Um historiador recente descreve o que os jesuítas realizaram por volta do século XVIII:

> «Contribuíram para o desenvolvimento dos relógios de pêndulo, dos pantógrafos, dos barómetros, dos telescópios refletores e dos microscópios, e trabalharam em campos científicos tão variados como o magnetismo, a ótica e a eletricidade. Observaram, em muitos casos antes de qualquer outro cientista, as faixas coloridas na superfície de Júpiter, a nebulosa de Andrómeda e os anéis de Saturno. Teorizaram acerca da circulação do sangue (independentemente de Harvey), sobre a possibilidade teórica de voar, sobre a maneira como a lua influi nas marés e sobre a natureza ondulatória da luz. Mapas estelares do hemisfério sul, lógica simbólica, medidas de controle de enchentes nos rios Pó e Adige, introdução dos sinais mais e menos na matemática italiana – tudo isso foram realizações jesuíticas, e cientistas influentes como Fermat, Huygens, Leibnitz e Newton não eram os únicos a ter jesuítas entre os seus correspondentes mais apreciados»[74].

Da mesma forma, um estudioso da primitiva ciência da eletricidade considerou a Companhia de Jesus como a fonte «mais importante de

---

(74) Jonathan Wright, *The Jesuits: Missions, Myths and Histories*, HarperCollins, Londres, 2004, pág. 189.

contribuições para a física experimental do século XVII»[75]. «Tal elogio – escreve outro – só se reforça quando se estuda detalhadamente a história de outras ciências, tais como a ótica, em que praticamente todos os tratados importantes da época foram escritos por jesuítas»[76]. Vários dos grandes cientistas jesuítas também realizaram a tarefa enormemente valiosa de recolher os seus dados em enormes enciclopédias, que desempenharam um papel crucial na difusão da pesquisa através da comunidade acadêmica. «Se a colaboração entre cientistas foi um dos frutos da Revolução Científica – diz o historiador William Ashworth –, os jesuítas merecem grande parte do crédito»[77].

Os jesuítas tiveram também muitos matemáticos extraordinários, que deram numerosas contribuições importantes para essa disciplina. Quando Charles Bossut, um dos primeiros historiadores da matemática, compilou uma lista dos matemáticos mais eminentes de 900 a.C. até 1800 d.C., 16 das 303 pessoas listadas eram jesuítas[78]. Essa cifra – equivalente a 5% do total dos maiores matemáticos em um arco de 2700 anos – torna-se ainda mais expressiva quando recordamos que os jesuítas existiram apenas durante dois desses vinte e sete séculos![79] Acrescente-se a isso que cerca de trinta e cinco crateras da lua receberam o nome de cientistas e matemáticos jesuítas.

Foram eles também os primeiros a introduzir a ciência ocidental em lugares tão distantes como a China e a Índia. No século XVII, introduziram particularmente na China um enorme conjunto de conhecimentos científicos e um vasto arsenal de instrumentos mentais para compreender o universo físico, incluída a geometria euclidiana, que tornou compreensível o movimento dos planetas. De acordo com um especialista, os jesuítas na China:

---

(75) J.L. Heilbron, *Electricity in the 17th and 18th Centuries: A Study of Early Modern Physics*, University of California Press, Berkeley, 1979, pág. 2.

(76) William B. Ashworth Jr., «Catholicism and Early Modern Science», em David C. Lindberg e Ronald L. Numbers (eds.), *God and Nature: Historical Essays on the Encounter Between Christianity and Science*, pág. 145.

(77) *Ibid.*, pág. 155.

(78) Joseph E. MacDonnell, *Jesuit Geometers*, pág. 71.

(79) Os jesuítas foram suprimidos em 1773 e restabelecidos mais tarde, em 1814.

V. A IGREJA E A CIÊNCIA

«Chegaram em uma época em que a ciência em geral, e a matemática e a astronomia em particular, tinham ali um nível muito baixo, se comparadas com o nascimento da moderna ciência na Europa. Fizeram esforços enormes para traduzir as obras ocidentais de matemática e de astronomia para o chinês e despertaram o interesse dos estudiosos chineses por essas ciências. Fizeram extensas observações astronômicas e levaram a cabo o primeiro trabalho cartográfico moderno na China. Também aprenderam a apreciar as conquistas científicas dessa antiquíssima cultura e difundiram-nas na Europa. E foi graças à sua correspondência que os cientistas europeus tiveram notícia, pela primeira vez, da ciência e da cultura chinesas»[80].

As contribuições dos jesuítas para o conhecimento científico e a infraestrutura de outras nações menos desenvolvidas não se limitou à Ásia, mas estendeu-se à África e às Américas Central e do Sul. A partir do século XIX, os jesuítas montaram nesses continentes observatórios destinados a estudos de astronomia, geomagnetismo, meteorologia, sismografia e física solar. Esses observatórios introduziram nesses lugares a medição acurada do tempo, permitiram fazer previsões climáticas (particularmente importantes no caso de furacões e tufões) e avaliar o risco de terremotos, e forneceram os primeiros dados cartográficos[81]. Nas Américas Central e do Sul, os religiosos trabalharam principalmente em meteorologia e sismologia, lançando os fundamentos dessas disciplinas nesses lugares[82]. A eles se deve o desenvolvimento científico de muitos desses países, do Equador até o Líbano ou as Filipinas.

Muitos jesuítas distinguiram-se individualmente nas ciências ao longo dos anos. O pe. *Giambattista Ricciolli* (1598-1671), por exemplo, destacou-se por um número enorme de realizações, entre as quais o fato pouco conhecido de ter sido a primeira pessoa a determinar a taxa de aceleração de um corpo em queda livre. Foi também um astrônomo ilustre: por iniciativa sua, elaborou-se por volta de 1640 uma enorme

---

(80) Agustín Udías, *Searching the Heavens and the Earth: The History of Jesuit Observatories*, Kluwer Academic Publishers, Dordrecht, 2003, pág. 53.
(81) *Ibid.*, pág. 147.
(82) *Ibid.*, pág. 125.

enciclopédia dessa ciência, que veio a ser editada, graças ao apoio do pe. Athanasius Kircher, em 1651: intitulou-se *Almagestum novum*, e foi «o resultado e o depósito de um aprendizado vigoroso e devotado». Tratou-se, verdadeiramente, de uma realização impressionante: por muitos anos, «nenhum astrônomo sério pôde dar-se ao luxo de ignorar o *Almagestum novum*», escreve um estudioso moderno[83]. Quarenta anos mais tarde, por exemplo, John Flamsteed, Astrônomo Real da Inglaterra, baseou-se nele nas suas famosas conferências sobre astronomia[84].

Além do enorme volume de informações que contém, o *Almagestum* também é testemunha do empenho com que os jesuítas se afastaram das ideias astronômicas de Aristóteles. Sustentavam abertamente que a Lua era feita do mesmo material que a Terra, e prestaram homenagem aos astrônomos – alguns deles protestantes – cujas concepções divergiam do modelo geocêntrico tradicional[85].

Os estudiosos têm ressaltado a agudeza com que os jesuítas perceberam a importância que tem a precisão nas pesquisas experimentais, e Ricciolli personifica esse empenho. Com a finalidade de desenvolver um pêndulo que tivesse precisão de um segundo, conseguiu repetidamente convencer nove confrades a contar cerca de 87.000 oscilações ao longo de um dia inteiro; e foi graças a esse pêndulo que conseguiu calcular a constante da gravidade[86].

---

(83) J.L. Heilbron, *Electricity in the 17th and 18th Centuries*, pág. 88.

(84) *Ibid.*

(85) *Ibid.*, págs. 88-89.

(86) William B. Ashworth Jr., «Catholicism and Early Modern Science», em David C. Lindberg e Ronald L. Numbers (eds.), *God and Nature: Historical Essays on the Encounter Between Christianity and Science*, pág. 155.

Um estudo recente descreve o processo: «Ricciolli e [o pe. Francesco Maria] Grimaldi puseram a oscilar um pêndulo romano de medida de 3'4", impulsionando-o quando começava a parar e contando durante seis horas, aferidas por medidas astronômicas, como ele oscilava 21.706 vezes. Isso chegava perto do número desejado, 24 x 60 x 60/4 = 21.600, mas não satisfez Ricciolli. Tentou novamente, desta vez durante 24 horas e convocando nove dos seus confrades, incluído Grimaldi; o resultado, 87.998 oscilações, contra as 86.400 desejadas. Aumentou então o pêndulo para 3'4.2" e repetiu a contagem com a mesma equipe: desta vez, obtiveram 86.999. Para os confrades, os números eram suficientemente próximos, mas não para Ricciolli. Indo na direção errada, diminuiu para 3'2.67" e, apenas com Grimaldi e um outro contador dedicado que aceitaram ficar em vigília com ele, obteve, em três noites distintas, 3.212 oscilações no intervalo entre o cruzamento do meridiano pelas estrelas Spica e Arcturus, quando deveria ter encontrado 3.192. Estimou então que o comprimento requerido era de 3'3.27", que [...] aceitou

V. A IGREJA E A CIÊNCIA

O pe. *Francesco Maria Grimaldi* (1618-1663), seu assistente nessas pesquisas, também inscreveu o nome na história da ciência. Riccioli, continuamente surpreendido com a habilidade do seu confrade para confeccionar e depois utilizar uma grande variedade de instrumentos de observação, insistiu com os superiores em que era absolutamente essencial poder contar com ele para rematar o *Almagestum novum*. «Assim, apesar da minha indignidade – recordaria ele mais tarde –, a Divina Providência deu-me um colaborador sem o qual nunca teria podido concluir os meus trabalhos [experimentais]»[87]. Foi Grimaldi quem mediu a altitude de diversas montanhas lunares bem como a altura das nuvens terrenas; além disso, ele e Riccioli produziram um diagrama selenográfico (diagrama detalhado que representa a superfície lunar) notavelmente preciso, que hoje adorna a entrada do National Air and Space Museum, em Washington DC[88].

Mas o lugar do pe. Grimaldi na ciência já havia sido assegurado anteriormente pela sua descoberta da *difração da luz*; mais ainda, por ter dado a esse fenômeno o nome de «difração». (Newton, que veio a interessar-se pela ótica em consequência do trabalho do jesuíta, denominou-o «inflexão», mas foi o termo de Grimaldi que prevaleceu)[89]. Em uma série de experiências, demonstrou que a trajetória observada da luz não se concilia com a ideia de que ela se move em linha reta[90]; ou seja, em

---

sem experimentar. Foi uma boa escolha, e deu um resultado um pouco superior ao inicial: um valor de 955 cm/s^2 para a aceleração da gravidade» (J.L. Heilbron, *Electricity in the 17th and 18th Centuries*, pág. 180). [Sabe-se atualmente que a aceleração gravitacional depende da latitude e varia entre 978 e 982 cm/s^2 (N. do E.)].

(87) J.L. Heilbron, *Electricity in the 17th and 18th Centuries*, págs. 87-88.

(88) Bruce S. Eastwood, «Grimaldi, Francesco Maria», em *DSB*, pág. 542.

(89) Sobre a relação entre os trabalhos de Grimaldi e Newton, ver Roger H. Stuewer, «A Critical Analysis of Newton's Work on Diffraction», *Isis* 61 (1970), págs. 188-205.

(90) Em uma dessas experiências, por exemplo, Grimaldi fez com que um raio de luz solar entrasse através de um pequeno orifício (de 4,1 mm) em uma sala completamente escura. A luz que atravessou o orifício tomou a forma de um cone. Dentro desse cone de luz, a uma distância de uns três metros e meio do orifício, o cientista fixou uma haste para que projetasse uma sombra na parede, e descobriu que a sombra projetada era muito mais longa do que aquela que um movimento puramente retilíneo poderia permitir; portanto, a luz não viajava por um caminho exclusivamente linear (para uma breve discussão, ilustrada com diagramas, das experiências de Grimaldi, ver A. Wolf, *A History of Science, Technology, and Philosophy in the 16th and 17th Centuries*, George Allen & Unwin, Londres, 1938, págs. 254-56.). Descobriu também o que é conhecido como bandas de difração, faixas coloridas que aparecem paralelas à borda da sombra.

determinadas condições a luz «faz uma curva», sofre uma difração. Essa descoberta foi fundamental para que os futuros cientistas, ansiosos por chegarem à explicação desse fenômeno, formulassem a teoria de que a luz é uma *onda*[91].

Um dos maiores cientistas jesuítas foi o pe. *Rogério (Rudjer) Boscovich* (1711-1787), a quem Sir Harold Hartley, membro da prestigiosa Royal Society no século passado, chamou «uma das maiores figuras intelectuais de todos os tempos»[92]. Homem genuinamente polifacético, era versado em teoria atômica, ótica, matemática e astronomia, e foi convidado a lecionar em diversas sociedades e academias científicas de toda a Europa. Demonstrou ser também um exímio poeta, compondo versos em latim sob os auspícios da prestigiosa Accademia degli Arcadi, de Roma. Não é de admirar que tenha sido chamado «o maior gênio que a Iugoslávia jamais produziu»[93].

A enorme genialidade do pe. Boscovich evidenciou-se imediatamente durante o tempo em que estudou no Colégio Romano, o mais conhecido e prestigioso colégio dos jesuítas. Depois de concluir os estudos ordinários, foi nomeado professor de matemática no mesmo Colégio. Já nesse período inicial da carreira, prévio à sua ordenação como sacerdote (1744), foi notavelmente prolífico, tendo publicado oito dissertações científicas antes de ser indicado como professor, e mais catorze depois. Incluem-se entre elas *As manchas solares* (1736), *O trânsito de Mercúrio* (1737), *A Aurora Boreal* (1738), *A aplicação do telescópio aos estudos astronômicos* (1739), *Os movimentos dos corpos celestes em um meio sem resistência* (1740), *Os diversos efeitos da gravidade em vários pontos da terra* (1741) – que preparou o trabalho sobre geodésia que viria a fazer – e *A aberração das estrelas fixas* (1742)[94].

---

(91) A teoria da natureza ondulatória da luz permitiu explicar o fenômeno da difração: se o orifício é maior que o comprimento de onda da luz, esta passa em linha reta através dele; se é menor, produz-se a difração. As bandas de difração também eram explicadas em função da natureza ondulatória da luz: a interferência das ondas de luz difratada produzia as diversas cores observadas nas bandas.

(92) Sir Harold Hartley, «Foreword», em White, ed., *Roger Joseph Boscovich*, 8.

(93) Joseph E. MacDonnell, *Jesuit Geometers*, pág. 76.

(94) Elisabeth Hill, «Roger Boscovich: A Biographical Essay», em Lancelot Law Whyte (ed.), *Roger Joseph Boscovich, SJ, FRS, 1711-1787*, Fordham University Press, Nova York, 1961, págs. 34-35; Adolf Muller, «Ruggiero Giusepe Boscovich», em *Catholic Encyclopedia*.

V. A IGREJA E A CIÊNCIA

Não podia demorar que um homem do seu talento se tornasse conhecido em Roma. O papa Bento XIV, que ascendeu ao trono pontifício em 1740 e era uma das figuras mais cultas da época, um estudioso reconhecido e um incentivador da ciência e das letras, interessou-se especialmente por ele e pela sua obra, mas o seu principal patrocinador foi o Secretário de Estado, o cardeal Valenti Gonzaga, cujos ancestrais provinham da mesma cidade de Dubrovnik, na Croácia, que os do pe. Boscovich. O Cardeal, que não media esforços para cercar-se de estudiosos de renome, convidou o sacerdote para as suas reuniões dominicais[95].

Em 1742, preocupado com o aparecimento de rachaduras na cúpula da Basílica de São Pedro que prognosticavam um possível colapso, Bento XIV recorreu à perícia técnica do pe. Boscovich. Este recomendou-lhe que se circundasse a cúpula com cinco anéis de aço. O relatório em que estudava teoricamente o problema e chegava a essa recomendação prática ganhou «a reputação de um pequeno clássico em estabilidade estrutural na arquitetura»[96].

Foi também Boscovich quem desenvolveu o primeiro método geométrico para calcular a órbita dos planetas com base em apenas três observações das suas posições. Além disso, a sua *Teoria da Filosofia Natural*, publicada originalmente em 1758, atraiu admiradores desde a sua época até os dias de hoje, pela sua ambiciosa tentativa de entender a estrutura do universo com base em uma ideia única[97]. Segundo um admirador moderno, foi ele quem «deu uma expressão clássica a uma das ideias científicas mais poderosas que já foram concebidas, e que nunca foi superada, quer pela originalidade dos fundamentos, quer pela clareza de expressão e precisão na sua concepção de estrutura; daí a sua imensa influência»[98].

---

(95) Elisabeth Hill, «Roger Boscovich: A Biographical Essay», em Lancelot Whyte (ed.), *Roger Joseph Boscovich*, pág. 34.
(96) Zelijko Markovic, «Boscovic, Rudjer J.», em *DSB*, pág. 326.
(97) Lancelot Law Whyte, «Boscovich Atomism», em Lancelot Whyte (ed.), *Roger Joseph Boscovich*, pág. 102. [Essa «ideia» única corresponde ao que atualmente se vem chamando «teoria do campo unificado» ou «teoria do Tudo», que permitiriam explicar todas as realidades do universo por uma única entidade física (N. do E.)].
(98) Lancelot Law Whyte, «Boscovich Atomism», em Lancelot Whyte (ed.), *Roger Joseph Boscovich*, pág. 102.

Essa influência foi realmente imensa: os maiores cientistas europeus, particularmente na Inglaterra, elogiaram repetidamente a *Teoria* e dedicaram-lhe grande atenção ao longo do século XIX, e o interesse por ela reacendeu-se na segunda metade do século XX[99]. Um estudioso moderno afirma que foi Boscovich quem fez «a primeira descrição coerente de uma teoria atômica», bem mais de um século antes de ter surgido a teoria atômica moderna[100]. E um historiador da ciência recente chama-o «o verdadeiro criador da física atômica fundamental, tal como a entendemos»[101]. Acrescenta ainda que a sua contribuição original «antecipou a linha de trabalho e muitas das características da física atômica do século XX. E não é apenas este o mérito da *Teoria*. Porque, também qualitativamente, previu diversos fenômenos físicos que foram sendo observados, tais como a penetrabilidade da matéria por partículas em alta velocidade e a possibilidade de estados da matéria de densidade excepcionalmente alta»[102].

Não é de estranhar, pois, que essa obra tenha sido objeto de muita admiração e elogios por parte de alguns dos grandes cientistas da era moderna. Faraday escreveu em 1844: «Parece que o método mais seguro é pressupor o mínimo possível, e é por isso que acho que os átomos de Boscovich levam grande vantagem sobre as noções mais usuais». Mendeleev disse de Boscovich que «é considerado o fundador da atomística moderna». Clerk Maxwell acrescentou, em 1877: «A melhor coisa que podemos fazer é livrarmo-nos do núcleo rígido e substituí-lo por um átomo de Boscovich». Em 1899, Kelvin comentou que «a representação de Hooke das formas de cristais por pilhas de esferas, a teoria da elasticidade dos sólidos de Navier e Poisson, o trabalho de Maxwell e Clausius em teoria cinética dos gases [...], tudo isso são puros e simples desenvolvimentos da teoria de Boscovich». Embora esse cientista sabidamente mudasse com frequência de pontos de vista, a sua observação final, em 1905, foi esta: «A minha teoria atual é pura

---

(99) *Ibid.*, págs. 103-104.
(100) Joseph E. MacDonnell, *Jesuit Geometers*, págs. 10-11.
(101) Lancelot Law Whyte, «Boscovich Atomism», em Lancelot Whyte (ed.), *Roger Joseph Boscovich*, pág. 105.
(102) *Ibid.*, pág. 119.

V. A IGREJA E A CIÊNCIA

e simplesmente o boscovichianismo»[103]. Em 1958, realizou-se em Belgrado um Simpósio Internacional para comemorar os duzentos anos da publicação da *Teoria*; os trabalhos apresentados incluíram *papers* de Niels Bohr e Werner Heisenberg[104].

A vida do pe. Boscovich revela-nos um homem que, permanecendo sempre fiel à Igreja que amava e à Ordem religiosa a que pertencia, tinha uma enorme fome de conhecer e de aprender. Assim o mostra um simples episódio: em 1745, esse cientista passou o verão em Frascati, onde os jesuítas tinham iniciado a construção de uma residência de verão. Durante os trabalhos de escavação, os construtores acharam os restos de uma vila do século II a.C. Isso bastou para que o pe. Boscovich se tornasse um entusiástico arqueólogo, escavando e copiando pessoalmente os pavimentos de mosaico. Estava convencido de que o relógio de sol que encontrou era um dos mencionados pelo antigo arquiteto romano Vitrúvio. E ainda achou tempo para escrever dois ensaios sobre o tema: *Sobre uma antiga vila descoberta na crista do Tusculum* e *Sobre um antigo relógio de sol e alguns outros tesouros encontrados entre as ruínas*. As suas descobertas foram relatadas no *Giornale dei Litterati* no ano seguinte[105].

O pe. *Athanasius Kircher* (1602-1680) assemelhou-se ao pe. Boscovich pelo seu interesse por uma enorme gama de assuntos; foi comparado a Leonardo da Vinci e honrado com o título de «mestre das cem artes». Os seus trabalhos em química ajudaram a desmascarar a alquimia, com que se haviam entretido perigosamente até cientistas como Isaac Newton e Robert Boyle, o pai da química moderna[106]. Em 2003, um estudioso descreveu Kircher como «um gigante entre os mestres do século XVII» e «um dos últimos pensadores que puderam reivindicar, por direito próprio, o domínio de todos os saberes»[107].

---

(103) Para este e outros testemunhos, ver *ibid.*, pág. 121.
(104) Joseph E. MacDonnell, *Jesuit Geometers*, pág. 11.
(105) Elisabeth Hill, «Roger Boscovich: A Biographical Essay», em Lancelot Whyte (ed.), *Roger Joseph Boscovich*, págs. 41-42.
(106) J.R. Partington, *A History of Chemistry*, vol. 2, Macmillan, Londres, 1961, págs. 328-33; Joseph E. MacDonnell, *Jesuit Geometers*, pág. 13.
(107) Alan Cutler, *The Seashell on the Mountaintop*, pág. 68.

Como se trata de uma figura muito conhecida, mencionemos apenas uma das áreas em que se destacou. Kircher deixou-se fascinar, por exemplo, pelo antigo Egito, tema em que se destacou pelos seus estudos; em um deles, demonstrou que a língua copta era, na verdade, um vestígio do primitivo egípcio. Foi denominado o verdadeiro fundador da *egiptologia*, sem dúvida porque realizou os seus trabalhos nessa área antes da descoberta da pedra Roseta, em 1799, que possibilitou aos estudiosos a compreensão dos hieróglifos egípcios. Com efeito, foi «por causa do trabalho de Kircher que os cientistas souberam o que deviam procurar ao interpretar a pedra Roseta»[108]. Essa é a razão pela qual um egiptologista moderno concluiu que «é incontestável o mérito de Kircher: ele foi o primeiro a descobrir que os hieróglifos tinham valor fonético. Tanto do ponto de vista humanístico como intelectual, a egiptologia pode, verdadeiramente, orgulhar-se de tê-lo por fundador»[109].

As contribuições jesuíticas para a *sismologia* (o estudo dos terremotos) foram tão substanciais que a própria especialidade tem sido designada, às vezes, como «a ciência jesuítica». Os jesuítas notabilizaram-se nesse campo não só pela sua consistente presença nas universidades em geral e na comunidade científica em particular, como pelo desejo de reduzir ao mínimo, a serviço dos seus semelhantes, os efeitos devastadores dos terremotos.

Em 1908, o pe. *Frederick Louis Odenbach* (1857-1933) reparou que o extenso sistema de colégios e universidades jesuíticas espalhados por toda a América oferecia a possibilidade de criar uma rede de estações sismológicas. Depois de receber a aprovação dos diretores das instituições jesuítas de altos estudos, bem como dos provinciais da América, comprou no ano seguinte quinze sismógrafos e distribuiu-os pelos centros de ensino. Cada uma dessas estações sismográficas coletaria dados e os enviaria à estação central em Cleveland, que por sua vez os repassaria ao *International Seismological Center* em Estrasburgo. Assim nasceu o *Jesuit Seismological Service* (hoje conhecido como *Jesuit Seismological As-*

---

(108) Joseph E. MacDonnell, *Jesuit Geometers*, pág. 12.

(109) Erik Iverson, *The Myth of Egypt and its Hieroglyphs*, Princeton University Press, Princeton, 1993 (Copenhague, 1961), págs. 97-98; cit. em Joseph E. MacDonnell, *Jesuit Geometers*, pág. 12.

V. A IGREJA E A CIÊNCIA

sociation), descrito como «a primeira rede sismográfica com instrumentação uniforme estabelecida em escala continental»[110].

Mas o sismologista jesuíta mais conhecido, e efetivamente um dos cientistas mais elogiados de todos os tempos, foi o pe. *James B. Macelwane* (1883-1956), que, em 1925, reorganizou e revigorou o *Jesuit Seismological Service*, instalando a sua estação central na Universidade de Saint Louis. Brilhante pesquisador, Macelwane publicou em 1936 a *Introdução à sismologia teórica*, primeiro livro-texto da área na América. Foi presidente da Sociedade de Sismologia da América e da União Americana de Geofísica. Em 1962, esta última organização criou uma medalha em sua honra, que é concedida até os dias de hoje em reconhecimento ao trabalho de jovens geofísicos de destaque[111].

As catedrais como observatórios astronômicos

No campo da *astronomia*, o público tem às vezes a impressão de que os eclesiásticos só cultivaram tão intensamente essa ciência para confirmar as suas ideias preconcebidas, mais do que para seguir as evidências aonde quer que elas os levassem. Já vimos quão falsa é essa afirmação, mas não custa acrescentar mais alguns fatos para encerrar a questão.

Johannes Kepler (1571-1630), o grande astrônomo cujas leis do movimento dos planetas constituíram um progresso científico tão importante, manteve ao longo de toda a carreira uma intensa correspondência com os astrônomos jesuítas. Quando, em um determinado momento da sua vida, se encontrou em dificuldades econômicas e também científicas, privado até mesmo de um telescópio, o pe. *Paulo Guldin* (1577-1643) persuadiu um amigo seu, o pe. *Nicolau Zucchi* (1566-1670), inventor do telescópio refletor, a enviar um desses aparelhos a Kepler. Este, por sua vez, além de escrever uma carta de agra-

---

(110) Agustín Udías e William Stauder, *«Jesuits in Seismology»*, *Jesuits in Science Newsletter* 13 (1997); Benjamin E. Howell Jr., *An Introduction to Seismological Research: History and Development*, Cambridge University Press, Cambridge, 1990, págs. 31-32. Para mais informações sobre os trabalhos dos jesuítas em sismologia na América do Norte, ver Agustín Udías, *Searching the Heavens and the Earth*, págs. 103-24.

(111) Agustín Udías e William Stauder, «Jesuits in Seismology», *Jesuits in Science Newsletter* 13 (1997).

decimento ao pe. Guldin, incluiu posteriormente uma nota especial de gratidão no final do seu livro *O sonho*, publicado postumamente. Nela podemos ler:

> «Ao reverendíssimo pe. Paulo Guldin, sacerdote da Companhia de Jesus, homem culto e venerável, amado patrono. É difícil encontrar qualquer outra pessoa com quem eu preferisse discutir temas de astronomia [...]. Um prazer ainda maior para mim foi receber a saudação de Vossa Reverência, trazida pelos membros da sua Ordem que aqui se encontram [...]. Penso que é Vossa Reverência quem deve receber de mim o primeiro fruto literário da alegria que senti ao experimentar este presente [o telescópio]»[112].

A teoria de Kepler acerca da órbita elíptica dos planetas tinha a vantagem da simplicidade sobre as teorias concorrentes. Os modelos de Ptolomeu (geocêntrico) e de Copérnico (heliocêntrico), que davam por certa a órbita circular dos planetas, haviam introduzido uma complicada série de «*equantes*», «*epiciclos*» e «*deferentes*» para explicar o aparente retrocesso no movimento dos planetas. O sistema de Tycho Brahe, que propunha também órbitas circulares, apresentava as mesmas complicações. Mas Kepler, ao propor órbitas elípticas, fez com que esses modelos parecessem claramente grosseiros em comparação com a elegante simplicidade do seu sistema.

Mas esse sistema estaria correto? O astrónomo italiano Giovanni Cassini (1625-1712), aluno dos jesuítas Ricciolli e Grimaldi, usou o observatório da esplêndida Basílica de São Petrónio, em Bolonha, para dar suporte ao modelo de Kepler[113]. Eis um ponto em que se vê como é desconhecido hoje o importante contributo que a Igreja proporcionou à astronomia. Nos séculos XVII e XVIII, as catedrais de Bolonha, Florença, Paris e Roma eram os melhores observatórios solares do mundo. Em nenhum outro lugar do mundo havia instrumentos mais precisos para o estudo do Sol. Cada catedral dispunha de orifícios destinados a

---

(112) Joseph E. MacDonnell, *Jesuit Geometers*, págs. 20 e 54.
(113) Para uma explicação detalhada e ilustrada do método de Cassini, ver J.L. Heilbron, *The Sun in the Church*, cap. 3, especialmente págs. 102-12.

V. A IGREJA E A CIÊNCIA

deixar passar a luz solar e de linhas de tempo (ou linhas meridianas) no piso. Pela observação do caminho traçado pelos raios de luz sobre essas linhas, aqueles pesquisadores puderam obter medidas precisas do tempo e prever os equinócios (e também puderam fazer cálculos precisos acerca da verdadeira data da Páscoa, que era a finalidade inicial desses observatórios)[114].

Cassini necessitava de equipamentos suficientemente precisos para medir a imagem projetada do Sol com uma margem de erro não superior a 7,5 mm (a imagem do Sol varia de 125 a 840 milímetros ao longo de um ano). Naquele tempo, a tecnologia usada nos telescópios não estava suficientemente desenvolvida para fornecer essa precisão. Foi o observatório de São Petrônio que tornou possível a pesquisa de Cassini. Se a órbita da Terra fosse realmente elíptica, sugeria Cassini, deveríamos esperar que a imagem do Sol projetada no piso da catedral crescesse à medida que os dois corpos se aproximassem – ao passar por um dos focos da elipse – e que diminuísse quando se afastassem, ao passar pelo outro foco[115].

Cassini conseguiu levar adiante a sua experiência em meados da década de 1650-1660, juntamente com os seus colegas jesuítas, e pôde finalmente confirmar a teoria das órbitas elípticas proposta por Kepler[116]. Como explicou um estudioso, «deste modo, pelas observações feitas na igreja de São Petrônio, no coração dos Estados pontifícios, os jesuítas confirmaram [...] a pedra angular da versão de Kepler acerca da teoria copernicana e destruíram definitivamente a física celeste aristotélica»[117].

Não foi um progresso pequeno. Com palavras de um astrônomo francês do século XVIII, Jerome Lalande, o uso dos *meridiana* da catedral de São Petrônio «marcou época na história da renovação das

---

(114) J.L. Heilbron, *Annual Invitation Lecture to the Scientific Instrument Society*, Royal Institution, Londres, 06.12.1995.

(115) William J. Broad, «How the Church Aided "Heretical" Astronomy», em *New York Times*, 19.10.1999.

(116) J.L. Heilbron, *The Sun in the Church*, pág. 112. Para referir-se à descoberta de Cassini, Heilbron utiliza o termo técnico mais adequado neste contexto: «bissecção da excentricidade». A frase refere-se simplesmente às órbitas planetárias elípticas, que às vezes são chamadas «excêntricas».

(117) *Ibid.*

ciências». Uma fonte dos começos do século XVIII asseverou que essa realização «deveria ser celebrada nas eras futuras em homenagem à glória imortal do espírito humano, que foi capaz de copiar na Terra, com tanta precisão, as regras do eterno movimento do Sol e das estrelas»[118]. Quem haveria de imaginar que as catedrais católicas ofereceriam contribuições tão importantes ao progresso da ciência?

Os observatórios das catedrais continuaram a dar substancial apoio ao progresso do trabalho científico. Entre 1655 e 1736, os astrônomos fizeram 4.500 observações em São Petrônio. Com o transcorrer do século XVIII, as melhorias introduzidas nos instrumentos de observação foram tornando as catedrais cada vez mais obsoletas, mas elas continuaram a ser usadas para medir o tempo... e também para estabelecer os horários das ferrovias.

O dado que perdura, como afirma J.L. Heilbron da Universidade de Berkeley, na Califórnia, é que «durante mais de seis séculos – desde a recuperação dos antigos conhecimentos astronômicos durante a Idade Média até o Iluminismo –, a Igreja Católica Romana deu mais ajuda financeira e suporte social ao estudo da astronomia do que qualquer outra instituição e, provavelmente, mais do que todas as outras juntas»[119].

Em resumo, as contribuições da Igreja para a ciência estenderam-se muito além da astronomia. Foram as ideias teológicas católicas que forneceram as primeiras bases para o progresso científico. Foram os pensadores medievais que assentaram alguns dos primeiros princípios da ciência moderna. E foram os sacerdotes católicos, filhos leais da Igreja, que demonstraram de modo consistente tão grande interesse pelas ciências e tantas realizações em campos tão variados como a matemática e a geometria, a ótica, a biologia, a astronomia, a geologia, a sismologia, e por aí fora.

Quanto disso é do conhecimento geral, e quantos textos sobre a civilização ocidental o mencionam? Fazer estas perguntas já é responder a elas. Contudo, graças ao excelente trabalho dos historiadores recentes

---

(118) *Ibid.*, pág. 5.
(119) *Ibid.*, pág. 3.

V. A IGREJA E A CIÊNCIA

da ciência, que cada vez mais vêm reconhecendo à Igreja aquilo que lhe é devido, nenhum estudioso sério poderá jamais repetir o desgastado mito do antagonismo entre a religião e a ciência. Não foi mera coincidência que a ciência moderna tivesse surgido no ambiente católico da Europa ocidental.

VI. A ARTE, A ARQUITETURA E A IGREJA

A herança artística do Ocidente identifica-se tão estreitamente com o imaginário católico que ninguém pode pretender negar a influência da Igreja. No entanto, também aqui, a sua contribuição foi muito maior que a de simples fonte de temas para a arte ocidental.

O ódio às imagens: iconoclasmo

O próprio fato de conservarmos até hoje muitas das nossas obras-primas é, em si mesmo, um reflexo da mentalidade católica. Os séculos VIII e IX foram testemunhas do surgimento de uma heresia destruidora chamada *iconoclasmo*. Essa heresia rejeitava a veneração de imagens, ícones ou símbolos religiosos, e chegou a rejeitar a representação de Cristo e dos santos em qualquer tipo de arte. Se houvesse medrado, as belas pinturas, esculturas, mosaicos, vitrais, manuscritos com iluminuras e fachadas de catedrais, que têm deleitado e inspirado tanto os ocidentais como os não-ocidentais, nunca teriam chegado a existir. Mas não prosperou, já que ia na contramão do modo católico de compreender e apreciar o mundo criado.

A iconoclastia espalhou-se mais no Império bizantino do que no Ocidente, embora pretendesse proclamar uma doutrina que todos os que cressem em Cristo deviam aceitar. Foi introduzida pelo imperador bizantino Leão III o Isáurico (basileu de 717 a 741) por motivos que permanecem obscuros; é provável que tenha influído nela o encontro entre Bizâncio e o Islã. Desde o primeiro século de existência do Islã, depois que os muçulmanos conquistaram as regiões orientais do Império bizantino, o imperador de Constantinopla teve de sustentar uma guerra intermitente contra esse inimigo persistente e poderoso. No transcorrer dessa luta, não podia deixar de tomar conhecimento de muitas ideias islâmicas, entre elas a de que a arte não devia ser de maneira nenhuma figurativa; assim, por exemplo, não havia nenhuma representação de Maomé. E o imperador Leão III, em face das sucessivas vitórias dos muçulmanos e das derrotas dos bizantinos nos campos de batalha, começou a pensar que a razão disso devia estar em que Deus vinha punindo os bizantinos por fazerem ícones, imagens de Deus, proibidas também pelo Antigo Testamento.

Na época em que se acendeu a controvérsia iconoclasta, havia séculos que a arte cristã vinha fazendo representações de Cristo e dos santos. A representação artística de Cristo era reflexo da doutrina católica da Encarnação: com a Encarnação de Deus em Jesus Cristo, o mundo material havia sido elevado a um novo nível, apesar da sua corrupção pelo pecado original. Não devia ser desprezado, não só porque Deus o havia criado, mas também porque nele havia habitado.

Essa foi uma das razões pelas quais São João Damasceno condenou a iconoclastia. Tendo passado a maior parte da sua vida como monge, perto de Jerusalém, escreveu entre os anos 720 e 740 as três partes da sua *Apologia contra os que atacam as imagens divinas*. Como é natural, argumentava – com base em citações bíblicas e patrísticas, assim como no testemunho do conjunto da Tradição – que Deus não se opõe à veneração das imagens; em consequência, defendia teologicamente toda a arte religiosa. Nos iconoclastas, detectava uma tendência ao maniqueísmo[1], e repreendia-os por isso: «Injuriais a matéria e dizeis que não tem

---

(1) O *maniqueísmo* dividia o mundo em um reino de maldade, o da matéria, e um reino de bondade, o do espírito. Para os maniqueus, a ideia de que as coisas materiais pudessem comunicar bens espirituais era um completo absurdo. Nos séculos XII e XIII, o catarismo, uma variante do maniqueísmo, seguiria a mesma linha de pensamento, sustentando que o sistema sacramental católico tinha que ser fraudulento, pois como poderia a matéria má – em forma de água, óleos, pão e vinho consagrados – comunicar graça puramente espiritual aos que a recebessem?

VI. A ARTE, A ARQUITETURA E A IGREJA

valor. O mesmo fazem os maniqueus, mas a Escritura divina proclama que ela é boa, porque diz: *E Deus olhou para tudo o que havia feito e viu que era muito bom*»².

Mas João Damasceno tomou o cuidado de precisar que não «reverenciava [a matéria] como Deus – longe disso; como poderia ser Deus aquilo que veio à existência a partir do nada?»³ Mas a matéria, que os cristãos não podiam condenar como má em si mesma, podia conter algo do divino:

> «Não venero a matéria; venero Quem fez a matéria e Quem, por mim, se tornou matéria [pela Encarnação] e aceitou habitar na matéria para através dela realizar a minha salvação; e não cessarei de reverenciar a matéria através da qual se faz a minha salvação [...]. Portanto, reverencio e respeito a matéria, porque está impregnada da graça e da energia divinas. Não é matéria extremamente preciosa e abençoada a madeira da cruz? Não é matéria a montanha augusta e santa, o lugar do Calvário? Não são matéria a rocha que deu vida e sustento, o santo sepulcro, a fonte da ressurreição? Não são matéria a tinta e todo o livro santo do Evangelho? Não é matéria a mesa que nos sustenta, que nos oferece o pão da vida? Não são matéria o ouro e a prata de que estão feitas as cruzes, os cálices e as patenas? E, acima de todas essas coisas, não são matéria o corpo e o sangue do meu Senhor? Por isso, ou deixamos de tratar tudo isto com reverência e veneração, ou nos submetemos à tradição da Igreja e permitimos a veneração das imagens de Deus e dos amigos de Deus, santificados pelo nome do Espírito divino e, por conseguinte, acolhidos sob a sombra da sua graça»⁴.

Portanto, toda a arte religiosa, que contribuiu tão poderosamente para configurar a vida artística do Ocidente, apoia-se em princípios

---

(2) São João Damasceno, *Apologia contra os que atacam as imagens divinas*, 2, 71; a tradução utilizada pelo autor foi a de Andrew Louth, publicada com o título *Three Treatises on the Divine Images*, St. Vladimir's Seminary Press, Crestwood, Nova York, 2003.
(3) *Ibid.*, 1, 16.
(4) *Ibid.*, 1, 15-17.

teológicos católicos. Depois de uma série de idas e vindas, os próprios bizantinos acabaram por abandonar o iconoclasmo em 843 e voltaram a criar e venerar os ícones de Cristo e dos santos. Os fiéis alegraram-se com essa vitória e passaram a comemorar com uma celebração anual do *Triunfo da Ortodoxia*[5] o retorno à prática tradicional.

É difícil exagerar a importância da oposição da Igreja ao iconoclasmo, condenado oficialmente pelo terceiro Concílio de Niceia, em 787. Foram as ideias de São João Damasceno e dos seus seguidores que nos permitiram usufruir da beleza das *Madonnas* de Rafael, da *Pietà* de Michelangelo e de inúmeras outras obras de gênio, sem mencionar as grandiosas fachadas das catedrais da Idade Média. Com efeito, não deveríamos tomar como natural e evidente a aceitação da arte representativa religiosa; o islamismo nunca abandonou a sua insistência na arte não-figurativa, e sabemos igualmente que, no século XVI, os protestantes retomaram a heresia iconoclasta, pondo-se a destruir estátuas, altares, vitrais e inúmeros outros tesouros da arte ocidental. Calvino, certamente o mais importante de todos os pensadores protestantes, preferia espaços despojados para os seus serviços de culto e chegou a proibir até o uso de instrumentos musicais. Nada mais alheio ao apreço católico pelo mundo material, inspirado na Encarnação e na certeza de que os seres humanos, compostos de matéria e espírito, podem valer-se das coisas materiais na sua ascensão para Deus.

A Catedral

Não há dúvida de que a maior contribuição católica para a arte, aquela que modificou indiscutível e permanentemente a paisagem europeia, é a catedral. Um historiador da arte escreveu recentemente: «As catedrais medievais da Europa [...] são a maior realização da humanidade em todo o panorama da arte»[6]. Particularmente fascinantes são

---

(5) «Ortodoxia» não designa aqui as Igrejas Ortodoxas, mas a reta doutrina, pois o grande cisma que dividiu católicos e ortodoxos só se deu dois séculos mais tarde, em 1054.

(6) Paul Johnson, *Art: A New History*, HarperCollins, Nova York, 2003, pág. 153.

VI. A ARTE, A ARQUITETURA E A IGREJA

as catedrais góticas, cuja arquitetura sucedeu ao estilo românico no século XII e, partindo da França e da Inglaterra, se espalhou em maior ou menor grau pela Europa. Esses edifícios, monumentais em tamanho e espaço, caracterizaram-se pelos seus arcobotantes, arcos ogivais, abóbadas nervuradas e uma profusão de vitrais deslumbrantes, e o efeito combinado desses elementos produziu um dos mais extraordinários testemunhos da fé sobrenatural de uma civilização.

Não é por acaso que um estudo mais apurado dessas catedrais revela uma impressionante coerência geométrica. Essa coerência procede diretamente de uma corrente importante do pensamento católico: Santo Agostinho menciona repetidamente Sabedoria 11, 21 – aquele versículo do Antigo Testamento segundo o qual, como já vimos, Deus *dispôs todas as coisas com medida, quantidade e peso –*, e essa ideia tornou-se moeda corrente entre a grande maioria dos pensadores católicos do século XII. Novamente encontramos aqui a escola da catedral de Chartres, que veio a desempenhar um papel central na construção das catedrais góticas[7].

Quando a arquitetura gótica evoluiu a partir da sua predecessora românica, mais e mais pensadores católicos se foram persuadindo da ligação entre a matemática – em particular, a geometria – e Deus. Já desde Pitágoras e Platão, uma importante corrente de pensamento na civilização ocidental identificava a matemática com o divino. Em Chartres, explica Robert Scott, os mestres «acreditavam que a geometria era um modo de ligar os seres humanos a Deus, que a matemática era um veículo para revelar à humanidade os mais íntimos segredos do céu. Pensavam que as harmonias musicais estavam baseadas nas mesmas proporções da ordem cósmica, que o cosmos era uma obra de arquitetura e que Deus era o seu arquiteto». Essas ideias levaram os construtores «a conceber a arquitetura como geometria aplicada, a geometria como teologia aplicada e o projetista de uma catedral gótica como um imitador do divino Mestre»[8]. «Assim como o grande Geômetra criou o mundo em ordem e harmonia – explica o professor John

---

(7) John W. Baldwin, *The Scholastic Culture of the Middle Ages, 1000-1300*, D.C. Heath, Lexington, Massachussets, 1971, pág. 107; Robert A. Scott, *The Gothic Enterprise*, University of California Press, Berkeley, 2003, págs. 124-25.

(8) Robert A. Scott, *The Gothic Enterprise*, pág. 125.

Baldwin –, também o arquiteto gótico, com os seus humildes meios, tentava compor a morada terrena de Deus de acordo com os supremos princípios da proporção e da beleza»[9].

Com efeito, a proporcionalidade geométrica que encontramos nessas catedrais é absolutamente impressionante. Consideremos a catedral inglesa de Salisbury. Medindo o cruzeiro central da catedral (onde o seu principal transepto corta o eixo leste-oeste), verificamos que tem trinta e nove por trinta e nove pés. Essa dimensão básica é, por sua vez, a base de praticamente todas as outras medidas da catedral. Por exemplo, tanto o comprimento como a largura de cada um dos dez átrios da nave são de dezenove pés e seis polegadas – exatamente a metade do comprimento do cruzeiro central. A própria nave está constituída por vinte espaços idênticos, que medem dezenove pés e seis polegadas quadradas, e por outros dez espaços que medem dezenove pés e seis polegadas por trinta e nove pés. Outros aspectos da estrutura oferecem ainda mais amostras da absoluta coerência geométrica que permeia toda a catedral[10].

Outro exemplo impressionante da preocupação pelas proporções geométricas é a catedral de Saint Rémi, em Rheims. Embora ainda contenha elementos do estilo românico anterior e não seja o exemplo mais puro de estrutura gótica, Saint Rémi já manifesta o cuidado com a geometria e a matemática que constituiu uma qualidade fascinante dessa tradição. A influência de Santo Agostinho e da sua crença no simbolismo dos números – diferente e complementar dessa outra que vimos, que considera a estruturação matemática do mundo como reflexo da mente divina – ressalta de modo evidente. O coro de Saint Rémi está «entre os mais perfeitos símbolos trinitários da arquitetura gótica – explica Christopher Wilson –; observa-se como o arquiteto brinca com o número três nas três janelas que iluminam os três níveis da ábside principal; e a multiplicação do número de assentos em cada degrau do coro – onze – pelo número de degraus dá trinta e três»[11]. Trinta e três, como é evidente, alude à idade de Cristo.

---

(9) John W. Baldwin, *The Scholastic Culture of the Middle Ages, 1000-1300*, pág. 107.

(10) Robert A. Scott, *The Gothic Enterprise*, págs. 103-104.

(11) Christopher Wilson, *The Gothic Cathedral: The Architecture of the Great Church, 1130--1530*, Londres, Thames and Hudson, 1990, págs. 65-66.

VI. A ARTE, A ARQUITETURA E A IGREJA

O desejo de atingir ao mesmo tempo a precisão geométrica e um simbolismo numérico, que contribui significativamente para o prazer que o visitante colhe desses enormes edifícios, não foi, portanto, mera coincidência. Procedia de ideias que já se encontravam nos Padres da Igreja. Santo Agostinho, cujo *De Musica* viria a tornar-se o tratado de estética mais influente da Idade Média, considerava a arquitetura e a música como as artes mais nobres, uma vez que as suas proporções matemáticas seriam as do próprio universo e, por essa razão, elevariam as nossas mentes à contemplação da ordem divina[12].

O mesmo se pode dizer das janelas e da ênfase na luz que inunda esses enormes e majestosos edifícios, talvez as características mais notáveis da catedral gótica. É razoável pensar que o arquiteto levou em conta o simbolismo teológico da luz. Santo Agostinho concebia a aquisição do conhecimento por parte dos seres humanos como fruto da iluminação divina: Deus *ilumina* a mente com o conhecimento. E por isso não é descabido pensar que os arquitetos desse tempo se tivessem inspirado na poderosa metáfora da luz física como meio de evocar a fonte divina da qual procede todo o pensamento humano[13].

Assim o vemos na igreja abacial de Saint-Denis, sete milhas ao norte de Paris. Aqui não se pode ignorar o significado religioso da luz, que se derrama através das janelas pelo coro e pela nave. Uma inscrição no pórtico explica que a luz eleva a mente por cima do mundo material e a dirige para a verdadeira luz, que é Cristo[14]. Escreve um estudioso moderno: «Quando os olhos dos adoradores se elevavam para o céu, podiam imaginar a graça de Deus, à semelhança da luz do sol, a derramar as suas bênçãos e a mover os espíritos à ascensão. Os pecadores podiam ser movidos ao arrependimento e à busca da perfeição ao vislumbrarem o mundo de perfeição espiritual em que Deus habitava: um mundo sugerido pela regularidade geométrica das catedrais»[15].

Com efeito, tudo o que se refere à catedral gótica revela a sua inspiração sobrenatural. «Enquanto as linhas predominantemente ho-

---

(12) *Ibid.*, págs. 275-76.
(13) John W. Baldwin, *The Scholastic Culture of the Middle Ages, 1000-1300*, págs. 107-08.
(14) *Ibid.*, pág. 108.
(15) Robert A. Scott, *The Gothic Enterprise*, pág. 132.

rizontais dos templos greco-romanos simbolizavam uma experiência religiosa dentro de limites naturais – escreve Jaki –, as agulhas góticas simbolizavam a orientação para o alto de uma visão nitidamente sobrenatural»[16]. Um período histórico capaz de produzir tão magníficas obras de arquitetura não pode ter sido de completa estagnação e trevas, como se retrata com tanta frequência a Idade Média. A luz que jorra nas catedrais góticas simboliza a luz do século XIII, época caracterizada não só pelo fervor religioso e pelo heroísmo de um São Francisco de Assis, como também pelas universidades, pelo estudo e pela erudição.

Poucos são os que não se deixam conquistar por essas obras de arquitetura. Um dos estudos mais recentes sobre a catedral gótica deve-se a um sociólogo da Universidade de Stanford, que simplesmente se apaixonou pela catedral de Salisbury, na Inglaterra, e decidiu estudar e escrever sobre esse tema para difundir o conhecimento desse tesouro que tanto o cativou[17]. E mesmo um erudito hostil do século XX fala com admiração da devoção e do trabalho paciente revelados na construção das grandes catedrais:

«Em Chartres, encontramos uma esplêndida imagem da bela devoção dos habitantes de uma região que erigiram uma catedral magnífica. Esse maravilhoso edifício começou a ser construído em 1194 e foi terminado em 1240. Para construir um edifício que embelezasse a sua cidade e satisfizesse as suas aspirações religiosas, os habitantes deram o contributo do seu esforço e das suas posses, ano após ano, ao longo de quase meio século. Estimulados pelos seus sacerdotes, homens, mulheres e crianças iam a pedreiras distantes para extrair os blocos de cantaria e se atrelavam eles mesmos a toscas carroças carregadas dos materiais de construção. Dia após dia, perseveravam nesse fatigante esforço. Quando paravam à noite, extenuados pelo trabalho do dia, o tempo que sobrava era dedicado a confissões e orações. Outros trabalhavam na própria catedral, em tarefas que requeriam maior destreza, mas faziam-no com igual

---

(16) Stanley L. Jaki, «Medieval Criativity in Science and Technology», em *Patterns or Principles and Other Essays*, pág. 75.

(17) O livro em questão é o de Robert A. Scott, *The Gothic Enterprise*.

VI. A ARTE, A ARQUITETURA E A IGREJA

devoção [...]. A sua dedicação e devoção marcaram época naquela parte da França»[18].

A construção da catedral gótica tem sido, às vezes, creditada à mentalidade escolástica. Os escolásticos – de quem São Tomás de Aquino foi o exemplo mais ilustre – construíram todo um sistema intelectual; não se preocupavam apenas de responder a esta ou àquela questão, mas de erguer edifícios inteiros do pensamento. As suas *Summae* – nas quais exploravam todas as questões mais importantes relativas a um tema – eram tratados sistemáticos e coerentes em que cada conclusão particular se relacionava harmonicamente com todas as outras, tal como os vários elementos que compunham a catedral gótica trabalhavam juntos para criar uma estrutura de extraordinária coerência interna.

Erwin Panofsky acrescenta, sugestivamente, que não se tratava de uma coincidência e que ambos os fenómenos – a escolástica e a arquitetura gótica – emergiam de um ambiente intelectual e cultural comum. Forneceu exemplos e mais exemplos de intrigantes paralelismos entre as *Sumas* escolásticas e a catedral. Assim como um tratado escolástico, ao examinar as questões disputadas, conciliava posições conflitantes provenientes de fontes dotadas de igual autoridade – por exemplo, de dois Padres da Igreja aparentemente em desacordo –, a catedral gótica sintetizava as características das tradições arquitetônicas precedentes, em lugar de, simplesmente, adotar uma e suprimir a outra[19].

O Renascimento

A maior explosão de criatividade e inovações no mundo da arte desde a Antiguidade teve lugar durante o Renascimento dos séculos XV e XVI.

---

(18) Alexander Clarence Flick, *The Rise of the Mediaeval Church*, pág. 600.
(19) Erwin Panofsky, *Gothic Architecture and Scholasticism*, Meridian Books, Nova York, 1985 (1951), págs. 69-70.

Não é fácil encaixar esse período em categorias nítidas. Por um lado, parece em certa medida anunciar a chegada do mundo moderno: há um secularismo crescente, assim como uma ênfase cada vez maior na vida mundana, mais do que no mundo vindouro; abundam, por exemplo, os contos imorais. Não é de estranhar, pois, que houvesse católicos inclinados a rejeitá-lo de cabo a rabo. Por outro lado, há elementos suficientes para descrevê-lo como o auge da Idade Média, mais do que como uma ruptura com o passado: os medievais, tal como algumas figuras exponenciais do Renascimento, tinham um profundo respeito pela herança da antiguidade clássica, ainda que não a aceitassem de modo tão acrítico como o fizeram alguns humanistas; e é na Idade Média que encontramos as origens das técnicas artísticas que viriam a ser aperfeiçoadas no período seguinte. Além disso, o grosso da produção artística renascentista foi de obras de natureza religiosa, e, se hoje as podemos apreciar, é graças ao patrocínio dos papas da época.

Um século antes do que se considera normalmente o início do Renascimento, o medieval *Giotto di Bondone* (1266-1337), conhecido simplesmente como Giotto, já havia antecipado muitas das inovações técnicas e artísticas que fariam a glória da Renascença. Giotto nasceu em 1267, perto de Florença. Conta-se dele que aos dez anos, enquanto cuidava de ovelhas, usava um pedaço de giz para desenhar as ovelhas nas rochas. E que Cimabue ficou tão impressionado com esses desenhos que pediu ao pai do menino permissão para educá-lo na arte da pintura.

O próprio *Giovanni Cimabue* (1240-1302) foi um artista inovador: ultrapassando o formalismo da arte bizantina, pintava as figuras humanas com uma tendência realista. Giotto seguiu essa linha, elevando-a a novos cumes, que viriam a exercer uma influência substancial nas subsequentes gerações de pintores. As técnicas que Cimabue empregou para dar profundidade aos seus quadros, em três dimensões, foram da maior importância, como também o modo como individualizou as figuras humanas, em oposição à abordagem mais estilizada que o precedeu, na qual os rostos dificilmente se distinguiam uns dos outros.

Pode-se dizer, assim, que o Renascimento se desenvolveu a partir da Idade Média. Mas em áreas não relacionadas com a arte, foi um

VI. A ARTE, A ARQUITETURA E A IGREJA

período de retrocesso. O estudo da literatura inglesa e continental não sentiria praticamente nenhuma falta – com algumas honrosas exceções – se se removessem os séculos XV e XVI. Também a vida científica de toda a Europa permaneceu em gestação: se excetuarmos a teoria do universo de Copérnico, a história da ciência ocidental entre 1350 e 1600 é de relativa estagnação. E a filosofia ocidental, que havia florescido nos séculos XII e XIII, teve comparativamente muito pouco a mostrar nesse período[20].

Poder-se-ia até dizer que o Renascimento foi, sob muitos aspectos, um tempo de irracionalismo. Por exemplo, foi nessa época que a alquimia alcançou o seu auge, e a astrologia ganhou ainda maior influência. As perseguições às bruxas, erroneamente associadas à Idade Média, só se espalharam a partir do final do século XV e durante o XVI.

Do que não há dúvida é de que, durante o Renascimento, imperou o espírito secularista. Embora raramente se negasse de um modo explícito a doutrina do pecado original, começou a dominar uma visão muito mais inclinada a celebrar a natureza humana e as suas capacidades potenciais. Com o advento do Renascimento, assistimos à exaltação do homem natural, da sua dignidade e das suas capacidades, divorciadas dos efeitos regeneradores da graça sobrenatural. As virtudes contemplativas, tão admiradas na Idade Média, como manifestava a tradição monástica, começaram a perder o seu lugar para as virtudes ativas como objeto de admiração. Em outras palavras, um entendimento secular dos conceitos de utilidade e praticidade – que triunfaria mais tarde, durante o Iluminismo – começou a menosprezar a vida dos monges e, em seu lugar, a glorificar a vida ativa mundana, a do homem comum da cidade.

O secularismo estendeu-se também à filosofia política: em *O príncipe* (1513), Maquiavel concebeu a política em moldes puramente seculares, e descreveu o Estado como uma instituição moralmente autônoma, isenta dos padrões de certo e errado pelos quais se costuma medir o comportamento dos indivíduos.

Esse secularismo começou a invadir igualmente o mundo da arte. Passou a haver patrocinadores fora dos quadros da Igreja, e com isso os

---

(20) James Franklin, «The Renaissance Myth», em *Quadrant* (26), nov. 1982, págs. 53-54.

temas artísticos começaram a mudar. Prosperavam agora os retratos, os autorretratos e as paisagens, todos seculares por natureza. O propósito de retratar tão exatamente quanto possível o mundo natural – tão evidente na arte renascentista – deixa entrever que esse mundo, longe de ser um mero estágio entre a existência temporal e a felicidade eterna, era considerado algo bom em si mesmo e merecia ser cuidadosamente estudado e reproduzido.

Apesar disso, houve nesse período um enorme volume de obras artísticas que tinham por objeto temas religiosos, e muitas delas procediam de homens cuja arte se inspirava profundamente em uma fé religiosa sincera e arraigada. Segundo Kenneth Clark, autor da aplaudidíssima série da BBC *Civilização*:

> «Guercino passava muitas das suas manhãs em oração; Bernini assistia frequentemente a retiros e praticava os *Exercícios espirituais* de Santo Inácio; Rubens ia à missa todos os dias, antes de começar a trabalhar. Esse teor de vida não obedecia ao medo à Inquisição, mas à singela crença de que a vida do homem devia pautar-se pela fé que havia inspirado os grandes santos das gerações precedentes. A segunda metade do século XVI foi um período de santidade na Igreja Católica [...], com figuras como Santo Inácio de Loyola, o visionário soldado que se tornou psicólogo. Não é preciso ser católico praticante para sentir respeito pelo meio século que foi capaz de produzir esses grandes espíritos»[21].

Os papas, em particular Júlio II e Leão X, foram grandes mecenas de muitos desses artistas. Foi durante o pontificado de Júlio II, e sob o seu patrocínio, que figuras como Bramante, Michelangelo e Rafael produziram algumas das mais memoráveis obras de arte. A *Catholic Encyclopedia* aponta a importância desse papa ao afirmar que:

> «Quando se discutiu se a Igreja devia absorver ou rejeitar e condenar o progresso, se devia ou não associar-se ao espírito humanista, Júlio II teve o mérito de se pôr do lado da Renascença e preparar a

---

(21) Kenneth Clark, *Civilisation*, pág. 186; cit. em Joseph E. MacDonnell, *Companions of Jesuits: A Tradition of Collaboration*, Humanities Institute, Fairfield, Connecticut, 1995.

VI. A ARTE, A ARQUITETURA E A IGREJA

plataforma para o triunfo moral da Igreja. As grandes criações de Júlio II – a Catedral de São Pedro de Bramante e o Vaticano de Rafael e Michelangelo – são inseparáveis das grandes ideias de humanismo e cultura representadas pela Igreja Católica. Aqui a arte ultrapassa-se a si própria, tornando-se linguagem de algo mais alto, o símbolo da mais nobre das harmonias jamais realizadas pela natureza humana. Por decisão desse homem extraordinário, Roma tornou-se, em fins do século XVI, o lugar de encontro e o epicentro de tudo o que era grande no campo da arte e do pensamento»[22].

O mesmo se pode dizer de Leão X, embora lhe tenham faltado o gosto impecável e a capacidade de discernimento de Júlio II. «De todos os lugares – escreveu um cardeal em 1515 –, homens de letras apressam-se a acorrer à Cidade Eterna, sua pátria comum, protetora e mecenas». As obras de Rafael cresceram ainda mais em excelência sob o pontificado de Leão X, que deu continuidade ao patrocínio do seu predecessor a esse pintor de excepcional categoria. «Em tudo o que se referia à arte, o papa voltava-se para Rafael», observou um embaixador, em 1518[23]. Novamente, podemos confiar no juízo de Will Durant, quando observa que a corte de Leão X era

«o centro do intelecto e da sabedoria de Roma, o lugar onde estudiosos, educadores, poetas, artistas e músicos eram bem-vindos e hospedados, o cenário de solenes cerimônias eclesiásticas, de recepções diplomáticas, de banquetes requintados, de espetáculos teatrais ou musicais, declamações poéticas e exposições de arte. Era, sem dúvida alguma, a mais refinada corte do mundo naquele tempo. O trabalho desenvolvido pelos papas, de Nicolau V ao próprio Leão X, para melhorar e embelezar o Vaticano, para reunir os gênios artísticos e literários e os embaixadores mais competentes de toda a Europa, fez da corte de Leão o zênite, não da arte – porque este fora alcançado sob Júlio II –, mas sim da literatura e do brilho do Renascimento. Mesmo em termos meramente quantitativos, a história nunca viu nada igual

---

(22) Louis Gillet, «Raphael», em *Catholic Encyclopedia*.
(23) Klemens Löffler, «Pope Leo X», em *Catholic Encyclopedia*.

no campo da cultura, nem sequer na Atenas de Péricles ou na Roma de Augusto»[24].

A criação renascentista preferida por nós, a *Pietà* de Michelangelo, é uma obra impressionantemente tocante, impregnada de uma profunda sensibilidade católica. Nos tempos de Michelangelo, a *pietà*, que representava a Virgem Maria com o seu divino Filho nos braços depois de crucificado, já vinha constituindo um gênero artístico havia centenas de anos. Essas primeiras *pietàs* eram, com frequência, desagradáveis de se ver, como é o caso da *Pietà Röttgen* (cerca de 1300-1325), na qual uma figura de Cristo contorcida e ensanguentada está deitada no colo de uma mãe esmagada pela aflição. Correspondiam a um período de terríveis desastres e tragédias humanas, que se traduziu em uma grande quantidade de representações do sofrimento na arte religiosa[25], particularmente por causa da ênfase que se punha na crucifixão mais do que na ressurreição (ao contrário do que fizeram os ortodoxos e os protestantes), como evento central do drama da Redenção.

Mas a intensidade desse sofrimento é significativamente atenuada na primeira e mais famosa das duas *Pietàs* de Michelangelo. Considerada como a mais grandiosa das esculturas em mármore de todos os tempos, essa *Pietà* preserva a tragédia daquele terrível momento, mas representa o rosto da mãe de Cristo com traços de inegável serenidade.

Desde o século II, Maria é chamada a «segunda Eva», porque, se a desobediência de Eva levou a humanidade à perdição, a conformidade de Maria com a vontade de Deus, ao consentir em trazer no seu seio o Homem-Deus, tornou possível a redenção da humanidade. Essa é a mulher que vemos na escultura de Michelangelo: tão confiante nas promessas de Deus e tão perfeitamente conformada com a vontade de Deus que é capaz de aceitar serenamente, com espírito de fé e igualdade de ânimo, o terrível destino do seu divino Filho.

---

(24) Will Durant, *The Renaissance*, MJF Books, Nova York, 1953, pág. 484.
(25) Fred S. Kleiner, Christin J. Mamyia e Richard G. Tansey, *Gardner's Art Through the Ages*, 11ª ed., vol. 1, Wadsworth, New York, 2001, págs. 526-7.

VI. A ARTE, A ARQUITETURA E A IGREJA

Arte e ciência

Ao avaliarmos as contribuições da Igreja para o desenvolvimento da ciência moderna, vimos brevemente como certas ideias teológicas e filosóficas fundamentais, derivadas do catolicismo, se demonstraram conaturais ao surgimento da pesquisa científica. Surpreendentemente, as nossas observações sobre a arte podem acrescentar ainda outra explicação para o singular êxito da ciência no Ocidente. Trata-se da descoberta da perspectiva linear, talvez o traço mais característico da pintura renascentista.

Foi no Ocidente que se desenvolveu a arte da perspectiva – a representação de imagens em três dimensões em um plano bidimensional –, assim como o *chiaroscuro*, o uso de luz e sombra. Essas duas características já existiam na arte da antiguidade clássica, mas foram os artistas ocidentais que lhes deram nova vida, mais ou menos a partir de 1300. Foi só através da influência ocidental que os artistas posteriores aplicaram em todo o mundo esses princípios à sua arte tradicional[26].

Em *The Heritage of Giotto's Geometry*, Samuel Edgerton compara a arte da perspectiva desenvolvida na pré-Renascença e na Renascença europeias com a arte de outras civilizações. Começa por comparar duas representações de uma mosca, uma ocidental e outra chinesa, e mostra que a ocidental está muito mais atenta à estrutura geométrica da mosca. «No Ocidente – escreve –, estamos convencidos de que, se quisermos entender a estrutura de um objeto orgânico ou inorgânico, devemos encará-lo primeiro como uma *nature morte* (como uma natureza morta de Jean-Baptiste Chardin, por exemplo), com todas as partes que o compõem representadas em conexões geométricas estáticas e objetivas. Nessas pinturas, como sarcasticamente observou Artur Waley, "Pôncio Pilatos e um bule de café são ambos massas cilíndricas verticais". Para um chinês tradicional, essa abordagem é, estética e cientificamente, absurda». O objetivo da comparação de Edgerton é sublinhar que «a perspectiva geométrica e o *chiaroscuro*, convenções da arte da Renascença europeia, sejam ou não esteticamente elegan-

---

(26) Samuel Y. Edgerton Jr., *The Heritage of Giotto's Geometry: Art and Science on the Eve of the Scientific Revolution*, Cornell University Press, Ithaca, 1991, pág. 10.

tes, demonstraram-se extremamente úteis para a ciência moderna»[27]. É por isso que esse autor sugere que não foi uma coincidência que Giotto, o precursor e na verdade o fundador da arte renascentista, e Galileu, às vezes considerado o fundador da ciência moderna, tivessem nascido ambos na Toscana e que a cidade toscana de Florença tenha sido o berço tanto de obras-primas artísticas como dos progressos científicos.

Também a inclusão da perspectiva geométrica na arte foi produto do ambiente intelectual específico da Europa católica. Como vimos, a ideia de Deus como geômetra e da geometria como a base sobre a qual Deus ordenou a sua criação era uma constante no mundo católico. No tempo da Renascença, explica Edgerton:

«Crescia no Ocidente uma singular tradição arraigada na doutrina católica medieval: estava-se tornando socialmente de rigor que a "gente bem-nascida" conhecesse a geometria euclidiana. Mesmo antes do século XII, os primeiros Padres da Igreja intuíram que podiam descobrir na geometria euclidiana o próprio modo de pensar de Deus.

«A perspectiva geométrica linear foi rapidamente aceita na Europa ocidental após o século XV, porque os cristãos acreditavam que, ao contemplarem uma imagem artística assim criada, captavam uma réplica da própria estrutura essencial da realidade subjacente que Deus havia concebido no momento da criação. Por volta do século XVII, quando os "filósofos naturais" (como Kepler, Galileu, Descartes e Newton) foram compreendendo cada vez mais que a perspectiva linear coincide efetivamente com o próprio processo ótico e fisiológico da visão humana, não só se manteve o *imprimatur* cristão da perspectiva, como ela passou a servir para reforçar na ciência ocidental a crescente convicção otimista e generalizada de que se tinha finalmente penetrado no processo da mente de Deus e de que o conhecimento (e o controle) da natureza estava potencialmente ao alcance de qualquer ser humano»[28].

---

(27) *Ibid*, pág. 4.
(28) *Ibid*, pág. 289.

VI. A ARTE, A ARQUITETURA E A IGREJA

Foi assim que o empenho que a Igreja Católica pôs no estudo da geometria euclidiana, como chave para desvendar a mente de Deus e a base sobre a qual Ele ordenou o universo, trouxe frutos imensamente importantes tanto no campo da arte como no da ciência. A atração católica pela geometria levou a um modo de retratar o mundo natural que ajudou a tornar possível a Revolução Científica e que seria copiado pelo resto do mundo nos anos posteriores.

VII. AS ORIGENS DO DIREITO INTERNACIONAL

Em 1892, por ocasião dos quatrocentos anos da descoberta da América por Cristóvão Colombo, o clima era de celebração. Colombo foi um corajoso e hábil navegador que aproximou dois mundos e mudou a história para sempre. Os Cavaleiros de Colombo chegaram a propor a sua canonização. Um século depois, o ânimo reinante era muito mais sombrio.

Hoje, Colombo é acusado de todo o gênero de crimes terríveis, que vão da devastação ambiental às atrocidades que culminaram no genocídio. Kirkpatrick Sale descreveu os acontecimentos de 1492 como «a conquista do paraíso», do qual povos pacíficos e amigos da natureza foram violentamente expulsos pela avareza dos conquistadores europeus. Pôs a ênfase nos maus-tratos infligidos pelos europeus à população indígena, particularmente na sua utilização como mão de obra escrava.

O debate sobre as consequências desse encontro de culturas passou a ser polêmico. Os defensores dos europeus em geral, e de Colombo em particular, contestaram afirmações como as de Kirkpatrik com o argumento de que os crimes dos europeus foram exagerados, de que a maior mortandade entre os nativos foi consequência das doenças introduzidas pelos conquistadores (um fato involuntário e, portanto, neutro do ponto de vista moral), mais do que da exploração ou da força militar, e de que as populações nativas não eram pacíficas nem se preocupavam com a preservação da natureza, como sugerem os seus admiradores de hoje em dia, e assim por diante.

Consideremos aqui esta questão de um ponto de vista que é frequentemente esquecido. Os relatos dos maus-tratos espanhóis aos nativos do Novo Mundo provocaram uma crise de consciência em importantes setores da população espanhola no século XVI, não apenas entre filósofos e teólogos. Este fato indica por si só que estamos perante uma questão pouco usual em termos históricos. Com efeito, nenhum dado histórico permite supor que Átila, o rei dos hunos, tenha tido qualquer escrúpulo moral nas suas conquistas, nem que os sacrifícios humanos coletivos que os astecas promoviam e que consideravam tão fundamentais para a sobrevivência da sua civilização, tenham provocado entre eles sentimentos de autocrítica ou reflexões filosóficas que se pudessem comparar àquelas que os erros de comportamento dos europeus provocaram entre os teólogos da Espanha do século XVI.

Foi por essa reflexão filosófica que os teólogos espanhóis atingiram algo muito substancial: o nascimento do direito internacional moderno. As controvérsias em torno dos nativos da América forneceram-lhes uma oportunidade para elucidar os princípios gerais que os Estados estão moralmente obrigados a observar nas suas relações mútuas.

Até então, as leis que regiam essas relações eram vagas e nunca tinham sido articuladas de um modo claro. E foi a descoberta do Novo Mundo que levou a estudá-las e perfilá-las[1]. Os estudiosos do direito internacional debruçam-se com frequência sobre o século XVI para encontrar as fontes dessa disciplina. Aqui, novamente, a Igreja Católica deu origem a um conceito claramente ocidental.

Uma voz no deserto

A primeira grande reprovação de um eclesiástico que se fez ouvir contra a política colonial espanhola deu-se em dezembro de 1511, na ilha de Hispaniola (atual Haiti e República Dominicana). Em um sermão dramático sobre o texto *Eu sou a voz que clama no deserto*, um frade dominicano chamado *Antonio de Montesinos* (?-1545), falando em nome da pequena comunidade dominicana da ilha, fez uma série de críticas e condenações à política espanhola para as Índias. De acordo com o historiador Lewis Hanke, o sermão, pronunciado na presença

---

(1) Bernice Hamilton, *Political Thought in Sixteenth-Century Spain*, Oxford University Press, Londres, 1963, pág. 98; José A. Fernández-Santamaría, *The State, War and Peace: Spanish Political Thought in the Renaissance, 1516-1559*, Cambridge University Press, Cambridge, 1977, págs. 60-61.

VII. AS ORIGENS DO DIREITO INTERNACIONAL

de importantes autoridades espanholas, «teve por fim chocar e causar terror entre os ouvintes». E assim deve ter ocorrido:

> «Subi a este púlpito para desvendar os vossos pecados contra as Índias; sou uma voz de Cristo clamando no deserto desta ilha e, por isso, convém que me escuteis, não com pouca atenção, mas com todo o vosso coração e sentidos; porque será a voz mais estranha que jamais tereis ouvido, a mais áspera, a mais terrível e a mais audaz que jamais esperásseis ouvir [...]. Esta voz diz que estais em pecado mortal, que viveis e morreis nele, pela crueldade e tirania com que tratais este povo inocente. Dizei-me com que direito ou justiça mantendes estes índios em tão cruel e horrível servidão? Com que autoridade empreendestes uma detestável guerra contra este povo que habitava quieta e pacificamente na sua própria terra? Por que os oprimis e fazeis trabalhar até à exaustão, e não lhes dais o suficiente para comer nem cuidais deles nas suas enfermidades? Pelo excesso de trabalho que lhes impondes, adoecem e morrem, ou melhor, vós os matais pelo vosso desejo de extrair e adquirir ouro todos os dias. E que cuidado pondes em fazer com que sejam instruídos na religião? [...] Por acaso não são homens? Não possuem almas racionais? Não estais obrigados a amá-los como vos amais a vós mesmos? [...] Estai certos de que, em uma situação como esta, não podeis ser salvos mais do que os mouros ou os turcos»[2].

Aturdidos com essa forte admoestação, os chefes da ilha, entre os quais o almirante Diego Colombo, ergueram um vigoroso e ruidoso protesto, exigindo que o pe. Montesinos se retratasse das suas assustadoras afirmações. E os dominicanos ordenaram ao pe. Montesinos que voltasse a pregar no domingo seguinte e fizesse o possível para explicar o que havia dito e tranquilizar os ouvintes desgostosos.

Quando chegou o momento da esperada retratação, Montesinos utilizou como base do seu sermão um versículo de Jó (13, 17-18): *Estou pronto para defender a minha causa, sei que sou eu quem tem ra-*

---

[2] Lewis Hanke, *The Spanish Struggle for Justice in the Conquest of America*, Little, Brown and Co., Boston, 1965 [1949], pág. 17.

zão. E começou a repassar todas as acusações que fizera na semana anterior e a demonstrar que nenhuma tinha sido sem fundamento. Concluiu dizendo às autoridades presentes que nenhum dos frades os ouviria em confissão (uma vez que os oficiais espanhóis da colônia não tinham nem contrição nem qualquer propósito de emenda) e que podiam escrever a Castela e contar o que lhes apetecesse a quem quer que fosse[3].

Quando esses dois sermões foram levados ao conhecimento do rei Fernando, na Espanha, as censuras do frade tinham sido tão distorcidas que causaram surpresa tanto ao rei como ao próprio provincial dominicano. Destemidamente, Montesinos e o seu superior embarcaram para a Espanha a fim de apresentarem ao rei o seu lado da história. Uma tentativa de impedi-los de serem recebidos falhou quando um franciscano, que fora enviado à Corte para falar contra os dominicanos na ilha de Hispaniola, foi convencido por Montesinos a abraçar a posição dos dois dominicanos.

Em face do dramático testemunho a respeito da conduta dos espanhóis no Novo Mundo, o rei reuniu um grupo de teólogos e juristas com a missão de elaborar leis que regulassem as relações dos oficiais espanhóis com os indígenas. Assim nasceram as Leis de Burgos (1512) e de Valladolid (1513). Mais tarde, em 1542, com base em argumentos semelhantes, acrescentaram-se as chamadas Novas Leis. Grande parte dessa legislação em benefício dos nativos revelou-se desapontadora na sua aplicação e execução, particularmente pela grande distância que separava a Coroa espanhola do cenário dos acontecimentos no Novo Mundo. Mas esse primeiro esforço crítico ajudou a preparar o terreno para o trabalho mais sistemático e duradouro de alguns dos grandes teólogos e juristas do século XVI.

Francisco de Vitória

Entre os mais ilustres desses pensadores estava o pe. *Francisco de Vitória* (cerca de 1492-1546). Com as suas críticas à política espanhola,

---

(3) Carl Watner, «"All Mankind Is One": The Libertarian Tradition in Sixteenth Century Spain», em *Journal of Libertarian Studies* (8), verão de 1987, págs. 295-96.

VII. AS ORIGENS DO DIREITO INTERNACIONAL

Vitória lançou as bases da teoria moderna do direito internacional e, por isso, chegou a ser chamado «o pai do direito internacional»[4], e em todo o caso é considerado o homem que «propôs pela primeira vez o direito internacional em termos modernos»[5]. Apoiado por outros teólogos e juristas, «defendeu a doutrina de que todos os homens são igualmente livres; e, com base na liberdade natural, proclamou o direito à vida, à cultura e à propriedade»[6]. Para respaldar as suas afirmações, recorreu tanto às Escrituras quanto à razão; e ao fazê-lo, «proporcionou ao mundo da sua época a primeira obra-prima do direito das nações, tanto em tempo de paz como de guerra»[7]. Foi um sacerdote católico, portanto, quem trouxe uma grande contribuição para o primeiro tratado sobre o direito das nações.

Nascido por volta de 1483, Vitória ingressara na Ordem dominicana em 1504. Tinha frequentado a Universidade de Paris, onde completara os seus estudos em artes liberais e prosseguira os de teologia. Tinha lecionado em Paris até mudar-se, em 1523, para Valladolid, onde continuou a dar as suas aulas de teologia, no Colégio de São Gregório. Três anos depois, ocupou a cátedra de teologia na Universidade de Salamanca, instituição no seio da qual nasceriam tantas linhas de pensamento profundas em tantas áreas ao longo do século XVI. Em 1532, proferiu uma famosa série de conferências que, mais tarde, foram publicadas como *Sobre os índios e a lei de guerra*, que assentou importantes princípios de direito internacional no contexto da defesa dos direitos dos índios. Quando foi convidado a participar do Concílio de Trento, declarou que gostaria mais de viajar para o Novo Mundo, e assim o fez em 1546.

---

(4) Michael Novak, *The Universal Hunger for Liberty*, Basic Books, Nova York, 2004, pág. 24. O título coincide com o do livro do protestante holandês Hugo Grotius.

(5) Marcelo Sánchez-Sorondo, «Vitoria: The Original Philosopher of Rights», em Kevin White, ed., *Hispanic Philosophy in the Age of Discovery*, Catholic University of America Press, Washington, DC, 1977, pág. 66.

(6) Carl Watner, «All Mankind Is One», pág. 294; Watner é citado por Lewis Hanke em *All Mankind is One. A study of the Disputation Between Bartolomé de las Casas and Juan Ginés de Sepúlveda in 1550 on the Intellectual and Religious Capacity of the American Indians*, Northern Illinois University Press, De Kalb, Illinois, 1974, pág. 142.

(7) James Brown Scott, *The Spanish Origin of International Law*, School of Foreign Service, Georgetown University, Washington, DC, 1928, pág. 65.

Mas esse grande pensador foi mais conhecido pelos seus comentários sobre o colonialismo espanhol no Novo Mundo e o valor moral dos atos dos conquistadores. Tinham os espanhóis direito a possuir terras americanas em nome da Coroa? Quais eram as suas obrigações em relação aos nativos? Tais assuntos levantavam, inevitavelmente, questões mais gerais e universais. Que conduta deviam os Estados obrigar-se a observar nas suas relações mútuas? Quais as circunstâncias em que se podia considerar justa a guerra declarada por um Estado? Tratava-se obviamente de questões fundamentais para a teoria do moderno direito internacional.

Era e continua a ser um lugar comum entre os pensadores cristãos a ideia de que o homem goza de uma posição única dentro da Criação. Criado por Deus à sua imagem e semelhança e dotado de uma natureza racional, o homem possui uma dignidade da qual carecem todas as demais criaturas[8]. Foi com base nisso que Vitória continuou a desenvolver a ideia de que, pela sua posição, o homem tem o direito de receber dos seres humanos, seus semelhantes, um tratamento que nenhuma outra criatura pode reivindicar.

Igualdade segundo a lei natural

Vitória procurou em São Tomás de Aquino dois princípios importantes: 1) a lei divina, que procede da graça, não anula a lei humana natural, que procede da natureza racional; 2) nada do que pertence ao homem por natureza pode ser-lhe tirado ou concedido em função dos seus pecados[9]. Nenhum católico sustentaria que é um crime menos grave matar uma pessoa não batizada do que uma batizada. Foi isso o que Vitória quis dizer: o tratamento a que todo e qualquer ser humano tem direito – por exemplo, de não ser assassinado, expropriado dos seus

---

(8) Cf. Marcelo Sánchez-Sorondo, «Vitoria: The Original Philosopher of Rights», pág. 60.

(9) Venancio Carro, «The Spanish Theological-Juridical Renaissance and the Theology of Bartolomé de las Casas», em Juan Friede e Benjamin Keen, eds., *Bartolomé de las Casas in History: Toward an Understanding of the Man and His Work*, Northern Illinois University Press, DeKalb, Illinois, 1971, págs. 251-2.

VII. AS ORIGENS DO DIREITO INTERNACIONAL

bens, etc. – deriva da sua condição de homem, não de que seja um fiel em estado de graça. O pe. Domingos de Soto, colega de Vitória na Universidade de Salamanca, explicou a questão em termos muito claros: «No que concerne aos direitos naturais, aqueles que estão em graça de Deus não são nem um pouquinho melhores que o pecador ou o pagão»[10].

A partir desses princípios tomados de São Tomás, Vitória afirmou que o homem não podia ser privado da sua capacidade civil por estar em pecado mortal e que o direito de possuir coisas para uso próprio (isto é, o direito à propriedade privada) pertencia a todos os homens, mesmo que fossem pagãos ou tivessem costumes considerados bárbaros. Os índios do Novo Mundo eram, portanto, iguais aos espanhóis em matéria de direitos naturais. Possuíam as suas terras de acordo com os mesmos princípios pelos quais os espanhóis possuíam as deles[11]. Escreveu: «A conclusão de tudo o que precede é, pois, que os aborígenes têm indubitavelmente verdadeiros direitos soberanos em matérias públicas e privadas, tal como os cristãos, e nem os seus príncipes nem as pessoas privadas podem espoliá-los das suas propriedades, sob a alegação de não serem verdadeiros proprietários»[12].

Sustentou também, tal como os seus colegas escolásticos Domingos de Soto e Luis de Molina, que os príncipes pagãos governavam legitimamente. Fez notar que as conhecidas advertências da Escritura sobre a obediência devida às autoridades civis tinham sido feitas no contexto de um governo pagão. Se um rei pagão não cometeu nenhum crime – disse Vitória –, não pode ser deposto simplesmente por ser pagão[13]. Era à luz desse princípio que a Europa cristã devia moldar as suas políticas relativas ao Novo Mundo.

«Na concepção desse bem informado e equilibrado professor de Salamanca – escreve um admirador do século XX –, os Estados, independentemente do seu tamanho e forma de governo, da sua religião ou da dos seus súditos, cidadãos e habitantes, da sua civilização avan-

---

(10) *Ibid.*, pág. 253.
(11) *Ibid.*
(12) José A. Fernández-Santamaría, *The State, War and Peace*, pág. 79.
(13) Bernice Hamilton, *Political Thought in Sixteenth-Century Spain*, pág. 1.

çada ou incipiente, eram iguais à face do sistema de leis que ele professava»[14]. Cada Estado tinha os mesmos direitos que qualquer outro, e era obrigado a respeitar os direitos dos outros. De acordo com esse pensamento, «os longínquos principados da América eram Estados e os seus súditos gozavam dos mesmos direitos e privilégios e estavam sujeitos aos mesmos deveres dos reinos cristãos da Espanha, França e Europa em geral»[15].

Vitória pensava que os povos do Novo Mundo deviam permitir aos missionários católicos que pregassem o Evangelho em suas terras. Mas insistia taxativamente em que a rejeição do Evangelho não era motivo para uma guerra justa. Como bom tomista, invocava São Tomás de Aquino, em cujo entender não se devia usar de coação para converter os pagãos à fé, uma vez que (são palavras de São Tomás) «crer depende do querer» e, portanto, tem de ser um ato livre[16]. Fora por essa razão que, em um caso análogo, o IV Concílio de Toledo (633) condenara a prática de obrigar os judeus a receber o batismo[17].

Vitória e os seus aliados defendiam, pois, que o direito natural não existe apenas para os cristãos, mas para qualquer ser humano. Isto é, defendiam a existência de «um sistema ético natural que não depende da revelação cristã nem a contradiz, mas se sustenta por si mesmo»[18]. Afirmavam, com São Paulo, que a lei natural está inscrita no coração humano e que, por essa razão, existia uma base sobre a qual estabelecer regras internacionais de conduta que obrigassem moralmente mesmo os que nunca tivessem ouvido falar do Evangelho (ou que o tivessem rejeitado). Consideravam também que todos os homens possuem o senso básico do certo e do errado, resumido nos Dez Mandamentos e na regra áurea[19] – alguns teólogos praticamente chegavam a identificar ambos esses sistemas com a própria lei natural –, de onde se podiam deduzir as obrigações internacionais.

---

(14) James Brown Scott, *The Spanish Origin of International Law*, pág. 41.
(15) *Ibid.*, pág. 61.
(16) *Summa theologiae*, II-II, q. 10, a. 8.
(17) Marcelo Sánchez-Sorondo, «Vitoria: The Original Philosopher of Rights», pág. 67.
(18) Bernice Hamilton, *Political Thought in Sixteenth-Century Spain*, pág. 19.
(19) Chama-se comumente «regra áurea» da moral ao princípio de «não fazer aos outros o que não queremos que nos façam» (N. do E.).

VII. AS ORIGENS DO DIREITO INTERNACIONAL

Alguns teólogos apontaram que a lei natural manifesta «o abismo existente entre o homem e o resto dos animais e do mundo criado»[20], o que, por sua vez, levava à «firme convicção de que os índios do Novo Mundo, assim como quaisquer outros povos pagãos, participavam dos direitos humanos, não se justificando o seu desrespeito por parte de qualquer civilização ou religião superior»[21].

Aos que afirmavam que os nativos do Novo Mundo careciam de razão ou que, pelo menos, não estavam em seu perfeito juízo (equivalendo a menores de idade) e, por isso, não podiam possuir bens, Vitória respondeu que uma deficiência de razão em uma parcela da população não justificava que se subjugasse ou espoliasse essa parcela, porque a diminuição das suas qualidades intelectuais não anulava o seu direito à propriedade privada. «Em conclusão, possuem o direito à propriedade dos bens, mas – e neste ponto Vitória hesita – se podem ou não dispor desses bens é uma questão que deixo aos juristas»[22].

Em qualquer caso, sugeria Vitória, devíamos ter em conta que os índios americanos não eram irracionais. Estavam sem dúvida alguma dotados de razão, o que é uma faculdade característica da pessoa humana. Desenvolvendo o princípio de Aristóteles de que a natureza nada faz em vão, escreveu:

> «Na verdade, não são irracionais, mas possuem o uso da razão a seu modo. Isto é evidente, porque organizam as suas ocupações, têm cidades ordenadas, celebram casamentos, têm magistrados, governantes, leis [...]. Também não se enganam em coisas que são evidentes para os outros, o que revela que usam da razão. Nem Deus nem a natureza falham em dotar as espécies daquilo que lhes é necessário. Ora, a razão é uma qualidade específica do homem, e uma potência que não se atualizasse seria vã».

Nessas suas duas últimas frases, Vitória quis dizer que não era possível admitir que houvesse uma parte da raça humana privada do uso

---

(20) Bernice Hamilton, *Political Thought in Sixteenth-Century Spain*, pág. 21.
(21) *Ibid.*, 24.
(22) José A. Fernández-Santamaría, *The State, War and Peace*, pág. 78.

da razão, pois Deus não falharia em dotá-la do dom que confere ao homem a sua especial dignidade entre as criaturas[23].

Bartolomé de las Casas

Ainda que Vitória tenha sido, possivelmente, o mais sistemático de todos os pensadores que estudaram essas questões no século XVI, talvez o crítico mais conhecido da política espanhola tenha sido o sacerdote e bispo *Bartolomé de Las Casas* (cerca de 1474-1566), que nos proporcionou toda a informação que possuímos sobre Antonio Montesinos, o frade cujo famoso sermão provocou toda a controvérsia. Las Casas, cuja doutrina parece ter sido muito influenciada pelos mestres de Salamanca, compartilhou a posição de Vitória a respeito da capacidade de raciocínio dos indígenas.

Contra os que pretendiam que os nativos constituíam um exemplo daqueles que Aristóteles descrevera como «escravos por natureza», Las Casas sustentou que os nativos estavam muito longe do nível de envilecimento implícito na concepção do filósofo e armou-se para combatê-la. Sugeriu que os nativos fossem «tratados com toda a suavidade, de acordo com a doutrina de Cristo», baseando-se em que «temos a nosso favor o mandamento de Cristo: *ama o próximo como a ti mesmo* [...]. Embora [Aristóteles] fosse um grande filósofo, os seus conhecimentos não lhe valeram para encontrar a Deus»[24].

Em 1550, teve lugar um célebre debate entre Las Casas e Juan Ginés de Sepúlveda, o filósofo e teólogo que defendia publicamente o uso da força na conquista dos nativos. Um estudioso denominou esse debate «exemplo único de um poder imperial que questiona abertamente a legitimidade dos seus direitos e os fundamentos éticos de

---

(23) Brian Tierney, *The Idea of Natural Rights: Studies on Natural Rights, Natural Law, and Church Law, 1150-1625*, William B. Eerdmans, Grand Rapids, Michigan, 2001 [1997], págs. 269-70.

(24) Eduardo Andújar, «Bartolomé de Las Casas and Juan Ginés de Sepúlveda: Moral Theology versus Political Philosophy», em Kevin White (ed.), *Hispanic Philosophy in the Age of Discovery*, págs. 76-8.

VII. AS ORIGENS DO DIREITO INTERNACIONAL

sua atuação política»[25]. Ambos os contendores defendiam a atividade missionária entre os nativos e desejavam ganhá-los para a Igreja, mas Las Casas insistia em que esse processo devia ocorrer pacificamente. Sepúlveda, por sua vez, não afirmava que os espanhóis tivessem o direito de conquistar os povos nativos simplesmente por serem pagãos, mas argumentava que o baixo nível de civilização e os costumes bárbaros desses povos eram um obstáculo para a sua conversão e que, portanto, era necessário algum tipo de tutela para que se pudesse levar a cabo com sucesso o processo de evangelização. Tinha plena consciência de que podia ser aconselhável não aplicar uma política fundamentalmente correta, por causa das dificuldades que encontraria à hora de ser posta em prática. Por isso, o que o preocupava não era saber se era oportuna a guerra contra os índios, mas a questão mais básica de saber se ela se justificava moralmente.

Las Casas, pelo contrário, estava absolutamente convencido de que, na prática, tais guerras seriam desastrosas para todos os povos envolvidos e prejudiciais à difusão do Evangelho. Qualquer especulação acadêmica e fria sobre o tema parecia-lhe «irresponsável, frívola e chocante»[26]. Dada a fragilidade da natureza humana, considerava que legitimar o uso da força contra os nativos seria abrir a porta a uma sucessão de consequências negativas, e sustentava, portanto, que o uso de qualquer forma de coerção era moralmente inaceitável. Excluía a coerção tanto para compelir à fé como para tentar criar um ambiente pacífico em torno do trabalho dos missionários, coisa que Sepúlveda teria admitido.

Vitória, por sua vez, achava legítimo o uso da força contra os nativos em alguns casos, como por exemplo para livrá-los de algumas práticas bárbaras da sua própria cultura[27]. Para Las Casas, essa concessão não levava em conta as paixões e a cobiça dos homens, que por essa brecha certamente se sentiriam autorizados a empreender uma guerra potencialmente sem limites, e nesse sentido acusou Sepúlveda de «causar

---

(25) *Ibid.*, 87.
(26) Rafael Alvira and Alfredo Cruz, «The Controversy Between Las Casas and Sepúlveda at Valladolid», em Kevin White (ed.), *Hispanic Philosophy in the Age of Discovery*, pág. 93.
(27) Concretamente, os sacrifícios humanos que alguns dos povos americanos praticavam numa escala assustadora e que horrorizaram profundamente os espanhóis (N. do E.).

escândalo e encorajar homens de tendências violentas»[28]. Pensava que a infinidade de efeitos negativos das guerras, previstos ou não, pesava muito mais do que o efeito positivo de ajudar as tribos oprimidas pelos seus vizinhos; aliás, esse é um ponto que os modernos críticos das intervenções militares a título humanitário continuam a subscrever nos nossos dias[29].

«Para pôr um fim a toda a violência contra os índios – escreve um historiador atual –, Las Casas tinha de mostrar que, por uma razão ou por outra, toda a guerra contra eles era injusta». Por isso, desenvolveu um imenso esforço para desfazer todo e qualquer argumento que, embora limitasse a guerra, pudesse no entanto deixá-la em aberto como uma opção lícita[30]. Além disso, estava convencido de que tais medidas «pacificadoras» prejudicariam certamente o esforço missionário, uma vez que a presença de homens armados, por mais limitada que fosse, predisporia o ânimo e a mente dos nativos contra qualquer membro do contingente invasor, incluídos os missionários[31]. Os missionários realizariam um bom trabalho só «com palavras amáveis e divinas, e com exemplos e obras de vidas santas»[32]. Estava convencido de que os nativos poderiam fazer parte da civilização cristã através de um esforço persistente e sincero, e de que a escravatura ou outras coerções eram não só injustas, mas contraproducentes. Só uma interação pacífica poderia assegurar a sinceridade de coração daqueles que optassem por converter-se.

Entre escrever, pregar e promover agitações políticas, Las Casas dedicou meio século a trabalhar em benefício dos nativos, procurando reformar o tratamento que recebiam e lutando contra o abusivo sistema da *encomienda*. Foi aqui que identificou uma importante fonte de injustiça na conduta dos espanhóis no Novo Mundo. Juridicamente, *encomendero* era um homem a quem se «confiava» (*encomendaba*) um grupo de índios para que os protegesse e provesse à sua educação

---

(28) Rafael Alvira and Alfredo Cruz, «The Controversy Between Las Casas and Sepúlveda at Valladolid», pág. 93.
(29) *Ibid.*, pág. 95.
(30) *Ibid.*, págs. 92-93.
(31) Eduardo Andújar, «Bartolomé de Las Casas and Juan Ginés de Sepúlveda», pág. 84.
(32) Venancio Carro, «The Spanish Theological-Juridical Renaissance and the Theology of Bartolomé de las Casas», pág. 275.

VII. AS ORIGENS DO DIREITO INTERNACIONAL

religiosa. Em contrapartida, os nativos confiados a ele deviam pagar-lhe um tributo. A *encomienda* não supunha originalmente uma outorga de soberania política sobre os nativos, mas, na prática, era o que acontecia frequentemente, e o tributo era cobrado muitas vezes em forma de trabalhos forçados. Tendo-lhe sido atribuída, certa feita, uma *encomienda*, o próprio Las Casas conheceu em primeira mão os abusos e injustiças do sistema, e trabalhou para pôr-lhe um ponto final, se bem que com pouco sucesso. Em 1564, refletindo sobre as suas décadas de trabalho como defensor dos indígenas, escreveu no seu testamento:

> «Na sua bondade e clemência, Deus dignou-se escolher-me como seu ministro, embora indigno, para defender todos aqueles povos indígenas, possuidores de reinos e terras, contra as injustiças e injúrias nunca antes vistas ou ouvidas, cometidas pelos nossos espanhóis [...], e para lhes restituir a primitiva liberdade, da qual foram injustamente privados [...]. Trabalhei na Corte dos reis de Castela desde 1514, indo e vindo muitas vezes das Índias para Castela e de Castela para as Índias, por cerca de cinquenta anos, só por Deus e pela compaixão de ver perecer tais multidões de homens racionais, serviçais, humildes, seres humanos de grande docilidade e simplicidade, bem dotados para receber a nossa fé católica [...] e para ser prendados com os bons costumes»[33].

Hoje em dia, Las Casas é considerado quase um santo em grande parte da América Latina e continua a ser admirado tanto pela sua coragem como pelo seu árduo trabalho. A sua fé, que lhe ensinou haver um único código moral para todos os homens, permitiu-lhe julgar a conduta da sua própria sociedade, o que não é pouca coisa. Os seus argumentos, escreve o professor Lewis Hanke, «deram forças a todos aqueles que, no seu tempo e nos séculos seguintes, trabalharam persuadidos de que todas as pessoas do mundo são seres humanos, com as capacidades e as responsabilidades próprias dos homens»[34].

---

(33) Cit. em Carl Watner, «All Mankind Is One», págs. 303-4.
(34) Lewis Hanke, *Bartolomé de Las Casas: An Interpretation of His Life and Writings*, Martinus Nijhoff, The Hague, 1951, pág. 87.

Direito internacional versus Estado moderno

Até agora falamos dos primórdios do direito internacional, de normas destinadas a disciplinar as relações entre os Estados. Mas ficava por resolver o problema da sua aplicação. A solução desse problema foi deixada mais ou menos em aberto pelos teólogos espanhóis[35]. A resposta de Vitória parecia vinculada à ideia de guerra justa; isto é: se um Estado violasse as normas do direito internacional no seu relacionamento com outro Estado, este último teria motivos para empreender uma guerra justa contra aquele[36].

Não podemos asseverar sem mais que os teólogos espanhóis teriam apoiado uma instituição análoga à Organização das Nações Unidas. Recordemos qual era o problema original que um sistema de leis internacionais visava solucionar. Segundo Thomas Hobbes, o filósofo britânico do século XVII, sem um governo capaz de funcionar como um árbitro com poder sobre todos os homens, a sociedade humana estaria condenada a uma situação de caos e de guerra civil. No seu entender, a criação de um governo cuja função primária fosse manter a ordem e impor a obediência às leis seria o único mecanismo capaz de evitar a insegurança e a desordem crônicas do assim chamado estado de natureza. Como se tem apontado, o que ele disse dos indivíduos e dos governos nacionais, poder-se-ia aplicar igualmente às nações entre si; a menos que se estabelecesse um ente soberano que as governasse, inevitavelmente teria de dar-se entre elas o mesmo tipo de conflitos e desordens que existiria entre os cidadãos na ausência de um governo civil.

Mas o estabelecimento de um governo, na realidade, não resolve o problema descrito por Hobbes; simplesmente o transfere para outro nível. Um governo pode impor a paz e prevenir a injustiça entre as pessoas que lhe estão submetidas, mas isso não impede que exerça violência contra os governados. Seria necessária, portanto, a existência de um árbitro que estivesse acima tanto dos governados como do próprio governo.

---

(35) Cf. Carlos G. Noreña, «Francisco Suárez on Democracy and International Law», em Kevin White (ed.), *Hispanic Philosophy in the Age of Discovery*, pág. 271.

(36) José A. Fernández-Santamaría, *The State, War and Peace*, pág. 62.

VII. AS ORIGENS DO DIREITO INTERNACIONAL

No entanto, se o governo possui a autoridade soberana que Hobbes recomenda, isso quer dizer que é ele que tem a última palavra sobre o alcance dos seus próprios poderes, sobre o justo e o injusto, e até sobre a solução das disputas entre os cidadãos individuais e ele próprio. Mesmo que Hobbes acreditasse na democracia, teria de reconhecer que uma simples votação é incapaz de conter os abusos de autoridade. Por outro lado, se se estabelecesse um poder superior ao do governo para conter os abusos de autoridade desse mesmo governo, estaríamos apenas transferindo o problema para um nível superior: quem controlaria essa autoridade?

Esse é o problema que envolve a ideia de uma instituição internacional com poderes coercitivos no âmbito do direito internacional. Os defensores dessa ideia afirmam que semelhante autoridade tiraria as nações do estado de natureza hobbesiano em que se encontram. No entanto, mesmo com a criação dessa autoridade, subsistiria o problema da insegurança: que poder seria capaz de controlar essa autoridade supranacional?

A coercitividade do direito internacional não é, pois, um assunto simples, e o estabelecimento de uma instituição global com essa finalidade só transfere o problema hobbesiano, em vez de resolvê-lo. Não deixa de haver outras opções: afinal, as nações europeias conseguiram observar as regras da assim chamada guerra civilizada durante os dois séculos que se seguiram à Guerra dos Trinta Anos (1618-1648), por medo de serem lançadas num ostracismo internacional.

Sejam quais forem as dificuldades práticas da capacidade de coerção, a *ideia* do direito internacional, nascida da discussão filosófica levantada pela descoberta da América, foi extremamente importante. Mostrava que cada nação não é um universo moral fechado em si mesmo, mas tem o seu comportamento submetido a princípios básicos. Por outras palavras, o Estado não é moralmente autônomo.

No princípio do século XVI, Nicolau Maquiavel prognosticou, no seu pequeno livro *O Príncipe* (1513), o advento do Estado moderno. Para ele, o Estado era uma instituição moralmente autônoma, cujo comportamento, em benefício da sua própria preservação, não deveria ser julgado por parâmetros externos, fossem eles os decretos de um Papa ou qualquer outro código de princípios morais. Não é de estranhar que a Igreja tivesse condenado severamente a filosofia política de Maquiavel:

foi precisamente essa a visão que os grandes teólogos católicos espanhóis rejeitaram tão enfaticamente. No entendimento deles, o Estado devia, na realidade, ser julgado conforme princípios externos a si próprio e não podia agir com base na sua conveniência ou benefício.

Em suma, os teólogos espanhóis do século XVI submeteram a um escrupuloso exame a conduta da sua própria civilização e julgaram-na deficiente. Propugnaram que, em matéria de direito natural, os outros povos do mundo eram iguais ao seu e que as comunidades de povos pagãos tinham direito ao mesmo tratamento que as nações da Europa cristã.

É necessário sublinhar como algo muito notável o fato de esses teólogos terem proporcionado à civilização ocidental as ferramentas filosóficas necessárias para se aproximar dos povos não-ocidentais com um espírito de igualdade. Essa imparcialidade não brotou do contato com as culturas indígenas americanas. Como explica o historiador de Harvard Samuel Eliot Morison, «os índios, mesmo os de uma mesma região ou grupo linguístico, nem sequer tinham um nome comum para eles próprios. Cada tribo designava-se a si própria com algo parecido como "nós, o povo", e se referia aos vizinhos com uma palavra que significava "bárbaros", "filhos de uma cadela" ou outra expressão igualmente insultuosa»[37].

No meio de um chauvinismo tão estreito, não poderia encontrar terreno fértil a ideia de um ordenamento internacional que estabelecesse um princípio de igualdade entre Estados grandes e pequenos, com diversos níveis de civilização e refinamento. Coube aos teólogos espanhóis do século XVI o mérito de terem insistido – com base na concepção católica da unidade fundamental da raça humana – nos princípios universais que devem governar as relações entre os Estados. Se criticamos os excessos espanhóis no Novo Mundo, é porque foram os teólogos espanhóis que nos proporcionaram os instrumentos morais para condenar esses excessos.

O romancista peruano Mario Vargas Llosa colocou em uma perspectiva semelhante a relação dos europeus com os nativos do Novo Mundo:

---

(37) Samuel Eliot Morison, *The Oxford History of the American People*, vol. 1: *Prehistory to 1789*, Meridian, New York, 1994 [1965], pág. 40.

VII. AS ORIGENS DO DIREITO INTERNACIONAL

«O padre Las Casas foi o mais ativo, ainda que não o único, dos não-conformistas que se rebelaram contra os abusos infligidos aos índios. Esses homens lutaram contra os seus compatriotas e contra as políticas dos seus próprios países em nome de princípios morais que, para eles, estavam acima dos princípios de nação ou Estado. Essa autodeterminação não teria sido possível entre os incas ou em qualquer outra cultura pré-hispânica. Nessas culturas, assim como em outras grandes civilizações da História nascidas fora do Ocidente, o indivíduo não podia questionar moralmente o organismo social de que fazia parte, porque existia unicamente como um átomo dentro desse organismo e porque, para ele, os ditames do Estado não se dissociavam da moralidade. A primeira cultura a interrogar-se e questionar-se a si mesma, a primeira a separar as massas em seres individuais que foram ganhando gradualmente o direito de pensar e agir por si próprios, veio a converter-se, graças a essa desconhecida prática chamada liberdade, na civilização mais poderosa do nosso mundo»[38].

Nenhuma pessoa séria negará as injustiças cometidas na conquista do Novo Mundo, e já naquela época os sacerdotes as relataram e condenaram. Mas é lógico que gostaríamos de dourar a pílula, de encontrar alguma atenuante para a tragédia demográfica que se abateu sobre os povos do Novo Mundo durante a era dos Descobrimentos. E essa atenuante foi o fato de que o encontro entre esses povos proporcionou uma ocasião especialmente oportuna para que os moralistas discutissem e desenvolvessem os princípios fundamentais que devem governar o relacionamento entre os povos[39]. Como Hanke conclui acertadamente, «os ideais que alguns espanhóis puseram em prática quando descortinaram o Novo Mundo não perderão o seu grande brilho enquanto os homens acreditarem que os outros povos têm o direito de viver, que é possível encontrar métodos justos para conduzir as relações entre os povos e, essencialmente, que todas as

---

(38) Citado em Robert C. Royal, *Columbus On Trial: 1492 v. 1992*, 2ª ed., Young America's Foundation, Herndon, Virgínia, 1993, págs. 23-4.
(39) Cf. C. Brown, «Old World v. New: Culture Shock in 1492», *Peninsula* [Harvard], set. 1992, 11.

pessoas do mundo são homens»[40]. Estas são as ideias com as quais o Ocidente se identificou por séculos e que nos chegaram diretamente através do autêntico pensamento católico. Aqui temos outro pilar da civilização ocidental construído pela Igreja.

---

(40) Lewis Hanke, *The Spanish Struggle for Justice in the Conquest of America*, págs. 178-9.

VIII. A IGREJA E A ECONOMIA

Habitualmente, começa-se a contar a história do pensamento econômico a partir de Adam Smith e de outros pensadores do século XVIII. Os próprios católicos, particularmente os hostis à economia de mercado, também tendem a identificar os princípios e a visão da economia moderna com os pensadores do Iluminismo. No entanto, os medievais e os últimos comentaristas escolásticos entenderam e teorizaram sobre a livre economia seguindo roteiros que se revelaram profundamente fecundos para o desenvolvimento de um sadio pensamento econômico no Ocidente. A economia moderna constitui, portanto, outra área na qual, até há pouco, a influência católica vinha sendo frequentemente obscurecida ou negligenciada. A verdade é que hoje começa-se a reconhecer os católicos como os seus fundadores.

Os fundadores da ciência econômica

Joseph Schumpeter, um dos grandes economistas do século XX, na sua *História da análise econômica* (1954), prestou homenagem às menosprezadas contribuições dos escolásticos. «Foram eles – escreveu –, mais do que qualquer outro grupo, os que chegaram mais perto de ser os fundadores da ciência econômica»[1]. Ao nome de Schumpeter, poderíamos acrescentar o de outros estudiosos de presti-

---

(1) Joseph A. Schumpeter, *History of Economic Analysis*, Oxford University Press, Nova York, 1954, pág. 97.

gio, como Raymond de Roover, Marjorie Grice-Hutchinson e Alejandro Chafuen[2].

Murray N. Rothbard, outro grande economista do século XX, dedicou um longo capítulo da sua aclamada história do pensamento econômico às reflexões dos escolásticos, que alcançaram o cume na Escola austríaca de economia, uma escola do pensamento econômico que se desenvolveu em fins do século XIX e que continua viva nos dias atuais. (Esta Escola pode gloriar-se de uma série de brilhantes economistas, desde Carl Menger até Eugen von Böhm-Bawerk e Ludwig von Mises. Um dos seus membros mais destacados, F.A. Hayek, ganhou o Prêmio Nobel de economia em 1974).

Mas antes de examinarmos o trabalho dos últimos escolásticos, devemos considerar as contribuições, frequentemente ignoradas, de estudiosos católicos ainda mais antigos. *Jean Buridan* (1300-1358), por exemplo, que foi reitor da Universidade de Paris, trouxe importantes novidades à moderna teoria monetária. Em vez de encarar o dinheiro como um produto artificial, fruto da intervenção do Estado, Buridan demonstrou que o dinheiro surgiu livre e espontaneamente no mercado, primeiro como uma mercadoria útil e depois como meio de troca. Por outras palavras, o dinheiro não surgiu por um decreto governamental, mas como meio de simplificar as trocas: tratava-se de encontrar uma «mercadoria» que pudesse ser desejada e adotada utilmente por todos[3].

Essa «mercadoria» amplamente desejada devia, por conseguinte, ser adotada antes de mais nada em função da sua capacidade de satisfazer

---

(2) Veja-se Raymond de Roover, «The Concept of the Just Price: Theory and Economic Policy», *Journal of Economic History* 18 (1958), págs. 418-34. *Id.*, «Business, Banking, and Economic Thought in Late Medieval and Modern Europe», em Julius Kirshner, ed., *Selected Studies of Raymond de Roover*, University of Chicago Press, Chicago, 1974, págs. 306-45; Alejandro A. Chafuen, *Faith and Liberty: The Economic Thought of the Late Scholastics*, Lexington, Lanham, Maryland, 2003; Marjorie Grice-Hutchinson, *The School of Salamanca: Readings in Spanish Monetary Theory, 1544-1605*, Clarendon Press, Oxford, 1952; *id.*, *Early Economic Thought in Spain, 1177-1740*, George Allen & Unwin, Londres, 1978; Joseph A. Schumpeter, *History of Economic Analysis*; Murray N. Rothbard, *An Austrian Perspective on the History of Economic Thought*, vol. 1: *Economic Thought Before Adam Smith*, Edward Elgar, Hants, Inglaterra, 1995, págs. 99-133.

(3) Murray N. Rothbard, *An Austrian Perspective on the History of Economic Thought*, vol. 1, págs. 73-74. Ludwig von Mises, o grande economista do século XX, demonstrou que o dinheiro nasceu desse modo.

VIII. A IGREJA E A ECONOMIA

necessidades não monetárias. Devia também possuir certas características importantes: devia ser facilmente manuseável e divisível, além de durável, e possuir um alto valor por unidade de peso, de tal modo que uma pequena quantidade dela tivesse valor suficiente para facilitar praticamente todas as transações. «Nesse sentido – escreve um especialista –, Buridan deu início à classificação das qualidades monetárias dos produtos, que viria a ser tema do primeiro capítulo dos manuais sobre o dinheiro e os bancos até o fim da era do padrão-ouro, na década de 1930»[4].

Nicolau Oresme (1325-1382), bispo de Lisieux, discípulo de Buridan, deu uma importante contribuição à teoria monetária. Polifacético *expert* em matemática, astronomia e física, escreveu *Um tratado sobre a origem, natureza e transformações do dinheiro*, que foi considerado «um marco da ciência monetária», pois «fixou padrões que não seriam superados em muitos séculos e mesmo hoje, sob certos aspectos». Também foi chamado «o pai e fundador da ciência monetária»[5].

Foi ele o primeiro a afirmar o princípio que mais tarde viria a tornar-se conhecido como «a lei de Gresham». De acordo com ela, se duas moedas coexistem na mesma economia, e o governo fixa para uma e outra um valor que diverge do que poderiam alcançar no mercado livre, a moeda que o governo supervalorizou artificialmente levará esse mesmo governo a tirar de circulação a desvalorizada. Por isso, Oresme sustentou que «se o valor das moedas fixado legalmente difere do valor de mercado dos metais, a moeda subvalorizada desaparecerá totalmente da circulação e permanecerá como única moeda a que está supervalorizada»[6].

---

(4) *Ibid.*, pág. 74; veja-se também Thomas E. Woods, *The Church and the Market: A Catholic Defense of the Free Economy*, págs. 87-89, 93.

(5) Jörg Guido Hülsmann, «Nicholas Oresme and the First Monetary Treatise», 09.05.2004, http://www.mises.org/fullstory.aspx?control=1516.

(6) Murray N. Rothbard, *An Austrian Perspective on the History of Economic Thought*, vol. 1, pág. 76.

O raciocínio de Oresme era assim: suponhamos que as duas moedas sejam o ouro e a prata e que, no mercado, dezesseis onças de prata têm o mesmo valor que uma onça de ouro. Suponhamos ainda que o governo estabeleça uma equivalência legal de 15 para 1, de tal modo que as pessoas sejam forçadas a tratar quinze onças de prata e uma onça de ouro como se tivessem igual valor. Essa razão, logicamente, supervaloriza a prata, já que, de acordo com o valor de mercado dos dois metais, dezesseis moedas de prata equivalem a uma de ouro. Mas o governo, com a sua razão de 15 para 1, está dizendo ao público que eles podem pagar dívidas contraídas em moedas de ouro a

Com efeito, é o que aconteceria hoje se o governo declarasse que três quartos de dólar devem ser tidos como equivalentes a uma nota de um dólar. As pessoas deixariam imediatamente de usar as notas de um dólar e quereriam fazer os seus pagamentos com os quartos de dólar artificialmente valorizados. As notas desapareceriam de circulação.

Oresme compreendeu também os perniciosos efeitos da inflação. Explicou que a perda de valor da unidade monetária decretada pelo governo não contribui para a solidez da economia, pois interfere no comércio e provoca uma alta geral de preços, além de enriquecer o governo à custa do povo. Sugeriu que o ideal seria que o governo nunca interferisse no sistema monetário[7].

Os últimos escolásticos partilharam desse ponto de vista sobre a economia monetária. Observaram que houve na Espanha do século XVI uma clara relação de causa e efeito entre a afluência dos metais preciosos do Novo Mundo e a forte inflação de preços. E chegaram à conclusão mais geral – por assim dizer, a uma lei econômica – de que a excessiva abundância de qualquer mercadoria tenderia a trazer consigo um decréscimo no seu preço. Naquilo que foi descrito por alguns estudiosos como a primeira formulação da teoria quantitativa do dinheiro, o teólogo escolástico *Martín de Azpilcueta* (1493-1586) escreveu:

> «Em países onde há uma grande escassez de dinheiro, todas as mercadorias disponíveis para venda, mesmo que sejam equivalentes, e até a própria mão de obra humana, são oferecidas por menos dinheiro do que em lugares onde ele é abundante. Assim, vemos por experiência que, na França, onde o dinheiro é mais escasso do que na Espanha, o pão, o vinho, as roupas e o trabalho têm um valor muito menor. E, mesmo na própria Espanha, em épocas em que o dinheiro era mais escasso, as mercadorias disponíveis para venda e o trabalho custavam muito menos do que depois da descoberta das Índias, que inundou o país de ouro e prata. A razão disso é que o dinheiro vale mais onde e quando é escasso do que onde e quando é abundante.

---

uma razão de apenas quinze moedas de prata por uma moeda de ouro em vez das dezesseis que a avaliação do mercado requereria. Como resultado, as pessoas começarão a fugir do ouro e a fazer os seus pagamentos em prata.

(7) Jörg Guido Hülsmann, «Nicholas Oresme and the First Monetary Treatise».

VIII. A IGREJA E A ECONOMIA

A observação de que, como dizem alguns, a escassez de dinheiro reduz o preço dos outros produtos, tem a sua origem na circunstância de que a excessiva valorização do dinheiro faz com que as outras coisas pareçam baratas; é como acontece quando um homem baixo se coloca ao lado de outro muito alto: parece menor do que quando se coloca ao lado de um homem da sua mesma estatura»[8].

Outro trabalho importante no campo da teoria econômica foi o do cardeal *Thomas de Vio*, chamado *Caietano* (1468-1534), um eclesiástico extraordinariamente influente que, entre outras coisas, tinha entrado em discussão com Martinho Lutero acerca da autoridade pontifícia, fazendo-o cair em contradição[9]. No seu tratado *De cambiis*, de 1499, em que procurou defender o comércio exterior do ponto de vista moral, Caietano também fez notar que o valor do dinheiro *no presente* podia ser afetado pelas expectativas da situação do mercado *no futuro*: tanto pela expectativa de acontecimentos prejudiciais e danosos – que podiam ir desde as fracas colheitas até a guerra – como pela expectativa de mudanças no volume de dinheiro em circulação. Desse modo, escreve Murray Tothbard, «o cardeal Caietano, um príncipe da Igreja do século XVI, pode ser considerado o fundador da teoria das expectativas na economia»[10].

A teoria do valor subjetivo

Entre os mais decisivos e importantes princípios econômicos desenvolvidos e amadurecidos com a ajuda dos últimos escolásticos e dos

---

(8) Alejandro A. Chafuen, *Faith and Liberty*, pág. 62.

(9) Lutero rejeitou a doutrina de que – ao dar ao Apóstolo Pedro as chaves do reino dos céus (cf. Mt 16, 18) – Cristo tivesse investido os sucessores de Pedro na autoridade de ensinar e governar o mundo cristão. Mas Caietano demonstrou que, em um versículo paralelo do Velho Testamento (Is 22, 22), também se usou o simbolismo da chave e que a chave era efetivamente um símbolo da autoridade que seria transmitida aos sucessores.
Para uma boa visão geral dessa imagem da chave na Bíblia, e particularmente da passagem de Mt 16, 18, frequentemente contestada, veja-se Stanley L. Jaki, *The Keys of the Kingdom: A Tool's Witness to Truth*, Franciscan Herald Press, Chicago, Illinois, 1986.

(10) Murray N. Rothbard, *An Austrian Perspective on the History of Economic Thought*, vol. 1, págs. 100-1.

seus imediatos predecessores, encontra-se a teoria do valor subjetivo. Baseados em parte nas suas próprias análises e em parte inspirados nos comentários de Santo Agostinho na sua obra *A cidade de Deus*, esses pensadores católicos sustentaram que o valor não deriva de fatores objetivos, como o custo da produção ou o volume de trabalho nela empregada, mas da avaliação subjetiva dos indivíduos.

O frade franciscano *Pierre de Jean Olivi* (1248-1298) foi o primeiro a propor essa teoria. Sustentava que «o preço justo» de um bem resultava da avaliação subjetiva que os indivíduos fizessem desse bem, da medida em que o considerassem útil e desejável para eles. Mais propriamente, surgia da interação entre compradores e vendedores no mercado, manifestada pelo próprio ato de comprar ou abster-se de comprar determinada mercadoria por determinado preço[11]. Um século e meio mais tarde, São Bernardino de Sena, um dos maiores pensadores em matéria econômica da Idade Média, adotou a teoria do valor subjetivo de Olivi, praticamente palavra por palavra[12]. Quem imaginaria que essa teoria proveio de um frade franciscano do século XIII?

Os últimos escolásticos adotaram também essa posição. Como escreveu Luis Saravía de la Calle, no século XVI:

> «Aqueles que medem o justo preço pelo trabalho, custos e riscos que corre a pessoa que comercia ou produz uma mercadoria, ou pelo custo do transporte e despesas de viagem [...], ou pelo que o fabricante tem de pagar pela produção, riscos e mão de obra, cometem um grande erro, e erro ainda maior cometem aqueles que admitem um lucro de vinte ou dez por cento. Porque o justo preço tem origem na abundância ou escassez das mercadorias, comerciantes e dinheiro [...], e não nos custos, trabalho e risco. Se tivéssemos de tomar em consideração o trabalho e o risco para avaliar o justo preço, nenhum comerciante jamais sofreria perdas, nem se levaria em conta a abundância ou escassez de mercadorias. Os preços não são normalmente fixados com base nos custos. Por que um fardo de linho, trazido por via terrestre da Inglaterra com grande dispêndio,

---

(11) *Ibid.*, págs. 60-1.
(12) *Ibid.*, pág. 62.

VIII. A IGREJA E A ECONOMIA

há de valer mais que um transportado por mar, com um gasto bem menor? Por que um livro escrito a mão há de valer mais que um impresso, quando este último tem os seus custos de produção mais bem planejados? O justo preço não depende dos custos, mas de como se avalia geralmente um bem»[13].

E o cardeal jesuíta *Juan de Lugo* (1583-1660) corroborou essa teoria com argumentos próprios:

«Os preços não variam de acordo com a perfeição intrínseca e substancial dos artigos – uma vez que os ratos são mais perfeitos que o milho e, mesmo assim, valem menos –, mas em função da sua utilidade para as necessidades humanas e, por conseguinte, em função do apreço que se tem por eles; em uma casa, as joias são muito menos úteis que o milho e, mesmo assim, o seu preço é muito mais alto. E devemos levar em conta não apenas a apreciação dos homens prudentes, mas também a dos imprudentes, caso eles sejam suficientemente numerosos em um lugar. É por isso que, na Etiópia, as nossas bijuterias são trocadas equitativamente por ouro, porque são comumente mais estimadas ali. E, entre os japoneses, objetos antigos feitos de ferro e cerâmica, que não valem nada para nós, alcançam um alto preço por causa da sua antiguidade. A estima que se tem por um bem, mesmo quando insensata, eleva-lhe o preço natural, uma vez que o preço deriva da estima que suscita. O preço natural sobe pela abundância de compradores e de dinheiro, e desce pelos fatores contrários»[14].

Luis de Molina (1535-1600), outro jesuíta, declarou igualmente:

«O justo preço das mercadorias não é fixado de acordo com a utilidade que o homem vê nelas, como se, *caeteris paribus*, a natureza e a necessidade de usá-las determinassem a quantia do preço [...].

---

(13) Cit. por Murray N. Rothbard, «New Light on the Prehistory of the Austrian School», em Edwin G. Dolan, ed., *The Foundations of Modern Austrian Economics*, Sheed & Ward, Kansas City, 1976, pág. 55.
(14) Cit. por Alejandro A. Chafuen, *Faith and Liberty*, págs. 84-5.

Depende de como cada homem aprecia uma mercadoria. Isso explica por que o justo preço de uma pérola, que só pode ser usada como adorno, é mais alto que o justo preço de uma grande quantidade de grãos, vinho, carne, pão ou cavalos, embora a utilidade destas coisas (que também são de natureza mais nobre) seja mais prática e superior que a utilidade de uma pérola. É por isso que podemos concluir que o justo preço de uma pérola depende do valor que os homens lhe confiram como enfeite»[15].

Carl Menger, cuja obra *Princípios da economia* (1871) teve uma influência tão profunda no desenvolvimento da economia moderna (e que tem sido identificado com a tradição aristotélico-tomista[16]), explicou de um modo muito prático as implicações do valor subjetivo. Suponhamos que o tabaco deixasse repentinamente de ter qualquer utilidade para os seres humanos; a partir desse momento, já ninguém mais o desejaria ou necessitaria dele para coisa alguma. Imaginemos, além disso, uma máquina que tivesse sido projetada unicamente para o processamento do tabaco e não servisse para nenhuma outra finalidade. Como resultado dessa mudança do gosto das pessoas – com a perda do *valor-de--uso* do tabaco, como diria Menger –, o valor dessa máquina cairia igualmente para zero. Daqui se conclui que o valor do tabaco não deriva dos custos da sua produção. Os fatores de produção empregados no processamento do tabaco têm o seu *próprio valor* derivado do valor subjetivo que os consumidores dão ao tabaco, que é o produto final para o qual se empregam esses fatores[17].

A teoria do valor subjetivo, essencial para a economia, não tem nada a ver com o antropocentrismo ou o relativismo moral. A economia lida com a realidade e com as implicações das escolhas humanas. Para entender e explicar as escolhas humanas, devem-se levar em conta os valores que nelas se veem (o que não significa, naturalmente, aprovar esses valores). No caso descrito por Menger, isso conduz-nos muito simples-

---

(15) *Ibid.*, pág. 84.
(16) «Entende-se melhor Carl Menger no contexto do neoescolasticismo aristotélico» (Samuel Bostaph, «The *Methodenstreit*», em Peter J. Boettke (ed.), *The Elgar Companion to Austrian Economics*, Edward Elgar, Cheltenham, 1994, pág. 460.
(17) Carl Menger, *Principles of Economics*, Libertarian Press, Grove City, 1994, págs. 64-66.

VIII. A IGREJA E A ECONOMIA

mente à lógica conclusão de que, quando as pessoas não dão valor a determinado objeto, também não dão valor aos fatores especificamente destinados a produzi-lo.

Esta teoria implica também uma refutação direta da teoria do valor-trabalho, hoje associada a Karl Marx, o pai do comunismo. Marx não acreditava na moral objetiva, mas acreditava que se podia atribuir valores objetivos aos bens econômicos. Esse valor objetivo baseava-se no número de horas de trabalho empregadas na produção de determinado bem. Não é que Marx afirmasse que o valor de um produto resulta do mero trabalho despendido: não disse que, se eu passasse todo o dia colando latas vazias de cerveja umas às outras, o fruto desse meu trabalho seria *ipso facto* valioso; as coisas só seriam consideradas valiosas – admitia Marx –, se os indivíduos lhes atribuíssem valor de uso. Mas, uma vez que os indivíduos atribuíssem valor de uso a um bem, o valor desse bem seria determinado pelo número de horas de trabalho empregadas na sua produção[18].

Marx deduziu da sua teoria do valor-trabalho a ideia de que, em uma economia livre, os trabalhadores eram «explorados» porque, sendo o seu esforço a fonte de todo o valor, os salários que recebiam não refletiam plenamente esse esforço. Para ele, os lucros retidos pelo empregador eram totalmente imerecidos e levavam a uma injusta apropriação daquilo que, por direito, pertencia aos trabalhadores.

Está fora do nosso propósito fazer aqui uma refutação sistemática de Marx. Mas, com o auxílio das reflexões dos últimos escolásticos, podemos ao menos entender o erro primário em que incorreu a teoria do valor-trabalho[19]. Marx não estava errado ao perceber a relação que há entre o valor de um bem e o valor-trabalho empregado na produ-

---

(18) Deixemos de lado algumas das dificuldades imediatas dessa teoria, por exemplo a sua incapacidade de explicar por que as obras de um artista sobem de preço após a sua morte; certamente, não houve nenhum trabalho adicional que justificasse esse aumento de preço. A teoria do trabalho é inútil para explicar este fenômeno tão comum.

(19) Para uma refutação direta de Marx, veja-se o esquecido clássico de Eugen von Böhm-Bawerk, *Karl Marx and the Close of His System*, TF Unwin, Londres, 1898). Pode-se encontrar em George Reisman (*Capitalism*, Jameson Books, Ottawa, Illinois, 1996) uma réplica ainda mais forte e essencial acerca do erro de Marx em não levar em conta a teoria do valor subjetivo. Nas restantes obras indicadas nestas Notas, podem-se ver argumentos suplementares que mostram por que as ideias de Marx sobre a exploração do trabalho eram essencialmente infundadas.

ção desse bem; esses dois elementos estão frequentemente relacionados. O seu erro foi ter invertido os termos da relação causal. Um bem não tem o seu valor derivado do trabalho nele empregado. É o trabalho empregado nele que tem o seu valor derivado da maior ou menor estima que os consumidores têm pelo produto final.

Vemos assim que, quando São Bernardino de Sena e os escolásticos do século XVI argumentaram a favor da teoria do valor subjetivo, apontavam para um conceito econômico crucial, que, implicitamente, antecipou e refutou um dos maiores erros econômicos da época moderna. O próprio Adam Smith, conhecido pela história como o maior defensor do livre mercado e da liberdade econômica, foi bastante ambíguo na sua exposição da teoria do valor, a ponto de ter deixado a impressão de que os bens têm o seu valor derivado do trabalho empregado na sua produção. Rothbard foi mais longe e chegou a sugerir que a teoria do valor-trabalho formulada por Smith no século XVIII alimentou a teoria de Marx no século seguinte, e que a economia – para não dizer o mundo como um todo – teria corrido muito melhor sorte se o pensamento econômico tivesse permanecido fiel à teoria do valor exposta pelos pensadores católicos aqui referidos. Os economistas franceses e italianos, influenciados pelos escolásticos, mantiveram de modo geral a posição correta; foram os economistas ingleses que se desviaram tão tragicamente para as linhas de pensamento que culminaram em Marx.

Católicos e protestantes

Uma pesquisa sobre a influência do pensamento católico no desenvolvimento da ciência econômica não pode deixar de lado as contribuições de *Emil Kauder*. Kauder elaborou uma vasta obra de conjunto, na qual procurou descobrir, entre outras coisas, por que a (correta) teoria do valor subjetivo se desenvolveu e floresceu entre os pensadores católicos, franceses ou italianos, enquanto a (incorreta) teoria do valor-trabalho exerceu tanta influência nos pensadores protestantes, sobretudo anglo-saxões.

Na sua obra *Uma história da teoria da utilidade marginal* (1965), sugeriu que a solução para esse quebra-cabeça podia ser encontrada na

VIII. A IGREJA E A ECONOMIA

importância que um protestante de inteligência tão excepcional como Calvino atribuiu ao trabalho. Para Calvino, o trabalho – fosse de que natureza fosse – gozava de uma aprovação divina e era um campo decisivo para que o homem pudesse dar glória a Deus. Essa ideia levou os pensadores dos países protestantes a enfatizar o trabalho como elemento determinante do valor. «Qualquer filósofo social ou economista exposto ao calvinismo – explicou Kauder – será tentado a dar ao trabalho um papel de destaque na sua teoria social ou econômica; e não se pode encontrar melhor modo de exaltar o trabalho do que pela combinação do trabalho com a teoria do valor, tradicionalmente a verdadeira base de um sistema econômico. Deste modo, o valor torna-se o valor-trabalho»[20].

De acordo com Kauder, observava-se essa tendência em pensadores como John Locke e Adam Smith, que, nos seus escritos, puseram grande ênfase no trabalho, embora as suas concepções fossem mais propriamente deístas em sentido amplo do que protestantes[21]. Esses pensadores absorveram as ideias calvinistas que dominaram o seu meio cultural. Smith, por exemplo, sempre simpatizou com o presbiterianismo (que era um calvinismo organizado), e essa simpatia bem pode explicar a ênfase que pôs no trabalho como fator determinante do valor[22].

Os países católicos, porém, profundamente influenciados pela linha de pensamento aristotélica e tomista, não sentiram a mesma atração

---

(20) Emil Kauder, *A History of Marginal Utility Theory*, Princeton University Press, Princeton, 1965, pág. 5.

(21) Locke é frequentemente mal interpretado neste ponto, pois não é verdade que acreditasse na teoria do valor-trabalho. Os seus ensinamentos sobre o trabalho tinham a ver, não tanto com a teoria do valor-trabalho, mas com a justiça da aquisição inicial em um mundo em que os bens ainda não tivessem proprietários. Locke afirmava que, em um estado natural, em que pouquíssimos bens são propriedade privada dos indivíduos, é lícito que alguém reclame como próprio um bem ou um pedaço de terra ao qual tenha aplicado o seu trabalho – por exemplo, desmatando um campo ou simplesmente colhendo uma maçã de uma árvore. O trabalho exercido sobre um bem proporciona ao indivíduo um direito moral sobre esse bem. Depois que um bem se tornou propriedade privada, deixa de ser necessário que a pessoa continue a aplicar-lhe trabalho para retê-lo e designá-lo como próprio. Os bens de propriedade privada são legitimamente propriedade dos seus donos, quer tenham sido adquiridos diretamente do «estado de natureza», conforme vimos, quer tenham sido adquiridos por compra ou por doação de quem possua legitimamente o título de propriedade. Isto nada tem a ver com atribuir um valor aos bens com base no trabalho empregado.

(22) Emil Kauder, *A History of Marginal Utility Theory*, págs. 5-6.

pela teoria do valor-trabalho. Aristóteles e São Tomás encararam a atividade econômica como meio de proporcionar prazer e felicidade. Daí resultava que os objetivos da economia eram profundamente *subjetivos*, uma vez que o prazer e a felicidade não são estados quantificáveis do ser e a sua intensidade não pode ser medida com precisão. A teoria do valor subjetivo seguia-se a essa premissa como a noite sucede ao dia. «Se a finalidade da economia é, em certa medida, o prazer – escreveu Kauder –, então, de acordo com o conceito aristotélico da causa final, *todos os princípios da economia, incluído o do valor, devem derivar desse objetivo*. Segundo esse modelo, o valor tem a função de mostrar quanto de prazer pode derivar dos bens econômicos»[23].

Logicamente, é impossível provar o acerto da explicação de Kauder, embora o autor reúna sugestivas evidências de que os pensadores protestantes e os católicos daquele tempo tiveram uma sensibilidade incipiente a respeito da raiz teológica dos respectivos desentendimentos sobre o valor econômico. De qualquer modo, permanece o fato de que os pensadores católicos, mercê da sua específica tradição intelectual, chegaram à conclusão correta sobre a natureza do valor, ao passo que os protestantes se enganaram amplamente.

Mesmo que os pensadores católicos tivessem chegado por simples acaso a esses importantes princípios econômicos e depois os tivessem visto enlanguescer sem influir nos seus sucessores, já teria sido um feito. Mas a verdade é que essas ideias dos últimos escolásticos exerceram uma profunda influência, e temos provas que nos permitem seguir o seu rasto ao longo dos séculos.

O protestante holandês Hugo Grotius, conhecido pelas suas contribuições para a teoria do direito internacional, citou expressamente esses pensadores no século XVII e adotou muitos dos seus pontos de vista econômicos. A sua influência nesse século também persistiu na obra de influentes jesuítas, tais como Leonardo Lessius e Juan de Lugo[24].

---

(23) *Ibid.*, 9. Os grifos são nossos.

(24) A Escolástica veio a ser desprezada tanto pelos protestantes como pelos racionalistas, e é por isso que as referências explícitas às obras dos últimos escolásticos por parte de alguns dos seus sucessores foram fugazes. Não obstante, os historiadores do pensamento podem reconstruir a influência desses pensadores, sobretudo porque foram os próprios inimigos da Escolástica que citaram expressamente as suas obras. Veja-se Murray N. Rothbard, «New Light on the Prehistory of the Austrian School», págs. 65-7.

VIII. A IGREJA E A ECONOMIA

Na Itália do século XVIII, há fortes evidências dessa influência no padre Ferdinando Galiani, que é citado por vezes como o introdutor das ideias de utilidade e escassez como fatores determinantes do preço[25]. (Igualmente, Antonio Genovesi, um contemporâneo de Galiani, deveu muito ao pensamento escolástico). «O papel central dos conceitos de utilidade, escassez e valor de mercado – escreve Rothbard – espalhou-se pela França a partir de Galiani, até chegar ao *abbé* francês *Étienne Bonnot de Condillac* (1714-80), em fins do século XVIII, assim como a um outro pensador, *Anne-Robert-Jacques Turgot* (1727-81). [...] *François Quesnay* (1694-1774) e os fisiocratas franceses do século XVIII – considerados, muitas vezes, como os fundadores da ciência econômica – foram também muito influenciados pelos escolásticos»[26].

No seu livro *Fé e liberdade: o pensamento econômico dos últimos escolásticos* (2003), Alejandro Chafuen mostra que, questão após questão, esses pensadores dos séculos XVI e XVII não apenas compreenderam e desenvolveram princípios econômicos decisivos, mas também defenderam os princípios da liberdade econômica e da economia de livre mercado. Dos preços e salários ao dinheiro e à teoria do valor, os últimos escolásticos anteciparam o melhor do pensamento econômico dos últimos séculos. Especialistas em história do pensamento econômico têm tido uma consciência cada vez mais clara da contribuição proporcionada pelos últimos escolásticos à economia[27]. Por isso, é uma rematada tolice alegar – como fazem alguns polemistas – que a ideia do livre mercado foi desenvolvida no século XVIII por anticatólicos fanáticos. Na época em que foi publicada a *Encyclopédie* francesa, violentamente anticatólico, essas ideias já vinham sendo veiculadas havia centenas de anos, e o que essa obra fez foi repetir as análises escolásticas acerca da formação dos preços[28].

---

(25) Estou em grande dívida com Murray N. Rothbard, «New Light on the Prehistory of the Austrian School», a propósito das minhas considerações sobre a influência posterior dos últimos escolásticos.

(26) Veja-se Murray N. Rothbard, «New Light on the Prehistory of the Austrian School», pág. 66.

(27) Cf. Thomas E. Woods, *The Church and the Market: A Catholic Defense of the Free Economy*, em que desenvolvo as contribuições dos últimos escolásticos.

(28) Veja-se Murray N. Rothbard, «New Light on the Prehistory of the Austrian School», pág. 67.

IX. COMO A CARIDADE CATÓLICA MUDOU O MUNDO

Uma atitude assombrosa

No início do século IV, a fome e a doença assolavam o exército do imperador Constantino. Pacômio, um soldado pagão, observava com assombro como muitos dos seus companheiros romanos ofereciam comida e assistência aos que precisavam de ajuda, socorrendo-os sem qualquer discriminação. Cheio de curiosidade, quis saber quem eram essas pessoas e descobriu que eram cristãos. Que tipo de religião era aquela, admirou-se, que podia inspirar tais atos de generosidade e humanidade? Começou a instruir-se na fé e, antes de o perceber, já estava no caminho da conversão[1].

Esse mesmo sentimento de assombro, continuaram a suscitá-lo as obras de caridade católicas através dos tempos. O próprio Voltaire, talvez o mais prolífico propagandista anticatólico do século XVIII, se mostrou respeitosamente admirado com o heroico espírito de sacrifício que animou tantos dos filhos e filhas da Igreja. «Talvez não haja nada maior na terra – disse ele – que o sacrifício da juventude e da beleza com que belas jovens, muitas vezes nascidas em berço de ouro, se dedicam a trabalhar em hospitais pelo alívio da miséria humana, cuja vista causa tanta aversão à nossa sensibilidade. Tão generosa caridade tem sido imitada, mas de modo imperfeito, por gente afastada da religião de Roma»[2].

---

(1) Alvin J. Schmidt, *Under the Influence: How Christianity Transformed Civilization*, Zondervan, Grand Rapids, Michigan, 2001, pág. 130.
(2) Michael Davies, *For Altar and Throne: The Rising in the Vendée*, Remnant Press, St. Paul, Minnesota, 1997, pág. 13.

Exigiria volumes sem conta elaborar uma lista completa das obras de caridade católicas promovidas ao longo da história por pessoas, paróquias, dioceses, mosteiros, missionários, frades, freiras e organizações leigas. Basta dizer que a caridade católica não tem paralelo com nenhuma outra, em quantidade e variedade de boas obras, nem no alívio prestado ao sofrimento e miséria humanos. Podemos ir mais longe e dizer que *foi a Igreja Católica que inventou a caridade tal como a conhecemos no Ocidente*.

Tão importante como o puro volume das obras de benemerência é a diferença qualitativa que distinguiu a caridade da Igreja daquela que a havia precedido. Seria tolice negar que os grandes filósofos antigos proclamaram nobres sentimentos traduzidos em filantropia; ou que homens de valor fizeram importantes e substanciais contribuições em prol das suas comunidades. Esperava-se dos ricos que financiassem termas, edifícios públicos e todo o tipo de entretenimentos populares. Plínio o Jovem, por exemplo, nem de longe foi o único a dotar a sua cidade natal de uma escola e uma biblioteca.

Não obstante, o espírito de caridade no mundo antigo era, em certo sentido, deficiente, se o compararmos com aquele que foi praticado pela Igreja. A maior parte dos gestos de generosidade nos tempos antigos envolvia um interesse próprio; não eram puramente gratuitos. Os edifícios financiados pelos ricos exibiam ostensivamente os seus nomes. As doações eram feitas de modo a deixar os beneficiários em dívida para com os doadores, ou então atraíam as atenções para as suas pessoas e a sua grande liberalidade. Servir de coração alegre os necessitados e ampará-los sem nenhuma expectativa de recompensa ou reciprocidade, não era certamente o princípio que prevalecia.

Cita-se por vezes o estoicismo – uma antiga escola de pensamento que remonta mais ou menos ao ano 300 a.C. e que permanecia viva nos primeiros séculos da era cristã – como uma linha pré-cristã de pensamento que recomendava fazer o bem ao semelhante sem esperar nada em troca. Os estoicos ensinavam que homem bom era aquele que, como cidadão do mundo, cultivava o espírito de fraternidade para com os seus semelhantes e, por essa razão, parecia ser um mensageiro da caridade. Mas também ensinavam que era preciso suprimir os sentimentos e as emoções como coisas impróprias de um homem. O homem devia manter-se totalmente imperturbável perante quaisquer acontecimentos

IX. COMO A CARIDADE CATÓLICA MUDOU O MUNDO

exteriores, mesmo os mais trágicos: devia possuir um autodomínio tão forte que fosse capaz de encarar a pior catástrofe com absoluta indiferença. Esse era também o espírito com que o homem sábio devia assistir os menos afortunados: não impelido pelo desejo de compartilhar a aflição e a tristeza daqueles a quem socorria, nem estabelecendo qualquer vínculo emocional com eles, mas com o espírito de desinteresse e a ausência de emoção próprios de quem simplesmente cumpre o seu dever. Rodney Stark diz que a filosofia clássica «considerava a piedade e a compaixão como emoções patológicas, defeitos do caráter que os homens racionais deviam evitar. Dado que a piedade implicava prestar uma ajuda ou alívio imerecidos, era contrária à justiça»[3]. Assim se explica que o filósofo romano Sêneca tenha podido escrever:

> «O sábio poderá consolar aqueles que choram, mas sem chorar com eles; socorrerá o náufrago, dará hospitalidade ao proscrito e esmolas ao pobre [...], restituirá o filho à mãe em prantos, salvará o cativo da arena e até mesmo enterrará o criminoso – mas em toda a sua mente e no seu semblante estará igualmente imperturbável. Não sentirá compaixão. Socorrerá e fará o bem porque nasceu para assistir os seus semelhantes, para trabalhar pelo bem-estar da humanidade e para dar a cada um a sua parte [...]. O seu rosto e a sua alma não denunciarão nenhuma emoção quando olhar para o aleijado, o esfarrapado, o encurvado e o mendigo esquelético e macilento. Mas ajudará aqueles que merecem e, como os deuses, será propício ao infeliz [...]. Só os olhos doentes se umedecem ao verem lágrimas em outros olhos[4].

É verdade que, paralelamente ao desenvolvimento do cristianismo, algumas das asperezas do primitivo estoicismo começaram a dissolver-se. Dificilmente se poderão ler as *Meditações* de Marco Aurélio, o imperador romano do século II e filósofo estoico, sem impressionar-se

---

(3) Vincent Carroll e David Shiflett, *Christianity on Trial*, Encounter Books, São Francisco, 2001, pág. 142.
(4) William Edward Hartpole Lecky, *History of European Morals from Augustus to Charlemagne*, vol. 1, D. Appleton and Co., Nova York, 1870, págs. 199-200.

com o grau de semelhança que há entre o pensamento desse nobre pagão e o cristianismo; foi por isso que São Justino Mártir veio a elogiar os estoicos seus contemporâneos. Mas a implacável supressão da emoção e do sentimento, que tanto caracterizou essa escola, já havia cobrado o seu tributo, desconhecendo a grandiosa dimensão do ser humano. Entre os muitos exemplos de estoicismo, ressalta o de Anaxágoras, um homem que, ao ser informado da morte do seu filho, se limitou a observar: «Eu nunca pensei que tivesse gerado um imortal». E espanta-nos o vazio moral de Stilpo, que, ante a conquista da sua cidade natal e a perda das suas filhas levadas para a escravidão ou o concubinato, proclamou que, ao fim e ao cabo, não tinha realmente perdido nada, já que o homem sábio transcende todas as suas circunstâncias[5]. Era simplesmente lógico que aqueles homens, tão impermeáveis à realidade do mal, fossem indolentes à hora de aliviar os seus efeitos sobre os seus semelhantes: «Homens que se recusavam a reconhecer a dor e a doença como males – anota um observador – também estavam pouco propensos a aliviá-las aos outros»[6].

O espírito de caridade na Igreja não surgiu no vácuo, mas bebeu a sua inspiração nos ensinamentos de Cristo. *Dou-vos um mandamento novo: que vos ameis uns aos outros; assim como eu vos amei, amai-vos também uns aos outros. Nisto conhecerão todos que sois meus discípulos, se tiverdes amor uns aos outros* (Jo 13, 34-35; cf. Tg 4, 11). São Paulo afirmou que os cuidados e a caridade dos cristãos deviam ser oferecidos mesmo aos que não pertencessem à comunidade dos fiéis, ainda que fossem inimigos da fé (cf. Rm, 12, 14-20; Gl, 6, 10). Aí estava um novo ensinamento para o mundo antigo.

De acordo com William Lecky, um crítico frequentemente severo da Igreja, «não se pode sustentar nem na prática, nem na teoria, nem nas instituições fundadas, nem no lugar que a ela foi atribuído na escala dos deveres, que a caridade ocupasse na Antiguidade um lugar comparável àquele que atingiu no cristianismo. Quase todo o socorro era prestado pelo Estado, muito mais por razões políticas do que por sentimentos

---

(5) *Ibid.*, pág. 201.

(6) *Ibid.*, pág. 202. Para uma boa discussão sobre a ausência da ideia de caridade cristã no mundo antigo, ver Gerhard Uhlhorn, *Christian Charity in the Ancient Church*, Charles Scribner's Sons, Nova York, 1883, págs. 2-44.

de benevolência; e o costume de vender crianças, os inumeráveis enjeitados, a presteza com que os pobres se candidatavam a gladiadores e as frequentes vagas de fome mostram como era grande a extensão dos miseráveis que ficavam esquecidos»[7].

Os pobres e os doentes

A prática de oferecer dádivas destinadas aos pobres desenvolveu-se cedo na história da Igreja. Os fiéis colocavam as suas oferendas sobre o altar durante a missa e, em certos dias de penitência, doavam uma parcela dos frutos da terra nas *coletas* que tinham lugar antes da leitura da epístola. Também se faziam contribuições em dinheiro para os cofres da Igreja, assim como coletas extraordinárias entre os fiéis ricos. Os primeiros cristãos, que jejuavam com frequência, doavam aos pobres o dinheiro que teriam gasto com a comida. São Justino Mártir relata que muitas pessoas que tinham amado as riquezas e as coisas materiais antes de se converterem, agora se sacrificavam de ânimo alegre pelos pobres[8].

Poderíamos continuar a citar longamente as boas obras da Igreja primitiva, praticadas tanto por humildes como por ricos. Os próprios Padres da Igreja, que legaram um enorme corpo literário e erudito à civilização ocidental, encontraram tempo para se dedicarem pessoalmente ao serviço dos seus semelhantes. Santo Agostinho fundou um albergue para peregrinos e escravos em fuga e distribuiu roupas entre os pobres. (Avisava às pessoas que não lhe oferecessem peças de roupa caras, porque as venderia e daria o produto aos pobres[9]). São João Crisóstomo fundou uma série de hospitais em Constantinopla[10]. São Cipriano e

---

(7) William E.H. Lecky, *History of European Morals from Augustus to Charlemagne*, vol. 1, pág. 83.

(8) John A. Ryan, «Charity and Charities», em *Catholic Encyclopedia*; Charles Guillaume Adolphe Schmidt, *The Social Results of Early Christianity*, Sir Isaac Pitman & Sons, Londres, 1907, pág. 251.

(9) Gerhard Uhlhorn, *Christian Charity in the Ancient Church*, pág. 264.

(10) Cajetan Baluffi, *The Charity of the Church*, trad. Denis Gargan, M.H. Gill and Son, Dublin, 1885, pág. 39; Alvin J. Schmidt, *Under the Influence*, pág. 157.

Santo Efrém empenharam-se em promover obras de assistência em tempos de fome e de epidemias.

A Igreja primitiva também institucionalizou a atenção às viúvas e aos órfãos, bem como aos enfermos, especialmente durante as epidemias. Por ocasião das pestes que assolaram Cartago e Alexandria no século III, os cristãos suscitaram respeito e admiração pela coragem com que consolavam os moribundos e enterravam os mortos, enquanto os pagãos abandonavam ao seu terrível destino até os próprios amigos[11].

No século III, São Cipriano, bispo de Cartago, repreendeu a população pagã porque, em vez de ajudar as vítimas da praga, as saqueava. «Não demonstrais nenhuma compaixão pelos doentes, mas tão somente avidez e pilhagem depois que morrem. Aqueles que se encolhem de medo à hora de trabalhar por piedade mostram-se audaciosos à hora de extrair lucros ilícitos. Aqueles que fogem de enterrar os mortos mostram-se ávidos do que eles tenham deixado». Esse Padre da Igreja conclamou os cristãos a mobilizar-se para assistir os doentes e enterrar os mortos. Lembremo-nos de que se estava ainda em uma época de intermitente perseguição aos cristãos e, portanto, o que o grande bispo pedia aos seus seguidores era que ajudassem as mesmas pessoas que às vezes os perseguiam. Dizia ele: «Se só fizermos o bem aos que nos fazem o bem, que faremos mais do que fazem os pagãos e publicanos? Se somos filhos de Deus, que faz brilhar o seu sol sobre bons e maus, e manda a sua chuva sobre justos e injustos, provemo-lo pelos nossos atos, bendizendo aqueles que nos amaldiçoam e fazendo o bem aos que nos perseguem»[12].

No caso de Alexandria, o bispo Dionísio relatou que os pagãos «repeliam os que começassem a ficar doentes, afastavam-se deles, mesmo que se tratasse dos amigos mais queridos, largavam os moribundos à beira das estradas, deixando-os insepultos quando morriam, tratando-os com o mais completo desprezo». Em contraste, relatou que muitos cristãos «não fugiam de amparar-se uns aos outros, visitavam os doentes sem pensar no perigo que corriam e serviam-nos assidua-

---

(11) William E.H. Lecky, *History of European Morals from Augustus to Charlemagne*, vol. 1, pág. 87; Cajetan Baluffi, *The Charity of the Church*, págs. 14-5; Charles G.A. Schmidt, *The Social Results of Early Christianity*, pág. 328.

(12) Gerhard Uhlhorn, *Christian Charity in the Ancient Church*, págs. 187-8.

mente [...], atraindo para si mesmos as doenças dos seus vizinhos e assumindo de livre vontade as cargas dos sofrimentos daqueles que tinham à sua volta»[13].

Santo Efrém é lembrado pelo seu heroísmo quando a fome e a peste se abateram sobre Edessa, a cidade em cujos arredores vivia como eremita. Não apenas coordenou a coleta e distribuição de esmolas, mas também fundou hospitais, cuidou dos doentes e dos mortos[14]. Quando a fome atingiu a Armênia sob o reinado de Maximiano, os cristãos prestaram assistência aos pobres sem considerar a filiação religiosa. Eusébio, o historiador da Igreja do século IV, conta-nos que, como resultado do bom exemplo dos cristãos, muitos pagãos «se interessaram por uma religião cujos discípulos eram capazes de uma dedicação tão desinteressada»[15]. Juliano, o Apóstata, que odiava o cristianismo, lamentou a bondade dos cristãos para com os pagãos: «Esses ímpios galileus não alimentam apenas os seus próprios pobres, mas também os nossos; dando-lhes as boas-vindas nos seus *ágapes*, atraem-nos como se atraem as crianças com um doce»[16].

Os primeiros hospitais e os cavaleiros de São João

Discute-se se existiram na Grécia e em Roma instituições semelhantes aos nossos hospitais. Muitos historiadores põem-no em dúvida, enquanto outros apontam alguma rara exceção aqui e acolá, mas mais para cuidar dos soldados doentes ou feridos do que da população em geral. Parece dever-se à Igreja a fundação das primeiras instituições atendidas por médicos, onde se faziam diagnósticos, se prescreviam remédios e se contava com um corpo de enfermagem[17].

No século IV, a Igreja começou a patrocinar a fundação de hospitais em larga escala, de tal modo que quase todas as principais cidades aca-

---

(13) Alvin J. Schmidt, *Under the Influence*, pág. 152.
(14) Cajetan Baluffi, *The Charity of the Church*, págs. 42-43; Charles G.A. Schmidt, *The Social Results of Early Christianity*, págs. 255-6.
(15) Charles G.A. Schmidt, *The Social Results of Early Christianity*, pág. 328.
(16) *Ibid*.
(17) Alvin J. Schmidt, *Under the Influence*, págs. 153-5.

baram por ter o seu. Na sua origem, esses hospitais tinham por fim hospedar estrangeiros, mas depois passaram a cuidar dos doentes, viúvas, órfãos e pobres em geral[18]. Como explica Guenter Risse, os cristãos ultrapassaram «a recíproca hospitalidade que prevalecia na antiga Grécia e as obrigações familiares dos romanos» para cuidarem de atender «grupos sociais marginalizados pela pobreza, doença e idade»[19]. No mesmo sentido, o historiador da medicina Fielding Garrison observa que, antes do nascimento de Cristo, «o espírito com que se tratava a doença e o infortúnio não era o de compaixão, e cabe ao cristianismo o crédito pela solicitude em atender o sofrimento humano em larga escala»[20].

Em um ato de penitência cristã, uma mulher chamada Fabíola fundou o primeiro grande hospital público em Roma; percorria as ruas em busca de homens e mulheres pobres e enfermos necessitados de cuidados[21]. São Basílio Magno, conhecido pelos seus contemporâneos como o Apóstolo das Esmolas, fundou um hospital em Cesareia, no século IV. Era conhecido por abraçar os leprosos miseráveis que ali buscavam alívio, manifestando uma terna piedade para com esses proscritos, sentimento que, mais tarde, tornaria famoso São Francisco de Assis. Não é de surpreender que os mosteiros também desempenhassem um papel importante no cuidado dos doentes[22]. De acordo com o mais completo estudo da história dos hospitais:

> «Após a queda do Império Romano, os mosteiros tornaram-se gradualmente provedores de serviços médicos organizados, dos quais não se dispôs por vários séculos em nenhum lugar da Europa. Dada a sua organização e localização, essas instituições eram virtuais oásis de ordem, piedade e estabilidade, que favoreciam a

---

(18) John A. Ryan, «Charity and Charities», em *Catholic Encyclopedia*; Guenter B. Risse, *Mending Bodies, Saving Souls: A History of Hospitals*, Oxford University Press, Nova York, 1999, págs. 79 e segs.

(19) Guenter B. Risse, *Mending Bodies, Saving Souls*, pág. 73.

(20) Fielding H. Garrison, *An Introduction of the History of Medicine*, W.B. Saunders, Filadélfia, 1914, pág. 118; citado em Alvin J. Schmidt, *Under the Influence*, pág. 131.

(21) William E.H. Lecky, *History of European Morals from Augustus to Charlemagne*, vol. 1, pág. 85.

(22) Roberto Margotta, *The History of Medicine*, Paul Lewis (ed.), Smithmark, Nova York, 1996, pág. 52.

cura. Para prestar esses cuidados práticos, os mosteiros tornaram-se também lugares de ensino médico entre os séculos V e X, o período clássico da assim chamada medicina monástica. Durante o renascimento carolíngio dos anos 800, os mosteiros também despontaram como principais centros de estudo e transmissão dos antigos textos médicos»[23].

A Regra de São Bento enfatizava a importância de cuidar dos monges doentes, mas não há provas de que o pai do monaquismo moderno também tivesse atribuído ao mosteiro a tarefa de prestar cuidados médicos à população em geral. Contudo, como em muitas outras coisas, a força das circunstâncias contribuiu significativamente para a ampliação das funções e perspectivas de um mosteiro.

As ordens militares, fundadas durante as Cruzadas, administravam hospitais por toda a Europa. Uma dessas ordens, a dos Cavaleiros de São João (também conhecidos como hospitalários), germe do que, mais tarde, veio a tornar-se a Ordem de Malta, deixou uma marca particularmente significativa na história dos hospitais europeus, sobretudo pelas inusitadas dimensões do seu edifício em Jerusalém. Fundado em torno de 1080, esse hospital procurou atender os pobres e proporcionar um alojamento seguro aos peregrinos, muito frequentes em Jerusalém, particularmente após a vitória cristã na Primeira Cruzada, em fins do século. A extensão das suas operações cresceu significativamente depois de Godofredo de Bulhões, que doou à instituição uma série de propriedades.

O sacerdote alemão João de Würzburg ficou muito impressionado com o que viu na sua visita a esse hospital, não só pelos cuidados que se dispensavam aos doentes como pelas obras de caridade que se levavam a cabo: «A casa – diz ele – alimentava tantas pessoas, de fora e de dentro, e dava tão grande quantidade de esmolas aos pobres, quer aos que vinham bater à sua porta, quer aos que não saíam dos seus tugúrios, que nem mesmo os administradores ou os encarregados da despensa daquela casa eram capazes de calcular o total dos gastos». Teodorico de Würzburg, outro peregrino alemão, maravilhou-se de que «andan-

---

(23) Guenter B. Risse, *Mending Bodies, Saving Souls*, pág. 95.

do pelas dependências do hospital, não conseguíamos de modo algum avaliar o número de pessoas que lá jaziam, pois eram milhares as camas que víamos. Nenhum rei ou tirano teria poder suficiente para manter o grande número de pessoas alimentadas diariamente naquela casa»[24].

Em 1120, os hospitalários elegeram Raimundo du Puy como administrador do hospital, substituindo o falecido irmão Gerardo. O novo administrador concentrou os seus esforços na atenção aos doentes internados, contando, em benefício deles, com os heroicos sacrifícios dos que trabalhavam naquela casa. Lemos em «Como os nossos senhores os doentes devem ser recebidos e atendidos» – art. 16 do código estabelecido por Du Puy para a administração do hospital – que «na mesma obediência com que o diretor e a congregação do hospital velam pela existência desta casa, assim seja recebido o enfermo que aqui vier: fazei com que participe do Santo Sacramento, tendo antes confessado os seus pecados ao sacerdote, e depois seja carregado para a cama e nela tratado como se fosse o nosso Senhor». Uma história moderna dos hospitais refere que «o decreto de Du Puy, modelo tanto para os serviços de caridade como para a incondicional devoção ao doente, tornou-se um marco na história dos hospitais»[25]. Diz Guenter Risse:

«Não surpreende que, com a nova torrente de peregrinos que chegou ao reino latino de Jerusalém, os seus testemunhos sobre a caridade dos hospitalários de São João se tivessem espalhado rapidamente por toda a Europa, incluída a Inglaterra. A existência de uma ordem religiosa que manifestava com tanto ardor a sua lealdade aos doentes inspirou a criação de uma rede de instituições similares, especialmente nos portos da Itália e do sul da França onde os peregrinos se concentravam para embarcar. Ao mesmo tempo, ex-internados agradecidos, nobres caridosos e monarcas de um canto ao outro da Europa faziam substanciais doações de terras. Em 1131, o rei Afonso de Aragão legou um terço do seu reino aos hospitalários»[26].

---

(24) *Ibid.*, pág. 138.
(25) *Ibid.*, pág. 141.
(26) *Ibid.*, págs. 141-2.

IX. COMO A CARIDADE CATÓLICA MUDOU O MUNDO

No transcorrer do século XII, o hospital começou a parecer-se cada vez mais com um hospital moderno e menos com uma hospedaria para peregrinos: a sua missão ficou especificamente definida como a de cuidar dos doentes, mais do que de proporcionar abrigo aos viajantes necessitados. Nesse sentido, o Hospital de São João, inicialmente um estabelecimento só para cristãos, começou a admitir também doentes muçulmanos e judeus.

O hospital impressionava também pelo seu profissionalismo, organização e regime rigoroso. Faziam-se pequenas cirurgias. Os doentes recebiam duas vezes ao dia a visita de médicos, além de um banho e duas refeições principais. Os funcionários só podiam comer depois dos pacientes. Um grupo de mulheres estava a postos para realizar outras tarefas e assegurar que os doentes tivessem roupa e lençóis limpos[27].

Essa sofisticada organização, coroada pelo esmero no atendimento aos enfermos, serviu de modelo para a Europa, onde começaram a surgir em todos os lugares, tanto em cidades principais como em aldeias modestas, instituições inspiradas no hospital de Jerusalém. Os próprios hospitalários chegaram a administrar no século XIII cerca de vinte hospitais e casas de leprosos[28].

Assistência eficaz

As obras de caridade católicas foram tão impressionantes que até os próprios inimigos da Igreja, muito a contragosto, tiveram de reconhecê-lo. O escritor pagão Luciano (130-200) observou com espanto: «É inacreditável a determinação com que as pessoas dessa religião se ajudam umas às outras nas suas necessidades. Não se poupam em nada. O seu primeiro legislador meteu-lhes na cabeça que eles eram todos irmãos!»[29] Juliano, o Apóstata, o imperador romano que, nos anos 360, fez a violenta, mas frustrada, tentativa de fazer o Império retornar ao seu primitivo paganismo, admitiu que os cristãos se avantajavam aos

---

(27) *Ibid.*, pág. 147.
(28) *Ibid.*, pág. 149.
(29) Vincent Carroll e David Shiflett, *Christianity on Trial*, pág. 143.

pagãos no seu devotamento às obras de caridade. «Enquanto os sacerdotes pagãos negligenciam os pobres – escreveu –, os odiados galileus [isto é, os cristãos] devotam-se às obras de caridade e, em um alarde de falsa compaixão, introduzem com eficácia os seus perniciosos erros. Vede os seus banquetes de amor e as suas mesas preparadas para os indigentes. Tal prática é habitual entre eles e provoca desprezo pelos nossos deuses»[30]. Martinho Lutero, o mais inveterado inimigo da Igreja Católica até o fim da vida, viu-se obrigado a admitir: «Sob o Papado, o povo era ao menos caridoso e não havia necessidade de recorrer à força para obter esmolas. Hoje, sob o reinado do Evangelho (com isso, referia-se ao protestantismo), em vez de dar, as pessoas roubam-se umas às outras, e parece que ninguém julga possuir alguma coisa enquanto não se apropria dos bens do vizinho»[31].

O economista do século XX Simon Patten observou a propósito da ação da Igreja: «Na Idade Média, era muito comum dar comida e abrigo aos trabalhadores, tratar com caridade os desafortunados e aliviá-los das doenças, das pragas e da fome. Quando vemos o número de hospitais e enfermarias, a magnanimidade dos monges e o sacrifício pessoal das freiras, não podemos duvidar de que os marginalizados daqueles tempos eram pelo menos tão bem assistidos como os de agora»[32]. Frederick Hurter, um biógrafo do papa Inocêncio III no século XIX, chegou a declarar: «Todas as instituições de beneficência que a raça humana possui hoje em dia para minorar a sorte dos desafortunados, tudo o que tem sido feito para socorrer os indigentes e os aflitos nas vicissitudes das suas vidas e em qualquer tipo de sofrimento, procede direta ou indiretamente da Igreja de Roma. Ela deu o exemplo, perseverou na sua tarefa e, com frequência, proporcionou os meios necessários para levá-la a cabo»[33].

A extensão das atividades caritativas da Igreja aprecia-se às vezes com mais clareza quando deixam de existir. Na Inglaterra do século XVI, por exemplo, o rei Henrique VIII suprimiu os mosteiros e confiscou-lhes as propriedades, distribuindo-as a preço de banana entre os

---

(30) Cajetan Baluffi, *The Charity of the Church*, pág. 16.
(31) *Ibid.*, pág. 185.
(32) Citado em John A. Ryan, «Charity and Charities», em *Catholic Encyclopedia*.
(33) Cajetan Baluffi, *The Charity of the Church*, pág. 257.

IX. COMO A CARIDADE CATÓLICA MUDOU O MUNDO

homens influentes do seu reino. O pretexto para essa medida foi que os mosteiros se haviam tornado fonte de escândalo e imoralidade, embora restem poucas dúvidas de que tais acusações fantasiosas não faziam mais do que dissimular a cobiça real. As consequências sociais da dissolução dos mosteiros devem ter sido muito significativas. Os Levantes do Norte de 1536, uma rebelião popular também conhecida como a Peregrinação da Graça, tiveram muito a ver com a ira popular causada pelo desaparecimento da caridade monástica. Em uma petição dirigida ao rei dois anos mais tarde, observava-se:

> «A experiência que tivemos com a supressão dessas casas mostra-nos claramente que se provocou e continuará a provocar-se neste reino de Vossa Majestade um grande mal e uma grande deterioração, assim como um grande empobrecimento de muitos dos vossos humildes súditos, pois faltarão a hospitalidade e o sustento com que essas casas proporcionavam grande alívio aos pobres de todas as regiões próximas dos referidos mosteiros»[34].

Os mosteiros eram conhecidos por serem proprietários generosos e bondosos, pois cobravam pouco pelo arrendamento das suas terras e estabeleciam os contratos a longo prazo. «O mosteiro era um proprietário que nunca morria; os arrendatários tratavam com um senhorio imortal; as suas terras e casas nunca mudavam de proprietário; os que as arrendavam não estavam sujeitos a nenhuma das muitas incertezas que afetavam os outros arrendatários»[35]. Foi por isso que a dissolução dos mosteiros e a distribuição das suas terras só pôde significar «a ruína para dezenas de milhares de camponeses pobres, o colapso das pequenas comunidades que constituíam o seu mundo e um futuro de verdadeira mendicância»[36].

Com a dissolução dos mosteiros, desapareceram também quase por completo as condições favoráveis em que os camponeses vinham tra-

---

(34) Cit. em Neil S. Rushton, «Monastic Charitable Provision in Tudor England: Quantifying and Qualifying Poor Relief in the Early Sixteenth Century», *Continuity and Change* 16 (2001), pág. 34. A tradução deste trecho de petição foi adaptada pelo autor ao inglês moderno.
(35) William Cobbett, *A History of the Protestant Reformation in England and Ireland*, TAN, Rockford, Illinois, 1988 [1896], pág. 112.
(36) Philip Hughes, *A Popular History of the Reformation*, Hanover House, Garden City, Nova York, 1957, pág. 205.

balhando essas terras. Segundo um historiador, «os novos proprietários (lojistas, banqueiros ou nobres em decadência) não tinham nenhuma afinidade com o meio rural e exploraram os seus domínios com um espírito meramente mercantil: as rendas a pagar aumentaram, as terras de lavradio converteram-se em pastagens e as pequenas propriedades agrícolas foram fechadas. Milhares de desempregados foram atirados para as estradas. As diferenças sociais acentuaram-se e a miséria cresceu assustadoramente»[37].

Os efeitos negativos da dissolução dos mosteiros fizeram-se sentir também nas obras de assistência aos necessitados. Até há relativamente pouco tempo, havia um consenso histórico acerca da atividade caritativa dos católicos na Inglaterra: dava-se como certa uma frequente crítica protestante segundo a qual o socorro prestado aos pobres pelos mosteiros não teria sido quantitativamente substancial nem qualitativamente benéfico, como sustentavam os seus defensores católicos. Ao contrário, insistia-se em que a caridade monástica tinha sido escassa e que as exíguas quantias a ela destinadas eram distribuídas sem critério, sem o cuidado de distinguir bem os verdadeiramente necessitados dos imprevidentes crônicos e dos meramente vadios. Com isso, estes últimos eram injustamente premiados e o seu número tendia a multiplicar-se, em prejuízo dos realmente necessitados.

Nos nossos dias, os historiadores começaram a desfazer essa grosseira distorção, cuja origem remonta aos fins do século XVII e começos do século XVIII, e é consequência do viés protestante de Gilbert Burnet na sua *História da Reforma da Igreja da Inglaterra*[38]. De acordo com Paul Slack, um pesquisador moderno, «a dissolução dos mosteiros, capelas, sociedades religiosas e fraternidades nas décadas de 1530 e 1540 levou a uma drástica redução das fontes de caridade. É verdade que a real ajuda que elas prestavam aos pobres estava localizada geograficamente, mas era mais substancial do que com frequência se supõe, e a sua supressão deixou um verdadeiro vazio»[39].

---

(37) Henri Daniel-Rops, *A Igreja da Renascença e da Reforma: I. A reforma protestante*, trad. Emérico da Gama, em *História da Igreja de Cristo*, vol. 4, Quadrante, São Paulo, 1996, pág. 454.

(38) Neil S. Rushton, «Monastic Charitable Provision in Tudor England», pág. 10.

(39) *Ibid.*, pág. 11.

IX. COMO A CARIDADE CATÓLICA MUDOU O MUNDO

Neil Rushton também fornece importantes evidências de que os mosteiros tinham todo o cuidado em dirigir a sua ajuda aos verdadeiramente necessitados. E quando não o faziam – explica Barbara Harvey no seu estudo *Vivendo e morrendo na Inglaterra, 1100-1540* –, o culpado não era o conservadorismo ou a brandura de coração dos monges, mas sim as restrições impostas pelos doadores quanto ao modo de os mosteiros fazerem uso das suas doações. Alguns doadores estabeleciam nos seus testamentos em que casos se deviam dar esmolas. Por outro lado, se o propósito de tais doações era, em parte, aliviar o sofrimento dos pobres, também tinha em vista chegar ao maior número possível de pessoas, a fim de o benfeitor ganhar o maior número possível de orações pelo repouso eterno da sua alma. Em qualquer caso, com o passar do tempo, os mosteiros foram-se tornando mais cautelosos em selecionar os beneficiários das suas esmolas[40].

No decorrer dos séculos que se seguiram à morte de Carlos Magno (em 814), muito da atenção aos pobres, até então a cargo das igrejas paroquiais, começou a deslocar-se para os mosteiros. Em palavras do rei francês Luís IX, os mosteiros eram o *patrimonium pauperum*, o patrimônio dos pobres, expressão com que já desde o século IV se costumava designar todos os bens da Igreja, mas que era verdade particularmente no caso dos mosteiros. Afirma um historiador que «em todos os distritos, tanto nas altas montanhas como nos vales profundos, se ergueram mosteiros em torno dos quais se articulava a vida religiosa das redondezas: os mosteiros mantinham escolas, ofereciam modelos para a agricultura, indústria, piscicultura e reflorestamento, albergavam o viajante, socorriam o pobre, davam amparo aos órfãos, cuidavam dos doentes e eram o lugar de refúgio para todos os que carregavam o fardo da miséria espiritual e corporal. Durante séculos, foram os centros de toda a religião, caridade e atividade cultural»[41].

E William Lecky escreveu a este propósito: «Com o passar do tempo, a caridade assumiu muitas formas, e todos os mosteiros se tornaram focos dos quais irradiava. Pela ação dos monges, os nobres sentiam-se tocados, os pobres eram protegidos, os doentes atendidos,

---

(40) Barbara Harvey, *Living and Dying in England, 1100-1540: The Monastic Experience*, Clarendon Press, Oxford, 1993, págs. 22 e 33.
(41) Georg Ratzinger, citado em John A. Ryan, «Charity and Charities», *Catholic Encyclopedia*.

os viajantes abrigados, os cativos resgatados, as mais remotas esferas do sofrimento penetradas. Durante o mais negro período da Idade Média, os monges fundaram um refúgio para peregrinos, em meio aos horrores das neves alpinas»[42]. Os beneditinos, os cistercienses e os premonstratenses, assim como, mais tarde, as ordens mendicantes – franciscanos e dominicanos – distinguiram-se pelo zelo com que se dedicavam às obras de caridade.

Se os viajantes pobres podiam confiar na hospitalidade monástica, também os viajantes ricos eram bem-vindos, uns e outros como se fossem o próprio Cristo. Mas os monges não se limitavam a esperar que os pobres os procurassem. Saíam à procura dos que viviam nas regiões circundantes. Lanfranc, arcebispo de Cantuária, por exemplo, confiava ao seu esmoler (o distribuidor de esmolas) a responsabilidade de descobrir e socorrer os doentes e os pobres que viviam nas imediações do mosteiro. Sabe-se de casos em que os pobres recebiam alojamento por tempo indefinido[43].

Além de ajudas institucionalizadas, os monges também davam aos pobres o que lhes sobrava da sua própria comida. Gilberto de Sempringham, que fazia com que as suas sobras fossem bastante substanciais, colocava-as em um prato – chamava-lhe «o prato do Senhor Jesus» – e punha-o claramente à vista dos seus irmãos monges, com o óbvio intuito de incitá-los a emular a sua generosidade. Também era costume, em memória dos monges falecidos, servir a sua comida e bebida e, ao final da refeição, distribuí-la aos pobres. Observava-se essa prática ao longo de pelo menos trinta dias e até por um ano inteiro após o falecimento do monge, e, no caso de um abade, até mesmo perpetuamente[44].

Assim como o ataque da Coroa inglesa aos mosteiros, no século XVI, debilitou a rede de caridade que essas instituições tinham criado, também o ataque da Revolução Francesa à Igreja, no século XVIII, abalou a fonte de tantas boas obras. Quando o governo revolucionário francês nacionalizou as propriedades da Igreja, em novembro de 1789, o arcebispo de Aix-em-Provence advertiu que semelhante roubo amea-

---

(42) William E.H. Lecky, *History of European Morals from Augustus to Charlemagne*, vol. 1, pág. 89.

(43) Barbara Harvey, *Living and Dying in England*, pág. 18.

(44) *Ibid.*, pág. 13.

IX. COMO A CARIDADE CATÓLICA MUDOU O MUNDO

çava o bem-estar e a educação do povo francês. Tinha toda a razão: em 1847, a França contava com 47% menos hospitais do que no ano do confisco, e, em 1799, os 50.000 estudantes que estavam matriculados em universidades dez anos antes tinham-se reduzido a 12.000[45].

Embora os livros-texto de história ainda não o mencionem, o certo é que a Igreja Católica revolucionou a prática das obras de caridade, tanto no seu espírito como na sua aplicação. Os resultados falam por si mesmos: até então, nunca se tinha gasto tanto em esmolas, nunca tinha havido tantas doações com fins caritativos, nunca se tinha chegado a criar instituições destinadas a cuidar das viúvas, dos órfãos, dos pobres e dos doentes.

---

(45) Michael Davies, *For Altar and Throne*, pág. 11.

X. A IGREJA E O DIREITO OCIDENTAL

Na maioria dos países ocidentais, quando uma pessoa é condenada por assassinato e sentenciada à morte, mas perde a razão no intervalo entre a sentença e a execução, é mantida viva até que recupere a saúde mental e só então é executada. O motivo para essa medida de exceção é totalmente teológica: só se um homem estiver no seu perfeito juízo poderá fazer uma boa confissão, receber o perdão dos seus pecados e ter a esperança de salvar a sua alma. Casos como esse levaram o professor de direito Harold Berman a observar que o moderno sistema legal ocidental «é um resíduo secular de atitudes e pressupostos religiosos que, historicamente, tiveram a sua primeira expressão na liturgia, rituais e doutrina da Igreja e, mais tarde, nas instituições, conceitos e valores do Direito. Se não se compreendem essas raízes históricas, muitos aspectos do Direito podem parecer desprovidos de fundamento»[1].

Os trabalhos do professor Berman, particularmente o seu *Law and Revolution: The Formation of the Western Legal Tradition*, documentaram a influência da Igreja no desenvolvimento do direito no Ocidente. «Os conceitos ocidentais do direito – argumenta ele – estão nas suas origens, e, consequentemente, na sua natureza em íntima relação com conceitos caracteristicamente teológicos e litúrgicos, como são a expiação e os sacramentos»[2].

A nossa história começa nos primeiros séculos da Igreja. O milênio que se seguiu ao Edito de Milão, promulgado pelo imperador Constan-

---

(1) Harold J. Berman, *Law and Revolution: The Formation of the Western Legal Tradition*, Harvard University Press, Cambridge, 1983, pág. 166.
(2) *Ibid.*, pág. 195.

tino em 313 (que estendia a tolerância ao cristianismo), assistiu a frequentes conflitos de competência entre a Igreja e o Estado, muitas vezes em detrimento da primeira. É verdade que Santo Ambrósio, o grande bispo de Milão do século IV, chegou a proclamar que «os palácios pertencem ao imperador, as igrejas aos sacerdotes», e que o papa Gelásio fixou a doutrina que mais tarde seria designada pela fórmula das «duas espadas», de acordo com a qual o mundo estava submetido a dois poderes, um espiritual e outro temporal. Na prática, porém, essa linha era frequentemente ignorada e o poder civil exercia uma autoridade cada vez maior sobre questões sagradas.

Já em 325, Constantino convocava uma assembleia que viria a ser o Concílio de Niceia, o primeiro concílio ecuménico da história da Igreja, a fim de tratar do controvertido tema do arianismo, uma heresia que negava a divindade de Cristo. Os séculos seguintes presenciaram interferências ainda maiores dos governantes em assuntos da Igreja. Os reis (e, mais tarde, imperadores) dos francos designavam as pessoas que deviam ocupar cargos na Igreja e até as instruíam em matérias de doutrina sagrada. O mesmo se daria mais tarde com os monarcas da França e da Inglaterra, assim como com outros governantes do Norte e do Leste europeu. Em 794, o próprio Carlos Magno convocou e presidiu a um concílio da Igreja, em Frankfurt. Durante o século XI, os reis-imperadores das terras germânicas designavam não apenas os bispos, mas também os papas.

Nos séculos IX e X, o problema do controle das instituições da Igreja pelo Estado tornou-se particularmente agudo. O colapso da autoridade central na Europa Ocidental durante esses séculos – uma vez que os monarcas se viram incapazes de conter as ondas invasoras vikings, magiares e muçulmanas – ofereceu aos poderosos proprietários de terras a oportunidade de estenderem a sua autoridade sobre igrejas, mosteiros e até mesmo dioceses. Desse modo, os abades dos mosteiros, os párocos e os próprios bispos eram indicados por leigos, em vez de o serem pela Igreja.

Hildebrando, nome com que o papa São Gregório VII era conhecido antes de ascender ao sumo pontificado, pertencia ao setor de reformadores radicais que procuravam não apenas persuadir os governantes a designar homens bons, mas, fundamentalmente, a excluir por completo os leigos da provisão dos cargos na Igreja. A reforma gregoriana,

X. A IGREJA E O DIREITO OCIDENTAL

que começou várias décadas antes desse pontificado (ao qual deve o seu nome), teve por origem o propósito de elevar o nível moral do clero pela observância do celibato clerical e pela abolição da prática da simonia (compra e venda de cargos eclesiásticos). As dificuldades que surgiram na consecução desse objetivo levaram o partido gregoriano a ter de enfrentar o verdadeiro problema: a intromissão do poder civil na vida da Igreja. O papa Gregório teria pouco sucesso no esforço por reverter a decadência interna da Igreja se lhe faltasse o poder de nomear os bispos, um poder que vinha sendo exercido no século XI por diversos monarcas europeus. Por outro lado, enquanto os poderes leigos continuassem a designar os párocos e os abades, só poderiam multiplicar-se os candidatos espiritualmente incapacitados para esses ofícios.

A separação entre a Igreja e o Estado

O papa Gregório deu um passo decisivo quando definiu o rei como um simples fiel, sem nenhuma função religiosa além das que tinha qualquer outro cristão. No passado, até mesmo os reformadores da Igreja haviam admitido que, embora fosse um erro reconhecer aos governantes civis o direito de preencher os cargos da Igreja, o rei era uma exceção. Considerava-se que o rei era uma figura sagrada, com direitos e responsabilidades religiosas; e havia quem fosse mais longe e sustentasse que a sagração de um rei era um sacramento (um ritual que, como o Batismo e a Sagrada Comunhão, conferia a graça santificante à alma de quem o recebia). Porém, ao declarar o rei um simples fiel, que não tinha recebido as ordens sagradas, o papa negava-lhe o direito de intervir nos assuntos da Igreja. E, por extensão, negava esse mesmo direito ao Estado que o rei governava.

Com a reforma gregoriana, clarificaram-se, pois, os limites que deviam separar a Igreja e o Estado, de modo que a Igreja gozasse da liberdade necessária para desempenhar a sua missão. Pouco tempo depois, começaram a elaborar-se códigos, tanto no âmbito da Igreja como no do Estado, nos quais se estabeleciam e se explicitavam os poderes e as responsabilidades de cada um na Europa posterior a Hildebrando. E o primeiro corpo de leis sistemático da Europa medieval, o direito canônico (isto é, o direito da Igreja), tornou-se o modelo dos diversos sistemas jurídicos civis que foram aparecendo nos séculos sucessivos.

Antes de se ter compilado o direito canônico, entre os séculos XII e XIII, não havia em nenhum lugar da Europa Ocidental qualquer sistema de leis parecido com os atuais. Desde a fragmentação do Império Romano do Ocidente com o advento dos reinos bárbaros, o direito tinha estado intimamente ligado aos costumes e aos laços de sangue, e não era considerado nem estudado independentemente dessas realidades ou julgado apto para estabelecer regras gerais que obrigassem as pessoas. O direito da Igreja também havia estado nessa situação até fins do século XI. Nunca fora codificado sistematicamente e estava disperso por entre as observações dos concílios ecumênicos, dos livros penitenciais (que determinavam penitências para os pecados), dos papas, de alguns bispos, da Bíblia e dos Padres da Igreja. Muito desse direito era de natureza regional e, por conseguinte, não se aplicava ao conjunto da Cristandade.

O século XII começou a mudar tudo isso. O tratado-chave do direito canônico foi obra do monge Graciano e intitulou-se *Uma concordância de cânones discordantes* (também conhecido como *Decretum Gratiani* ou, simplesmente, *Decretum*), redigido por volta de 1140. É uma obra gigantesca, tanto em volume como em alcance, e constituiu também um marco histórico. De acordo com Berman, foi «o primeiro tratado legal abrangente e sistemático na história do Ocidente e, talvez, na história da humanidade – se por "abrangente" se entende a tentativa de abarcar virtualmente todo o direito de um sistema de governo, e por "sistemático" o esforço por apresentar esse direito como um corpo único, cujas partes se relacionam entre si de modo a formarem um todo»[3].

Em um mundo regido pelo costume, e não por um conjunto de normas obrigatórias, Graciano e outros canonistas desenvolveram critérios, baseados na razão e na consciência, destinados a determinar a validade dos costumes estabelecidos e a introduzir a ideia de uma lei natural anterior à política, com a qual todo o costume legítimo devia conformar-se. Os estudiosos do direito canônico ensinaram ao Oci-

---

(3) *Ibid.*, pág. 143.

X. A IGREJA E O DIREITO OCIDENTAL

dente barbarizado de que modo tomar uma colcha de retalhos de costumes, estatutos legais e outras inúmeras fontes, e produzir a partir dela uma ordem jurídica coerente, com uma estrutura internamente consistente, em que se resolvessem as eventuais contradições anteriores. Esses estudiosos do direito «debruçaram-se sobre uma variedade de textos – o Antigo Testamento, o Evangelho, "o filósofo" Aristóteles, "o jurista" Justiniano, os Padres da Igreja, Santo Agostinho, os Concílios da Igreja – e, valendo-se do método escolástico e da teoria da lei natural, conseguiram criar a partir dessas fontes tão díspares, assim como dos costumes existentes nas sociedades eclesiástica e civil da época, uma ciência jurídica coerente e racional»[4]. Esse trabalho daria importantes frutos não só no campo do direito da Igreja, mas no dos sistemas legais civis, que viriam a ser codificados no rasto da obra de Graciano.

Tão importante como o processo de unificação foi o *conteúdo* do direito canônico, cuja abrangência foi tão vasta que contribuiu para o desenvolvimento do direito ocidental em matérias como o matrimônio, a propriedade, a herança, as provas racionais em juízo[5].

Quanto às provas em juízo, os canonistas e os juristas católicos das universidades medievais viram-se diante de uma situação desastrosa: até fins do século XI, os povos da Europa continuavam a viver em um regime bárbaro, em que «a lei que prevalecia era a lei da vendeta do sangue, dos julgamentos decididos por meio de combates, pelos ordálios do fogo e da água, pelo depoimento de testemunhas arroladas pelo acusado em sua defesa»[6].

Sabemos o que representava na prática o julgamento por meio do ordálio: era submeter a pessoa acusada de um crime a provas de fogo e água destituídas da menor evidência racional. Os procedimentos racionais estabelecidos pela lei canônica apressaram o fim desse e de outros métodos igualmente primitivos, em que a inocência e a culpa eram determinadas com demasiada frequência por meios supersticiosos.

---

(4) Harold J. Berman, «The Influence of Christianity Upon the Development of Law», em *Oklahoma Law Review* 12 (fev. 1959), pág. 93.

(5) Harold J. Berman, *Faith and Order: The Reconciliation of Law and Religion*, Scholars Press, Atlanta, 1993, pág. 44.

(6) Harold J. Berman, «The Influence of Christianity upon the Development of Law», pág. 93.

A lei canônica sobre o matrimônio considerou que, para a validade de um casamento, era necessário o livre consentimento tanto do homem como da mulher, e que o ato poderia ser anulado se tivesse sido celebrado sob coação ou se uma das partes estivesse em erro a respeito da identidade ou de alguma condição importante da outra pessoa. «Aqui estão – escreve Berman – os fundamentos não apenas do moderno direito matrimonial, mas também de certos elementos básicos do moderno direito contratual, principalmente o conceito de livre manifestação da vontade e de ausência de erro, coação e fraude»[7]. Foi pela implementação desses importantes princípios legais que se pôde finalmente pôr termo à prática comum do casamento de crianças, que tinha as suas origens em costumes bárbaros[8].

E assim as práticas bárbaras foram cedendo o lugar aos princípios católicos, que, pela codificação e promulgação de um corpo legal sistemático, puderam introduzir-se nas práticas quotidianas dos povos europeus que haviam adotado o catolicismo. São esses princípios que permanecem como núcleo dos modernos ordenamentos legais que regem a vida dos ocidentais e, cada vez mais, dos não ocidentais.

Quando examinamos as regras pelas quais o direito canônico procurou determinar a criminalidade de um ato, descobrimos princípios legais que se tornaram norma em todos os modernos sistemas legais do Ocidente. Os canonistas estavam preocupados com a intencionalidade do ato, com os vários tipos de intenções e com as implicações morais das diferentes conexões causais. Com relação a este último ponto, consideravam exemplos como o que se segue. Alguém atira uma pedra para assustar determinada pessoa. Para esquivar-se a ela, essa pessoa choca-se contra uma rocha e fere-se gravemente. Procura um médico, mas este, por negligência, causa-lhe a morte. Até que ponto quem atirou a pedra foi o causador dessa morte? Este era o sofisticado tipo de questões legais para as quais os canonistas procuravam respostas[9].

---

(7) Harold J. Berman, *Law and Revolution*, pág. 228.

(8) Harold J. Berman, «The Influence of Christianity upon the Development of Law», pág. 93.

(9) Harold J. Berman, *Law and Revolution*, pág. 188.

X. A IGREJA E O DIREITO OCIDENTAL

Esses mesmos canonistas introduziram também o princípio moderno de que pode haver circunstâncias que atenuem ou mesmo isentem uma pessoa de responsabilidade por um crime. Se essa pessoa estava fora de si, adormecida, confusa ou intoxicada, não podia ser responsabilizada em juízo pelo seu ato à primeira vista criminoso. Tratava-se de fatores que, no entanto, só podiam escusar alguém de responsabilidade perante a lei se, como resultado deles, o acusado não tinha consciência de que fazia uma coisa errada, e se além disso não tivesse provocado uma ou mais dessas condições, como seria o caso de alguém que se embriagasse propositadamente[10].

A bem dizer, o antigo direito romano já tinha feito a distinção entre atos deliberados e atos acidentais, contribuindo assim para introduzir na lei a ideia da intencionalidade. E os canonistas dos séculos XI e XII – bem como os seus coetâneos que edificaram os emergentes sistemas legais dos Estados da Europa Ocidental – utilizaram elementos desse direito, que lhes chegaram ao conhecimento através do recém-descoberto código redigido sob o reinado do imperador Justiniano, no século VI. Porém, deram o seu próprio contributo, introduzindo distinções importantes que as sociedades europeias, dominadas por muitos séculos de influência dos bárbaros, desconheciam.

A doutrina da expiação

Chegados a este ponto, devemos examinar a obra de *Santo Anselmo de Cantuária* (1033-1109), porque imprimiu a clara marca de teologia católica nas legislações civis, uma vez que a sua obra *Cur Deus homo* teve profunda influência sobre a tradição jurídica ocidental. Nesse livro, Anselmo propôs-se demonstrar, com base na razão humana, por que era conveniente que Deus se fizesse homem na pessoa de Jesus Cristo e por que a crucifixão de Cristo – em vez de qualquer outro meio – foi indispensável à redenção da humanidade, após a queda e a expulsão de Adão e Eva do paraíso. Especificamente, o autor quis dar resposta a uma objeção bastante natural: Por que Deus muito simplesmente não perdoou

---

(10) *Ibid.*, pág. 189.

a raça humana pelo pecado original? Por que não reabriu as portas do céu aos descendentes de Adão por meio de uma simples declaração de perdão, por um ato gratuito da graça? Por que, em outras palavras, a crucifixão foi necessária?[11]

A resposta de Anselmo foi a que expomos sucintamente a seguir[12]. Deus criou originalmente o homem para que pudesse gozar da felicidade eterna. O homem, de certo modo, frustrou essa intenção de Deus ao rebelar-se contra Ele, introduzindo o pecado no mundo. Para que se satisfizessem as exigências da justiça, o homem devia ser punido pelo seu pecado. Mas a sua ofensa a Deus, suma bondade, era tão grande que nenhuma punição que o homem pudesse sofrer seria capaz de oferecer a Deus uma compensação adequada. Qualquer punição que sofresse teria de ser tão severa que acabaria por anular a sua própria felicidade eterna; e como o plano de Deus para o homem era acima de tudo conceder-lhe a felicidade eterna, essa punição frustraria novamente a intenção de Deus.

Eis por que – em face da necessidade de reparação devida a Deus e a incapacidade do ser humano de poder oferecê-la – o único caminho para expiar o pecado original era por meio da mediação de um Deus-Homem: só o próprio Deus, assumindo a condição de homem, podia oferecer uma reparação condigna em nome e no lugar do homem. Foi assim que Santo Anselmo justificou racionalmente a necessidade da morte *expiatória* de Jesus Cristo.

Pois bem, o direito penal surgiu na civilização ocidental no seio de um ambiente profundamente influenciado por essa explicação de Santo Anselmo sobre a *doutrina da expiação*. Essa explicação apoiava-se fundamentalmente na ideia de que a violação da lei era uma ofensa contra a justiça e contra a ordem moral do universo; que essa violação requeria uma punição que reparasse a ordem moral, e que a punição deveria adequar-se à natureza e à extensão da violação.

Efetivamente, com a passagem do tempo, tornou-se comum pensar que a explicação de Santo Anselmo sobre a reparação do pecado original se aplicava não somente a Adão e Eva, mas igualmente a todo aque-

---

(11) Cf. *ibid.*, pág. 179.
(12) Uma condensação pode ser encontrada em Harold J. Berman, *Law and Revolution*, págs. 177 e segs.

le que cometesse um crime no reino temporal: tendo violado a justiça *em si* [em abstrato], a pessoa devia submeter-se a alguma punição, a fim de que a justiça fosse restabelecida. Em grande parte, o crime tornou-se «despersonalizado», na medida em que as ações criminosas começaram a ser encaradas menos como ofensas a pessoas concretas e mais como violações ao princípio abstrato da justiça[13].

Os delitos, portanto, devem ser remediados por penas proporcionadas aos males causados. E o direito de propriedade, quando violado, deve ser restabelecido por quem o violou. Esses princípios e similares ficaram tão profundamente impregnados na consciência – e, naturalmente nos valores sagrados – da sociedade ocidental, que nos é difícil imaginar um ordenamento legal fundado em outros princípios e valores[14].

As origens dos direitos naturais

A influência da Igreja nos sistemas legais e no pensamento jurídico do Ocidente estendeu-se também à concepção do direito natural.

Por muito tempo, os estudiosos pensaram que a ideia dos direitos naturais – como direitos morais universais possuídos por todos os indivíduos – surgiu mais ou menos espontaneamente no século XVII. Graças ao trabalho de Brian Tierney, uma das maiores autoridades mundiais sobre o pensamento medieval, essa tese não poderá continuar a sustentar-se. Quando os filósofos do século XVII formularam as suas teorias sobre os direitos naturais, o que fizeram foi construir sobre uma

---

(13) Essa linha de pensamento, embora nos seja familiar, contém o perigo potencial de que o direito penal, na sua ânsia de reparar a justiça em abstrato por meio de uma punição retributiva, degenere até o ponto de olhar apenas para o castigo, abandonando qualquer propósito de restituição, de um tipo ou de outro. É por isso que, hoje em dia, nos encontramos com a perversa situação de que um criminoso violento, em vez de ao menos tentar indenizar de algum modo a sua vítima ou os seus herdeiros, é ele próprio sustentado pelos impostos pagos pela vítima e seus familiares. Portanto, a insistência em que o criminoso ofendeu a *justiça em si mesma* e, por isso, merece punição, deve estar completamente subordinada ao senso anterior de que o criminoso ofendeu a *sua vítima*, e que deve indenizar qualquer pessoa que tenha prejudicado.

(14) Harold J. Berman, *Law and Revolution*, págs. 194-5.

tradição que já vinha dos mestres católicos do século XII[15]. Antes do trabalho de Tierney, eram muito poucos, mesmo entre os professores, os que sabiam que a ideia dos direitos naturais se achava nos comentários ao *Decretum*, o famoso compêndio da lei canônica da Igreja Católica elaborado por Graciano, como vimos atrás. Foi com esses estudiosos, conhecidos como decretistas, que a tradição realmente começou.

O século XII manifestou um grande interesse e preocupação pelos direitos de certas instituições e de certas classes de pessoas. A partir da controvérsia das investiduras, no século XI, em que reis e papas se envolveram em acesos debates sobre os seus respectivos direitos, travou-se uma discussão que, dois séculos depois, ainda estava bastante viva, como se vê pela guerra de panfletos que irrompeu entre os partidários do papa Bonifácio VIII e os do rei Filipe o Belo, da França, na seminal batalha entre a Igreja e o Estado. Por outro lado, as relações entre os senhores e os vassalos da Europa feudal traduziam-se em um feixe de direitos e obrigações recíprocos. E os municípios e as cidades – que, com a renovação da vida urbana no século XI, começaram a pontilhar a paisagem europeia – insistiam nos seus direitos em face das demais autoridades políticas[16].

A bem dizer, todos esses embates não giravam em torno do que poderíamos chamar propriamente direitos naturais, visto que envolviam direitos de grupos particulares, mais do que direitos inerentes, por natureza, a todos os seres humanos. Mas foi nesse contexto que os canonistas e outros pensadores jurídicos do século XII começaram a afirmar o conceito de direitos, do qual vieram a extrair o vocabulário e o corpo de doutrina que hoje associamos às modernas teorias do direito natural. Isso aconteceu do modo que relatamos a seguir.

As diversas fontes que eram citadas nos primeiros capítulos do *Decretum* de Graciano faziam frequentes referências ao termo *ius naturale*

---

(15) Brian Tierney, *The Idea of Natural Rights: Studies on Natural Rights, Natural Law, and Church Law*; veja-se também Annabel S. Brett, *Liberty, Right and Nature: Individual Rights in Later Scholastic Thought*, Cambridge University Press, Cambridge, 1997; Charles J. Reid Jr., «The Canonistic Contribution to the Western Rights Tradition: An Historical Inquiry», em *Boston College Law Review* 33 (1991), págs. 37-92; Kenneth Pennington, «The History of Rights in Western Thought», em *Emory Law Journal* 47 (1998), págs. 237-52.

(16) Brian Tierney, «The Idea of Natural Rights: Origins and Persistence», em *Northwestern University Journal of International Human Rights* 2 (abr. 2004), pág. 5.

X. A IGREJA E O DIREITO OCIDENTAL

ou lei natural. Essas fontes, no entanto, definiam esse termo de formas muito diferentes, que às vezes pareciam contradizer-se umas às outras. Os comentaristas tiveram, pois, de procurar elucidar os diversos significados que a expressão podia ter. De acordo com Tierney:

> «O ponto importante para nós é que, ao explicarem os vários sentidos possíveis do termo *ius naturale*, os juristas descobriram um novo significado, que não estava realmente presente nos textos antigos. Lendo-os com a mente formada na sua nova cultura, mais personalista e baseada em direitos, esses juristas chegaram a uma nova definição. Aqui e acolá, esses textos definiam por vezes o direito natural em um sentido subjetivo, como poder, força, capacidade ou faculdade inerentes à pessoa humana [...]. Assim que se captou esse sentido, foi fácil chegar às normas de conduta prescritas pela lei natural ou *às lícitas reivindicações e poderes inerentes aos indivíduos que hoje chamamos direitos naturais*»[17].

Os canonistas, argumenta Tierney, «começaram a ver que um adequado conceito de justiça natural devia incluir o conceito de direitos individuais»[18].

Não tardaram a identificar exemplos específicos de direitos naturais. Um deles foi o de a pessoa comparecer perante um tribunal para se defender das acusações que pesassem sobre ele. Os juristas medievais negaram que esse direito fosse uma mera *concessão* do governo aos cidadãos, e insistiram em que se tratava de um direito natural de todos os indivíduos, derivado da lei moral universal. Pouco a pouco, foi assim ganhando peso a ideia de que os indivíduos possuíam certos poderes subjetivos ou direitos naturais, pelo simples fato de serem humanos. Nenhum governante os podia limitar.

No período compreendido entre 1150 e 1300 – diz o historiador Kenneth Pennington –, «foram definidos os direitos de propriedade, de legítima defesa, do matrimônio e de processo civil com base na lei natural e não na lei positiva, assim como os direitos dos não cristãos. E ao

---

(17) Brian Tierney, «The Idea of Natural Rights: Origins and Persistence», pág. 6. Grifos nossos.
(18) *Ibid.*

situarem esses e outros direitos justamente dentro da estrutura da lei natural, os juristas puderam sustentar – e assim o fizeram efetivamente – que nenhum príncipe humano podia suprimi-los ou restringi-los. O príncipe não tinha jurisdição sobre os direitos baseados na lei natural; consequentemente, esses direitos eram inalienáveis»[19]. Todos esses princípios parecem-nos conquistas dos tempos modernos, mas a verdade é que chegaram até nós graças aos pensadores católicos medievais, que, também neste caso, estabeleceram os fundamentos da civilização ocidental tal como a conhecemos.

O papa Inocêncio IV debruçou-se sobre a questão de saber se os direitos fundamentais – concretamente em relação à propriedade e à legitimidade dos governos – pertenciam unicamente aos cristãos ou cabiam em justiça a todos os homens. Naquele tempo, determinados círculos manifestavam uma opinião exageradamente pró-papista, já que o Papa, como representante de Deus na terra, era senhor do mundo inteiro e, por essa razão, o direito de propriedade e o da autoridade legítima só podiam ser reivindicados pelos que reconhecessem a autoridade pontifícia. Inocêncio IV rejeitou essa posição e afirmou que «a posse, a propriedade e a jurisdição podem pertencer licitamente aos infiéis [...], porque essas coisas não foram feitas apenas para os fiéis, mas para todas as criaturas racionais»[20]. Esse texto seria citado com grande repercussão pelos posteriores teóricos do direito.

A linguagem e a filosofia dos direitos continuaram a desenvolver-se com o passar do tempo. Particularmente significativo foi o debate ocorrido no início do século XIV em torno dos franciscanos, uma ordem de frades mendicantes, fundada no início do século XIII, que se afastava dos bens terrenos e abraçava uma vida de pobreza. Com a morte de São Francisco, em 1226, e a contínua expansão da sua ordem, alguns eram favoráveis a moderar a tradicional insistência na pobreza absoluta, muitas vezes considerada pouco razoável para uma ordem tão grande e espalhada. A ala extremista desses frades, conhecidos como «espirituais», rejeitou qualquer tipo de concessão, insistindo em que as suas vidas de absoluta pobreza eram réplicas fiéis da vida de

---

(19) Kenneth Pennington, «The History of Rights in Western Thought».
(20) Brian Tierney, «The Idea of Natural Rights: Origins and Persistence», pág. 7.

X. A IGREJA E O DIREITO OCIDENTAL

Cristo e dos Apóstolos, e, por conseguinte, a mais alta e perfeita forma de vida cristã. Porém, aquilo que começou como uma controvérsia sobre a pobreza de Cristo e dos Apóstolos – se ela chegara ou não a repudiar qualquer gênero de propriedade – evoluiu para um importante e fecundo debate sobre a natureza da propriedade, e suscitou em torno dela uma das questões centrais que dominariam os tratados dos teóricos do direito no século XVII[21].

Mas o que realmente consolidou a tradição dos direitos naturais no Ocidente foi a descoberta europeia da América e as questões que os teólogos escolásticos espanhóis levantaram acerca dos direitos dos habitantes dessas novas terras, uma história que já expusemos atrás. (Esses teólogos citaram frequentemente a declaração de Inocêncio IV acima transcrita). Ao desenvolverem a ideia de que os nativos da América possuíam direitos naturais que os europeus tinham a obrigação de respeitar, esses teólogos do século XVI lançaram os fundamentos doutrinários de uma tradição que vinha das obras dos canonistas do século XII.

Resumamos. Foi no direito canônico da Igreja que o Ocidente viu o primeiro exemplo de um sistema legal moderno, à luz do qual ganhou forma a moderna tradição legal do Ocidente. De igual modo, a lei penal ocidental foi profundamente influenciada, não só pelos princípios legais da lei canônica, mas também pelas ideias teológicas, particularmente pela doutrina da reparação desenvolvida por Santo Anselmo. E, por último, a própria ideia dos direitos naturais, que durante muito tempo se considerou ter surgido e alcançado a sua plena formulação por obra dos pensadores liberais dos séculos XVII e XVIII, teve a sua origem no trabalho dos canonistas, papas, professores universitários e filósofos católicos. Quanto mais os estudiosos pesquisam o direito ocidental, mais nítida se apresenta a marca que a Igreja Católica imprimiu à nossa civilização e mais nos convencemos de que foi ela a sua arquiteta.

---

(21) *Ibid.*, pág. 8.

XI. A IGREJA E A MORAL NO OCIDENTE

Moral católica e morais não católicas

Não é de surpreender que os padrões morais do Ocidente tenham sido decisivamente configurados pela Igreja Católica. Muitos dos mais importantes princípios da tradição moral ocidental derivam da ideia nitidamente católica da sacralidade da vida humana, do valor único de cada pessoa, em virtude da sua alma imortal. Essa ideia não se encontrava em lugar nenhum do mundo antigo, nem na Grécia nem em Roma. Com efeito, o pobre, o fraco ou o doente eram normalmente tratados com desprezo e, às vezes, até mesmo completamente abandonados, como já vimos a propósito das obras de caridade empreendidas no seio da Igreja.

Platão, por exemplo, disse que um pobre homem cuja doença o tornasse incapaz de continuar a trabalhar devia ser abandonado à morte. Sêneca escreveu: «Nós afogamos as crianças que nascem débeis e anormais»[1]. Muitas meninas sadias (incômodas em sociedades patriarcais) eram simplesmente abandonadas, o que fez com que a população masculina do antigo mundo romano ultrapassasse a feminina em cerca de trinta por cento[2]. A Igreja nunca aceitou semelhante comportamento.

Vemos o compromisso da Igreja com a natureza sagrada da vida humana na condenação do suicídio, prática que tinha defensores no mundo antigo. Aristóteles criticou o suicídio, mas, entre os antigos, ou-

---

(1) Alvin J. Schmidt, *Under the Influence*, págs. 128 e 153.
(2) Vincent Carroll e David Shiflett, *Christianity on Trial*, pág. 7.

tros – particularmente os estoicos – eram-lhe favoráveis, como meio aceitável de escapar ao sofrimento físico ou psíquico. Um bom número de estoicos famosos cometeu suicídio. Que melhor prova de desapego do mundo poderia haver do que ser a própria pessoa a determinar o momento da partida?

Em *A cidade de Deus*, Santo Agostinho condenou os elementos da Antiguidade pagã que encaravam o suicídio como um ato nobre:

> «Grandeza de espírito não é o termo correto para designar alguém que se mata por lhe ter faltado coragem para enfrentar o sofrimento ou as injustiças dos outros. Na verdade, revela-se fraqueza em uma mente que não pode suportar a opressão física ou a opinião estúpida da plebe. Nós atribuímos muito justamente grandeza de espírito a quem tem a fortaleza de enfrentar uma vida de miséria em vez de fugir dela, e de desprezar os juízos dos homens [...] antepondo-lhes a pura luz de uma boa consciência»[3].

O próprio exemplo de Cristo – continuava Agostinho – proíbe tal comportamento. Cristo podia ter induzido os seus seguidores ao suicídio, para escaparem dos castigos dos seus perseguidores, mas não o fez. «Se Ele não lhes aconselhou esse caminho para abandonar esta vida – raciocinava Agostinho –, embora lhes tivesse prometido uma morada eterna depois que partissem, é claro que esse meio não é permitido àqueles que adoram o único Deus verdadeiro»[4].

São Tomás de Aquino também abordou a questão do suicídio no tratado sobre a justiça da sua *Summa theologiae*. Dois dos seus três principais argumentos contra o suicídio baseiam-se na razão, independentemente da revelação divina, mas concluem com um raciocínio estritamente católico:

> «A vida é um presente oferecido por Deus ao homem e só Ele tem o poder de dá-la ou tirá-la. Portanto, quem tira a sua própria vida peca contra Deus, assim como aquele que mata o servo de outra

---

(3) Santo Agostinho, *A cidade de Deus*, 1, 22.
(4) *Ibid.*

pessoa peca contra o senhor a quem esse servo pertencia, ou assim como peca aquele que usurpa o poder de julgar em uma matéria que não é da sua jurisdição. A Deus pertence julgar da morte e da vida, como diz o Deuteronômio 32, 39: *Eu faço morrer e faço viver*»[5].

Embora talvez não seja fácil medi-lo, pode-se afirmar que a aversão ao suicídio infundida pela Igreja teve extraordinário eco entre os seus fiéis. No início do século XX, um estudioso sublinhava a diferença gritante que existia na Suíça entre a taxa de suicídios ocorridos nos cantões católicos e a que se verificava nos cantões protestantes, assim como o baixíssimo índice de suicídios observado na profundamente católica Irlanda, terra de tantas tragédias e infortúnios[6].

Foram também os ensinamentos de Cristo proclamados pela Igreja que ajudaram a abolir os combates de gladiadores, em que os homens lutavam entre si até à morte como forma de entretenimento. Essa banalização da vida humana não poderia ter sido mais oposta à doutrina católica sobre a dignidade e valor da vida humana. No seu *Vida quotidiana na Roma Antiga*, Jerome Carcopino diz claramente que «as carnificinas na arena foram banidas por ordem dos imperadores cristãos». Assim aconteceu efetivamente em fins do século IV na metade ocidental do Império Romano, e no início do V na metade oriental. Lecky situou esse progresso na sua perspectiva histórica: «Houve poucas reformas tão importantes na história moral da humanidade como a supressão dos espetáculos de gladiadores, um feito que deve ser atribuído quase exclusivamente à Igreja Católica»[7].

O duelo

A Igreja foi igualmente inimiga da prática do duelo, tão espalhada. Aqueles que apoiavam essa prática alegavam que, com a sua institucio-

---

(5) *Summa theologiae*, II-II, q. 64, art. 5.
(6) James J. Walsh, *The World's Debt to the Catolic Church*, The Stratford C., Boston, 1924, pág. 227.
(7) Para ambas as citações, ver Alvin J. Schmidt, *Under the Influence*, pág. 63.

nalização, mediante códigos de honra que fixassem o modo de realizar-se e a presença de testemunhas, se desencorajava a violência. Isso era melhor, diziam, do que as incessantes rixas sangrentas que duravam até à madrugada, com absoluto desprezo pela vida humana. Como só os utopistas acreditavam que a violência podia ser totalmente erradicada, era melhor canalizá-la por vias socialmente menos perturbadoras. Esses eram os argumentos com que se justificavam os duelos.

Mas nem com essas medidas deixava de haver algo de repugnante em que os homens se servissem de espadas e pistolas para vingar a sua honra, e daí que a Igreja aplicasse sanções contra os que se envolviam nessa prática. O Concílio de Trento (1545-1563), que tratou principalmente da reforma eclesiástica e dos pontos de doutrina que a reforma protestante contestava, expulsou da Igreja os que se batiam em duelo, excluindo-os dos sacramentos e proibindo que tivessem funerais católicos. O papa Bento XIV reafirmou essas penas em meados do século XVIII e o papa Pio IX deixou claro que elas se estendiam igualmente às testemunhas e aos cúmplices.

O papa Leão XIII tornou a insistir nessa oposição da Igreja, em uma época em que as leis civis se mostravam indiferentes a essa prática. Resumindo os princípios religiosos em que se baseara durante séculos a condenação católica ao duelo, afirmou:

«A lei divina, que é conhecida tanto pela luz da razão como pelo que a Sagrada Escritura nos revela, proíbe expressa e terminantemente que – fora dos casos de proteção da ordem pública – alguém mate ou fira outro homem, a menos que seja compelido a fazê-lo em legítima defesa. Além disso, tenha-se presente que aqueles que provocam um combate privado ou o aceitam quando desafiados, procuram deliberada e desnecessariamente tirar a vida a um adversário ou pelo menos feri-lo. Por outro lado, a lei divina proíbe quem quer que seja de arriscar a vida imprudentemente, expondo-se a um grave e evidente perigo, quando a tanto não o obrigam o dever ou a caridade. Existem na própria natureza do duelo uma temeridade completamente cega e um desprezo pela vida. Portanto, não pode restar nenhuma dúvida na mente daqueles que se envolvem em um duelo, de que ambos assumem individualmente uma dupla culpa: a de destruir o outro e a de pôr deliberadamente em risco a sua própria vida».

As razões alegadas pelos que se batem em duelo para dirimir as suas contendas são – escreveu o papa – ridiculamente inadequadas. No fundo, baseiam-se no simples desejo de vingança: «Na verdade, é o desejo de desforra que impele os homens passionais e arrogantes a exigir satisfações». E acrescentou: «Deus manda a todos os homens que se amem uns aos outros com amor fraternal e proíbe-os de jamais usar de violência seja com quem for; condena a vingança como um pecado mortal e reserva para Si o direito à expiação. Se as pessoas fossem capazes de dominar a sua paixão e de submeter-se a Deus, seria mais fácil abandonar o monstruoso costume do duelo»[8].

O tema da guerra justa

Outro campo em que a Igreja Católica forjou as concepções morais do Ocidente foi o da guerra justa. O mundo da antiguidade clássica tinha debatido esse tema, mas fizera-o a propósito de determinadas guerras, sem chegar a elaborar uma teoria completa sobre o tema. «Nem em Platão nem em Aristóteles – assegura Ernest Fortin – encontramos nada que se compare à famosa *quaestio* [questão] "Sobre a guerra" na *Summa theologiae* de São Tomás de Aquino».

É verdade que Cícero antecipou algo parecido com uma teoria sobre a guerra justa ao analisar os conflitos bélicos na história de Roma. Mas os Padres da Igreja, que herdaram a sua ideia, deram-lhe uma extensão muito mais ambiciosa, assumindo-a como ferramenta de avaliação moral. Fortin acrescenta que «devemos reconhecer que os teólogos cristãos deram ao problema da guerra uma urgência muito maior do que tinha tido para alguns filósofos da antiguidade clássica», principalmente à vista «da força dos ensinamentos bíblicos a respeito da sacralidade da vida»[9].

---

(8) Leão XIII, *Pastoralis officii*, 1891, págs. 2-4.
(9) Ernest L. Fortin, «Christianity and the Just War Theory», em J. Brian Benestad (ed.), *Ernest Fortin: Collected Essays*, vol. 3: *Human Rights, Virtue, and the Common Good: Untimely Meditations on Religion and Politics*, Rowman & Littlefield, Lanham, Maryland, 1996, págs. 285-6.

A primeira abordagem do tema da guerra e dos critérios morais necessários para que possa ser considerada justa, é a que encontramos nos escritos de Santo Agostinho. Para ele, uma guerra «só se justifica pela injustiça de um agressor, e que essa injustiça constitua fonte de sofrimento para algum homem bom, sendo por isso uma injustiça humana». Embora não o dissesse expressamente, parece também que dava por certo que um exército beligerante devia poupar da violência a população civil. Com isso, mais a advertência que fazia de que uma guerra não podia ter por motivo o espírito de desforra, que não podia ser empreendida com base em meras paixões humanas, insistia nas disposições internas dos combatentes, que deviam refrear o uso indiscriminado da força[10].

São Tomás de Aquino também tratou do tema de forma memorável, mencionando três condições que deviam concorrer cumulativamente para que uma guerra pudesse vestir o manto da justiça:

«Para que uma guerra seja justa, são necessárias três coisas.

«Em primeiro lugar, deve ser o soberano quem, pela sua autoridade, ordene uma guerra, pois declará-la não é competência de um indivíduo privado.

«Em segundo lugar, requer-se uma causa justa, ou seja, que aqueles que são atacados o mereçam por terem cometido alguma falta. Por isso, diz Agostinho: "Costuma-se chamar guerra justa àquela em que uma nação ou um Estado devam ser punidos por recusar-se a castigar os erros cometidos pelos seus súditos ou a restituir o que foi injustamente roubado".

«Em terceiro lugar, é necessário que os beligerantes tenham uma intenção reta, isto é, que tenham em vista promover o bem ou evitar o mal [...]. Porque pode acontecer que, sendo legítima a autoridade de quem declara a guerra e justa também a causa, não obstante, seja ilícita pela má intenção. Por isso, Agostinho diz que "são, em justiça, condenáveis na guerra a paixão por infligir danos, a cruel sede de vingança, um ânimo implacável e inexorável, a febre de revolta, a ambição de dominar e outras coisas semelhantes"»[11].

---

(10) John Langan, «The Elements of St. Augustine's Just War Theory», *Journal of Religious Ethics* 12 (primavera de 1984), pág. 32.

(11) *Summa theologiae*, II-II, q. 40, a. 1. Referências internas omitidas.

XI. A IGREJA E A MORAL NO OCIDENTE

Essa tradição continuou a evoluir nos fins da Idade Média e durante o período moderno, especialmente com o trabalho dos escolásticos espanhóis do século XVI. Francisco de Vitória, que, como vimos, desempenhou um papel primordial na formulação dos rudimentos do direito internacional, também se dedicou à questão da guerra justa. Em *De iure belli*, identificou três regras principais da guerra, tal como explicam os historiadores católicos Thomas A. Massaro e Thomas A. Shannon:

«Primeira regra: Partindo da base de que um príncipe tem autoridade para empreender uma guerra, deve antes de tudo não ficar à procura de ocasiões e causas para declará-la, mas, se possível, viver em paz com todos os homens, como nos recomenda São Paulo.

«Segunda regra: Quando rebenta uma guerra por uma causa justa, não deve ser empreendida para destruir o povo contra o qual é dirigida, mas somente para obter os direitos e a defesa do próprio país e para que, com o tempo, dessa guerra possam advir a paz e a segurança.

«Terceira regra: Quando se vence uma guerra, a vitória deve ser utilizada com moderação e humildade cristã, e o [soberano] vencedor deve compreender que está sentado como juiz entre dois Estados, o que foi injustiçado e o que cometeu a injustiça. Por isso, deve agir como juiz e não como acusador, a fim de que, pelo juízo que emita, o injustiçado possa obter satisfação e, evitando tanto quanto possível a calamidade e o infortúnio para o Estado ofensor, os indivíduos ofensores sejam castigados dentro dos limites da lei»[12].

Em termos parecidos, o pe. Francisco Suárez resumiu assim as condições de uma guerra justa:

«Para que se possa considerar justa uma guerra, devem observar-se certas condições, que podem ser enunciadas em três itens. Primeiro, deve ser declarada por um governo legítimo. Segundo, a sua causa deve justa e correta. Terceiro, devem ser usados métodos justos, isto é, que demonstrem equidade, tanto no começo da guerra, como no seu de-

---

(12) Thomas A. Massaro e Thomas A. Shannon, *Catholic Perspectives on Peace and War*, Rowman & Littlefield, Lanham, Maryland, 2003, pág. 17.

curso e na vitória [...]. A conclusão geral é que, embora a guerra em si mesma não seja um mal, deve ser incluída, pelas muitas calamidades que acarreta, entre os empreendimentos que, com frequência, se levam a cabo incorretamente. Por conseguinte, é preciso que concorram muitas circunstâncias para considerá-la honesta»[13].

O príncipe, de Maquiavel, era uma análise política meramente laica[14]. A visão que oferece sobre a relação entre a moral e o Estado – e que ainda hoje influi no pensamento político ocidental – ajuda-nos a perceber o significado e a importância da teoria da guerra justa. Por esse esquema, o Estado não podia ser julgado por nada nem por ninguém, e não tinha que prestar contas a nenhuma autoridade mais alta: nem o Papa nem qualquer código moral podiam julgar o comportamento do Estado. Uma das razões pelas quais Maquiavel ofendia tanto o catolicismo era a noção de que o próprio Estado – e não apenas os indivíduos – está sujeito às normas morais. Como expressou um escritor, a política tornou-se para Maquiavel «um jogo, como o xadrez, e a eliminação de um peão político, mesmo que esse peão consistisse em cinquenta mil homens, não devia preocupar mais que comer uma peça de marfim do tabuleiro»[15].

Foi precisamente para combater esse tipo de pensamento que começou por desenvolver-se a tradição da guerra justa e, particularmente, as contribuições dos escolásticos do século XVI. De acordo com a Igreja Católica, ninguém – nem mesmo o Estado – está isento das exigências da moral. Nos séculos subsequentes, a teoria da guerra justa demonstrou-se uma ferramenta indispensável de reflexão moral; e os filósofos que, nos dias de hoje, trabalham nessa linha, partem desses princípios tradicionais para fazer face aos desafios específicos do século XXI.

Castidade e dignidade da mulher

As fontes mais antigas revelam-nos que a moral sexual se tinha degradado em extremo na época em que a Igreja surgiu na História.

---

(13) *Ibid.*, pág. 18.
(14) Veja-se Roland H. Bainton, *Christian Attitudes Toward War and Peace*, Abingdon Press, Nova York, 1960, págs. 123-26.
(15) *Ibid.*, pág. 126.

XI. A IGREJA E A MORAL NO OCIDENTE

Como escreveu o satírico Juvenal, a promiscuidade generalizada levara os romanos a perder a deusa Castidade. Ovídio observou que, no seu tempo, as práticas sexuais se tinham rebaixado a um nível especialmente perverso, e até mesmo sádico. Podem-se encontrar testemunhos similares em Catulo, Marcião e Suetônio acerca do estado da fidelidade conjugal e da imoralidade sexual nos tempos de Cristo. César Augusto tentou pôr cobro a essa situação com medidas legais, mas a lei raramente consegue reformar um povo que já tenha sucumbido ao fascínio dos prazeres imediatos. No começo do século II, Tácito afirmava que uma mulher casta era um fenômeno raro[16].

A Igreja ensinou que as relações íntimas só são lícitas entre marido e mulher. O próprio Edward Gibbon, que culpava o cristianismo pela queda do Império Romano, foi obrigado a admitir: «Os cristãos restauraram a dignidade do matrimônio». Galeno, o médico grego do século II, impressionou-se tanto com a retidão do comportamento sexual dos cristãos, que os descreveu como «tão adiantados em autodisciplina e no intenso desejo de atingir a excelência moral, que em nada são inferiores aos verdadeiros filósofos»[17].

Para a Igreja, o adultério não se limitava à infidelidade da esposa, como se costumava considerar no mundo antigo, mas estendia-se também à infidelidade do marido. A influência que ela exerceu neste domínio foi de grande importância histórica, e não admira que Edward Westermarck, um excelente historiador da instituição do matrimônio, tenha creditado à influência cristã a equalização do pecado de adultério[18].

Esses princípios explicam em parte por que as mulheres constituíam tão grande parcela da população cristã dos primeiros séculos da Igreja. As mulheres cristãs eram tão numerosas que os romanos chegaram a desprezar o cristianismo por considerá-lo uma religião para mulheres.

A atração que a fé exercia sobre as mulheres provinha em boa medida de que a Igreja santificava o matrimônio – elevado por ela à categoria de sacramento – e proibia o divórcio (o que, na realidade, significava

---

(16) Alvin J. Schmidt, *Under the Influence*, págs. 80-2.
(17) *Ibid.*, pág. 84.
(18) *Ibid.*

que nenhum homem podia abandonar sem mais nem menos a esposa para casar-se com outra mulher).

Foi também graças ao catolicismo que as mulheres alcançaram autonomia:

> «As mulheres encontraram proteção nos ensinamentos da Igreja – escreve o filósofo Robert Phillips –, e foi-lhes permitido formar comunidades religiosas dotadas de governo próprio, algo inusitado em qualquer cultura do mundo antigo [...] Basta repassar o catálogo dos santos, repleto de mulheres. Em que lugar do mundo, a não ser no catolicismo, as mulheres podiam dirigir as suas próprias escolas, conventos colégios, hospitais e orfanatos?»[19]

A vida virtuosa

Um aspecto da antiga filosofia grega que constituiu uma ponte para o pensamento católico foi a afirmação de que existe um gênero de vida que convém ao chimpanzé, e outro que convém ao ser humano. Dotado de razão, o ser humano não está condenado a agir por mero instinto. É capaz de reflexão moral, uma faculdade que nem os mais evoluídos espécimes do reino animal possuem. Se falha no exercício dessa faculdade, jamais poderá viver à altura da sua natureza. Se não dá prioridade às operações da inteligência, se não submete a sua conduta a um juízo moral sério, como se poderá dizer que é um ser humano? Se o princípio que rege a vida de um homem é fazer tudo o que lhe traga um prazer imediato, esse homem, em certo sentido, não difere de um animal.

A Igreja ensina que uma vida verdadeiramente digna do ser humano requer a ajuda da graça divina. Mesmo os pagãos romanos se apercebiam de certo modo da condição degradada do homem: «Que coisa desprezível é o homem, se não consegue elevar-se acima da condição humana!», escreveu Sêneca. A graça de Deus podia ajudá-lo a conseguir essa superação. Essa é a finalidade com que a Igreja nos propõe o

---

(19) Robert Phillips, *Last Things First*, Roman Catholic Books, Fort Collins, Colorado, 2004, pág. 104.

XI. A IGREJA E A MORAL NO OCIDENTE

exemplo dos santos: demonstram ser possível a um homem alcançar uma vida de virtudes heroicas quando se deixa diminuir para que Cristo possa crescer nele.

A Igreja ensina que uma vida boa não é simplesmente aquela em que as ações externas estão acima de qualquer censura. Cristo insiste em que não basta não matar ou não cometer adultério; não se deve apenas preservar o corpo desses crimes; a própria alma deve proteger-se da inclinação a praticá-los. Não devemos apenas não roubar nada do nosso vizinho, mas também não admitir pensamentos de inveja sobre o que ele possui. E embora nos seja permitido, evidentemente, odiar o que é mau – o pecado ou Satanás –, temos de afastar qualquer tipo de ira e ódio, que só corroem a alma. Devemos evitar não apenas cometer adultério, mas também entreter-nos com pensamentos impuros, para assim não transformar um ser humano em mero objeto. Uma pessoa que deseje viver uma vida boa não deve converter os seus semelhantes em uma coisa.

Costuma-se dizer que é difícil fazer bem alguma coisa, que é difícil viver como um ser humano mais do que como um animal. Requer-se seriedade moral e autodisciplina. É célebre a afirmação de Sócrates quando diz que o conhecimento é virtude, que conhecer o bem é fazer o bem. Aristóteles e São Paulo sabiam mais que isso, pois todos nos lembramos de momentos da nossa vida em que, conhecendo perfeitamente o que era bom, não o fizemos e, do mesmo modo, sabendo o que era errado, o fizemos. É por isso que os diretores espirituais recomendam aos seus orientados que comam uma cenoura da próxima vez que desejarem comer um doce; não porque os doces sejam maus, mas porque, se conseguirmos disciplinar a nossa vontade em situações em que não está em jogo nenhum princípio moral, estaremos mais bem preparados no momento da tentação, quando estivermos realmente perante a disjuntiva de escolher entre o bem e o mal. E assim como, quanto mais nos habituarmos ao pecado, mais facilmente pecaremos, também é verdade que – como observou Aristóteles – a vida virtuosa se torna cada vez mais fácil quanto mais a praticamos e mais ela se torna um hábito.

Estas são algumas das ideias distintivas que a Igreja introduziu na civilização ocidental. Hoje em dia, a maioria dos jovens só ouviu falar em termos caricatos dos ensinamentos da Igreja sobre a moral sexual, e, dada a cultura em que vivem, nem podem começar a entender por que a Igreja os propõe. Contudo, fiel à missão que tem cumprido ao longo de dois milênios, a Igreja continua a anunciar uma outra proposta moral a esses jovens imersos em uma cultura que os ensina incansavelmente a buscar o prazer imediato. A Igreja recorda as grandes figuras da Cristandade – como Carlos Magno, São Tomás de Aquino, São Francisco de Assis, para citar uns poucos – e oferece-os como modelo de como devem viver os verdadeiros homens.

A sua mensagem? Essencialmente esta: você pode aspirar a ser um desses homens – um construtor da civilização, um servidor de Deus e dos homens, um missionário heroico –, ou então alguém centrado em si mesmo, obcecado pela ânsia de satisfazer os seus apetites. A nossa sociedade faz tudo o que está ao seu alcance para que você siga o segundo caminho. Seja você mesmo. Erga-se por cima da manada, declare a sua independência em face de uma cultura que pensa que você é tão pouca coisa, e proclame que quer viver não como um animal, mas como um homem.

CONCLUSÃO

A «condescendência» divina

A religião é um aspecto central de qualquer civilização. Ao longo de dois mil anos, a maneira de o homem ocidental pensar sobre Deus deve-se sem a menor dúvida à Igreja Católica.

São quatro as características que distinguem a concepção que a Igreja tem de Deus das concepções que as antigas civilizações do Oriente Próximo tinham do divino[1].

A primeira: Deus é um só. Os sistemas politeístas, segundo os quais certas divindades quase onipotentes zelam por determinados fenómenos naturais ou lugares físicos, são estranhos à mentalidade ocidental, que vê Deus como um ser singular, dotado de sumo poder sobre todos os aspectos da sua criação.

A segunda: Deus é absolutamente soberano, porque não deve a sua existência a nenhuma outra realidade anterior e não está submetido a nenhuma outra força. Nem a doença, nem a fome, nem a sede, nem a fatalidade – elementos que podem afetar em maior ou menor medida os deuses do Oriente Médio – têm qualquer poder sobre Ele.

A terceira: Deus é transcendente, absolutamente distinto de toda a sua criação, e está acima dela. Não ocupa nenhum lugar físico nem dotou de alma as coisas que criou, como acontece com os deuses naturais do animismo. Foi por esse atributo – por se ter compreendido que a natureza física está desprovida de atributos divinos – que pôde surgir

---

(1) Para a análise destas quatro características, veja-se Marvin Perry e outros, *Western Civilization: Ideas, Politics & Society*, 6ª ed., Houghton Mifflin, Boston, 2000, págs. 39-40.

a ciência e desenvolver-se a ideia de leis naturais. Quando se reconheceu que os objetos do mundo criado não possuem vontade própria, passou a ser possível concebê-los de acordo com parâmetros regulares de comportamento.

Finalmente, Deus é bom. À diferença dos deuses sumérios, que, na melhor das hipóteses, pareciam indiferentes ao bem-estar do homem, ou dos deuses da antiga Grécia, que eram às vezes mesquinhos e vingativos nas suas relações com a humanidade, o Deus do catolicismo ama a humanidade e quer o bem do homem. Além disso, embora lhe agradem os sacrifícios rituais – principalmente o Santo Sacrifício da Missa –, como aos deuses pagãos, também lhe agrada, contrariamente à maioria deles, o bom comportamento dos seres humanos.

Todas estas características são também evidentes no Deus do Antigo Testamento. Mas, como consequência da Encarnação de Jesus Cristo, a concepção católica de Deus é diferente da judaica. Com o nascimento de Cristo e a sua passagem por este mundo, sabemos que Deus não procura somente a adoração do homem, mas também a sua amizade. Por isso, o escritor católico do século XX Robert Hugh Benson pôde escrever um livro intitulado *A amizade com Cristo* (1912)[2], e, nos seus *Fragmentos filosóficos*, Søren Kierkegaard chegou a comparar Deus a um rei que desejasse conquistar o amor de uma mulher do povo. Se se aproximasse dessa mulher com o seu poder real, ela se assustaria e seria incapaz de lhe oferecer o tipo de amor espontâneo que surge entre iguais. Poderia também ser atraída pela riqueza e poder do rei, ou simplesmente temer recusá-lo por ele ser rei. Foi por isso que o rei se aproximou da mulher plebeia com a aparência de um plebeu: só assim seria capaz de inspirar-lhe um amor sincero e só então poderia saber se esse amor por ele era realmente genuíno.

Foi isso – diz Kierkegaard – o que Deus fez quando nasceu no mundo encarnado em Jesus Cristo, a Segunda Pessoa da Santíssima Trindade. Procurou o nosso amor sem nos esmagar com a majestade da visão beatífica (que não está ao nosso alcance neste mundo, mas apenas no mundo que há de vir), mas pela condescendência em relacionar-se co-

---

[2] Há uma tradução em português: Robert Hugh Benson, *A amizade com Cristo*, Quadrante, São Paulo, 1996.

CONCLUSÃO

nosco no nosso nível, assumindo a natureza humana e tomando carne humana[3]. Eis uma ideia extraordinária na história da religião, ainda que esteja tão embutida na cultura ocidental que poucos se detêm a pensar nela.

Os conceitos que o catolicismo introduziu no mundo enraizaram-se tanto que até mesmo os movimentos contrários estão frequentemente impregnados deles. Murray Rothbard fez notar até que ponto o marxismo, uma implacável ideologia laica, foi buscar ideias religiosas às heresias cristãs do século XVI[4]. E os intelectuais da progressista era americana dos inícios do século XX, que se congratulavam por terem abandonado a sua fé (largamente protestante), continuavam a discorrer servindo-se fundamentalmente de um vocabulário claramente cristão[5].

Estes dados só reforçam o que já vimos: a Igreja Católica não apenas contribuiu para a civilização ocidental – a Igreja *construiu* essa civilização. É verdade que bebeu elementos do mundo antigo, mas fê-lo de um modo que transformou a tradição clássica, melhorando-a.

É difícil encontrar uma iniciativa humana já desde o início da Idade Média para a qual os mosteiros não tenham contribuído. A Revolução Científica arraigou-se na Europa Ocidental graças aos fundamentos teológicos e filosóficos que, lançados no seu núcleo por figuras da Igreja, provaram ser um terreno fértil para o desenvolvimento das pesquisas científicas. E a ideia amadurecida do direito internacional surgiu a partir dos últimos escolásticos, assim como os conceitos centrais para o nascimento da economia como uma disciplina diferenciada.

Estas duas últimas contribuições surgiram das universidades europeias, uma criação da Idade Média que teve lugar sob os auspícios da Igreja. Diferentemente das academias da antiga Grécia, cada uma das

---

(3) Kierkegaard era protestante, mas descreve aqui, evidentemente, um aspecto da encarnação de Cristo que é compartilhado pelos católicos. Além disso, mantinha em geral uma atitude crítica em relação a Lutero e deplorava a supressão da tradição monástica. Veja-se Alice von Hildebrand, «Kierkegaard: A Critic of Luther», *The Latin Mass* (primavera de 2004), págs. 10-4.

(4) Murray N. Rothbard, «Karl Marx as Religious Eschatologist», em Yuri N. Maltsev, ed., *Requiem for Marx*, Ludwig von Mises Institute, Auburn, Alabama, 1993.

(5) Murray N. Rothbard, «World War I as Fulfillment: Power and the Intellectuals», em John V. Denson, ed., *The Costs of War*, Transaction, New Brunswick, New Jersey, 1997; para exemplos mais recentes deste fenômeno, veja-se Paul Gottfried, *Multiculturalism and the Politics of Guilt*, University of Missouri Press, Columbia, 2002.

quais tendeu a ser dominada por uma única escola de pensamento, as universidades da Europa medieval foram lugares de intenso debate e intercâmbio intelectual. Assim o diz David Lindberg:

> «Deve-se afirmar enfaticamente que, dentro desse sistema educativo, o mestre medieval gozava de uma ampla liberdade. O estereótipo das imagens que nos apresentam da Idade Média é o do professor sem espinha dorsal e subserviente, seguidor escravo de Aristóteles e dos Padres da Igreja (o estereótipo não explica exatamente como alguém poderia ser escravo seguidor de ambos), receoso de afastar-se uma vírgula dos ditames da autoridade. Na realidade, é claro que havia uns limites teológicos, mas, dentro desses amplos limites, o mestre medieval tinha uma notável liberdade de pensamento e de expressão; quase não havia doutrina alguma, filosófica ou teológica, que não tivesse sido submetida a um minucioso exame crítico por parte dos intelectuais da universidade medieval»[6].

O empenho dos escolásticos em pesquisar a verdade, em estudar e empregar uma grande diversidade de fontes e em analisar com precisão e cuidado as objeções às suas posições, dotou a tradição intelectual medieval – e, por extensão, as universidades nas quais essa tradição se desenvolveu e amadureceu – de uma vitalidade da qual o Ocidente pode legitimamente orgulhar-se.

Todas essas áreas – o pensamento econômico, o direito internacional, a ciência, a vida universitária, as obras de caridade, as ideias religiosas, a arte e a moral – são os verdadeiros fundamentos de uma civilização e, no Ocidente, todas e cada uma delas surgiram do cerne da Igreja Católica.

Um mundo sem Deus

Paradoxalmente, a importância da Igreja para a civilização ocidental foi-se tornando cada vez mais clara à medida que a sua influência

---

(6) David C. Lindberg, *The Beginnings of Western Science*, pág. 213.

CONCLUSÃO

diminuía. Durante o Iluminismo do século XVIII, a posição privilegiada da Igreja e o respeito de que tradicionalmente a cercavam foram seriamente questionados, em um nível sem precedentes na história do catolicismo. O século XIX assistiu a mais ataques ao catolicismo, particularmente com o *Kulturkampf* germânico e o anticlericalismo dos nacionalistas italianos. A França secularizou o seu sistema escolar em 1905. Embora a Igreja tivesse florescido nos Estados Unidos durante o final do século XIX e começos do XX, no resto do mundo ocidental os ataques à liberdade da Igreja provocaram danos indizíveis[7].

O mundo da arte fornece-nos, talvez, a mais dramática e notória evidência das consequências do eclipse parcial da Igreja no mundo moderno. Jude Dougherty, decano emérito da School of Philosophy da Catholic University, falou de uma conexão «entre a empobrecida filosofia antimetafísica dos nossos dias e o efeito debilitante sobre as artes». De acordo com esse professor, há uma ligação entre a arte de uma civilização e a sua crença e consciência sobre o transcendente. «Sem um reconhecimento metafísico do transcendente, sem o reconhecimento de um intelecto divino que é, ao mesmo tempo, fonte da ordem natural e cumprimento das aspirações humanas, a realidade é construída em meros termos materiais. O homem converte-se em medida de todas as coisas, sem o menor compromisso com a ordem objetiva. A vida em si mesma torna-se vazia e sem propósito. Essa aridez encontra a sua expressão na perversidade e esterilidade da arte moderna, desde Bauhaus até o cubismo e o pós-modernismo». A asserção de Dougherty é mais do que plausível; é positivamente convincente. Quando uma pessoa acredita que a vida não tem qualquer significado e é fruto de um puro acaso, que não é guiada por uma força ou princípio superior, quem poderá surpreender-se de que essa ausência de sentido se reflita na sua arte?

A ausência de sentido e a desordem aumentaram a partir do século XIX. Em *A gaia ciência*, Friedrich Nietzsche escreveu: «O horizonte fica finalmente livre diante de nós, embora haja que reconhecer que não é brilhante; ao menos o mar, o *nosso* mar, se abre aberto diante de

---

(7) Sobre o sucesso da Igreja na América, veja-se Thomas E. Woods Jr., *The Church Confronts Modernity: Catholic Intellectuals and the Progressive Era*, Columbia University Press, Nova York, 2004.

nós. Talvez nunca tenha havido um mar tão aberto». O que significa dizer que não existe ordem ou sentido no universo além daqueles que o próprio homem, no mais supremo e livre de todos os atos da vontade, decida dar-lhe. Frederick Copleston, o grande historiador da filosofia, adere ao ponto de vista de Nietzsche: «A rejeição da ideia de que o mundo foi criado por Deus com uma finalidade, ou de que o próprio homem é a manifestação da Ideia ou Espírito absoluto, deixa-o livre para dar à vida o significado que queira. E ela não tem outro significado»[8].

Nesse ínterim, o modernismo literário ocupou-se em abalar os pilares da ordem no âmbito da palavra escrita, anulando aspectos tais como dar às histórias e romances um começo, meio e fim. Os escritores concebiam enredos bizarros em que o protagonista enfrentava um universo caótico e irracional, que era incapaz de compreender. Eis como começa *A Metamorfose* de Franz Kafka: «Quando Gregor Samsa despertou uma manhã de um sonho perturbador, descobriu que, enquanto dormia, se havia transformado em um gigantesco inseto».

Na música, o espírito dos tempos fez-se sentir especialmente na atonalidade de Arnold Schoenberg e nos ritmos caóticos de Igor Stravinsky, particularmente na sua célebre *Sagração da Primavera*, mas também em alguns dos seus trabalhos posteriores, como a sua *Sinfonia em Três Movimentos*, de 1945. E, no campo da arquitetura, será preciso denunciar a sua degeneração, hoje tão evidente até mesmo em edifícios que pretendem ser igrejas católicas?[9]

Não se trata de questionar o mérito dessas obras, mas sim de mostrar que refletem um ambiente intelectual e cultural contrário à crença católica em um universo ordenado e dotado de um significado último.

O dia aziago chegou em meados do século XX, quando Jean-Paul Sartre (1905-1980) e a sua escola de pensamento existencialista proclamaram que o universo era totalmente absurdo e a vida, em si mesma, completamente sem sentido. E como é que, então, a pessoa devia viver?

---

(8) Frederick Copleston, *A History of Philosophy*, vol. 7: *Modern Philosophy from the Post-Kantian Idealists to Marx, Kierkegaard, and Nietzsche*, Doubleday, Nova York, 1994 [1963], pág. 419.

(9) Para a arquitetura bela e a horrível, vejam-se, respectivamente, Michael S. Rose, *In Tiers of Glory*, Mesa Folio, Cincinnati, Ohio, 2004, e Michael S. Rose, *Ugly as Sin*, Sophia Institute Press, Manchester, New Hampshire, 2001.

CONCLUSÃO

Encarando corajosamente o vazio, reconhecendo com franqueza que nada tem sentido e que não existem valores absolutos. E, logicamente, cada qual construindo os seus próprios valores e vivendo de acordo com eles (o que recorda Nietzsche, sem dúvida).

As artes visuais foram afetadas por esse meio filosófico. O artista medieval, consciente de que o seu papel era comunicar alguma coisa maior do que ele mesmo, normalmente não assinava as suas obras. Desejava chamar a atenção não para si próprio, mas para o tema das suas obras. Com a Renascença, começou a surgir um novo conceito de artista, que atingiu a sua maturidade no romanticismo do século XIX. Por reação contra a frieza racionalista do Iluminismo, o romanticismo enfatizou o sentimento, a emoção e a espontaneidade. E assim a arte concentrou-se em exprimir os sentimentos, as lutas, as emoções e as idiossincrasias do próprio artista; a arte tornou-se uma forma de autoexpressão. O foco da obra do artista passou a ser retratar as suas disposições interiores. A invenção da fotografia, no final do século XIX, veio reforçar essa tendência, já que, ao permitir com toda a facilidade a reprodução exata do mundo natural, deixou o artista livre para embrenhar-se no seu mundo interior.

Com o passar do tempo, essa romântica autopreocupação degenerou no simples narcisismo e niilismo da arte moderna. Em 1917, o artista francês Marcel Duchamp chocava o mundo da arte ao apor a sua assinatura em um urinol e expô-lo como uma obra de arte. Fala por si mesmo o fato de que, em uma votação de quinhentos peritos em arte realizada em 2004, se tenha atribuído à *Fountain* de Duchamp o título de «a obra de arte mais influente da arte moderna»[10].

Duchamp influiu no artista radicado em Londres Tracey Emin. O seu *My Bed*, que foi indicado para o prestigioso Prêmio Turner, consistia em uma cama completamente desarrumada, onde se espalhavam garrafas de vodca, preservativos usados e roupas íntimas manchadas de sangue. Em um dos dias em que essa peça foi exposta na Tate Gallery, em 1999, dois homens nus puseram-se a pular sobre a cama e a beber a vodca. Todos os presentes começaram a aplaudir, persuadidos de que

---

(10) «Duchamp's Urinal Tops Art Survey», em *BBC News - World Edition*, 01.12.2004. Cf. http://news.bbc.co.uk/2/hi/entertainment/4059997.stm.

esse ato de vandalismo fazia parte do quadro exposto. Emin é hoje professor na European Graduate School.

Estes exemplos revelam simbolicamente até que ponto muitos ocidentais se afastaram da Igreja em anos recentes. A Igreja, que pede aos seus filhos que sejam generosos na transmissão da vida, vê até mesmo esta mensagem tão fundamental cair em ouvidos surdos na Europa Ocidental, que não chega sequer a ter filhos suficientes para garantir a continuidade das gerações. A Europa afastou-se a tal ponto da fé que a construiu, que a União Europeia não foi capaz de reconhecer-se devedora da herança cristã na sua Constituição. Muitas das grandes catedrais que uma vez testemunharam as convicções religiosas de um povo tornaram-se, nos dias atuais, peças de museu, curiosidades interessantes para um mundo descrente.

Mas a autoimposta amnésia histórica do Ocidente não pode hoje desfazer o passado nem o papel central da Igreja na construção da civilização ocidental. «Eu não sou católica», escreveu a filósofa francesa Simone Weil, «mas considero os princípios cristãos – que têm as suas raízes no pensamento grego e que, no transcorrer dos séculos, alimentaram todas as nossas civilizações europeias – como algo a que uma pessoa não pode renunciar sem se aviltar». Eis uma lição que a civilização ocidental, cada mais afastada dos seus fundamentos católicos, vem aprendendo com grande dificuldade.

AGRADECIMENTOS

Durante a redação deste livro, recebi valiosas sugestões do Dr. Michael Foley, da Dra. Diane Moczar, do Dr., John Rao e do Professor Carol Long. Também desejo agradecer ao Dr. Anthony Rizzi, diretor do *Institute for Advanced Physics* e autor do livro The Science Before Science: *A Guide to Thinking* in the 21st Century, pela revisão do capítulo V. Quaisquer erros sobre os fatos ou na sua interpretação são, como é lógico, unicamente meus.

Devo fazer especial menção a Doreen Munna e a Marilyn Ventiere, da biblioteca da minha Faculdade, pela gentileza com que atenderam a todos os meus pedidos de livros antigos, difíceis de encontrar e há muito tempo esquecidos.

Mais uma vez, trabalhar com a Regnery foi um prazer. O livro foi, sem dúvida, enriquecido pelos comentários e sugestões do editor executivo Harry Crocker e pela revisão atenta e minuciosa da diretora editorial Paula Decker.

Comecei a redigir este livro antes de receber a sugestão de escrever *The Politically Incorrect Guide to American History*, meu terceiro livro. Para cumprir o prazo desse outro, pus este de lado por algum tempo e, finalmente, retomei-o no ano passado. Concluí a redação dois dias antes do nascimento da nossa segunda filha, Veronica Lynn. E estou profundamente agradecido pelo apoio da minha querida esposa Heather ao longo destes nove meses, que para ela foram difíceis.

Dedico este livro a Verônica e Regina (nascida em 2003), nossas duas filhas. Espero que ele venha a reforçar o que lhes tentamos ensinar: que possuem na sua fé católica uma pérola de grande valor, que não hão de querer trocar por nada no mundo. Como disse certa vez São Thomas More, ninguém no seu leito de morte se arrependeu jamais de ter sido católico.

Thomas E. Woods, Jr.
Coram, New York
Março de 2005

BIBLIOGRAFIA

Bainton, Roland H., *Christian Attitudes Toward War and Peace*, Abingdon Press, Nova York, 1960.

Baldwin, John W., *The Scholastic Culture of the Middle Ages, 1000-1300*, D.C. Heath, Lexington, Massachussets, 1971.

Baluffi, Cajetan, *The Charity of the Church*, trad. Denis Gargan, M.H. Gill and Son, Dublin, 1885.

Bangert, William V., SJ. *A History of the Society of Jesus*, Institute of Jesuit Sources, St. Louis, 1972.

Barzun, Jacques, *From Dawn to Decadence*, HarperCollins, Nova York, 2001.

Benestad, J. Brian, ed. *Ernest Fortin: Collected Essays*. Vol. 3: *Human Rights, Virtue, and the Common Good: Untimely Meditations on Religion and Politics*, Rowman & Littlefield, Lanham, Maryland, 1996.

Berman, Harold J., *Faith and Order: The Reconciliation of Law and Religion*, Scholars Press, Atlanta, 1993.

Berman, Harold J., «The Influence of Christianity Upon the Development of Law», em *Oklahoma Law Review* 12 (fev. 1959), págs. 86-101.

Berman, Harold J., *The Interaction of Law and Religion*, Abingdon Press, Nashville, Tennessee, 1974.

Berman, Harold J., *Law and Revolution: The Formation of the Western Legal Tradition*, Harvard University Press, Cambridge, 1983.

Broad, William J., «How the Church Aided 'Heretical' Astronomy», em *New York Times*, 19.10.1999.

Brodrick, James, *The Life and Work of Blessed Robert Francis Cardinal Bellarmine, SJ, 1542-1621*, 2 vols., Burns, Oates and Washbourne, Londres, 1928.

Butterfield, Herbert, *The Origins of Modern Science. 1300-1800*, ed. rev., Free Press, Nova York, 1957.

Cahill, Thomas, *How the Irish Saved Civilization*, Doubleday, Nova York, 1995.

Vincent Carroll e David Shiflett, *Christianity on Trial*, Encounter Books, São Francisco, 2001.

Chafuen, Alejandro A., *Faith and Liberty: The Economic Thought of the Late Scholastics*, Lexington, Lanham, Maryland, 2003.

Clark, Kenneth, *Civilisation: A Personal View*, Harper Perennial, Nova York, 1969.

Cobban, Alan B., *The Medieval Universities: Their Development and Organization*, Methuen & Co., Londres, 1975.

Cobbett, William, *A History of the Protestant Reformation in England and Ireland*, TAN, Rockford, Illinois, 1988 [1896].

Collins, Randall, *Weberian Sociological Theory*, Cambridge University Press, Cambridge, 1986.

Copleston, Frederick, *A History of Philosophy*, vol. 7: *Modern Philosophy from the Post-Kantian Idealists to Marx, Kierkegaard, and Nietzsche*, Doubleday, Nova York, 1994 [1963].

Crocker, H.W, III, *Triumph*, Prima, Roseville, Califórnia, 2001.

Crombie, A.C., *Medieval and Early Modern Science*, 2 vols., Doubleday, Nova York, 1959.

Cutler, Alan, *The Seashell on the Mountaintop*, Dutton, Nova York, 2003.

Dales, Richard C., «The De-Animation of the Heavens in the Middle Ages», em *Journal of the History of Ideas* 41 (1980), págs. 531-50.

Dales, Richard C., *The Intellectual Life of Western Europe in the Middle Ages*, University Press of America, Washington, DC, 1980.

Dales, Richard C., «A Twelfth Century Concept of the Natural Order», em *Viator* 9 (1978), págs. 179-92.

Daly, Lowrie J., *The Medieval University, 1200-1400*, Sheed and Ward, Nova York, 1961.

Daniel-Rops, Henri, *A Igreja das catedrais e das cruzadas*, trad. de Emérico da Gama, em *História da Igreja de Cristo*, vol. 3, Quadrante, São Paulo, 1993.

Daniel-Rops, Henri, *A Igreja dos tempos bárbaros*, trad. de Emérico da Gama, col. *História da Igreja de Cristo*, vol. 2, Quadrante, São Paulo, 1991.

BIBLIOGRAFIA

Daniel-Rops, Henri, *A Igreja da Renascença e da Reforma: I. A reforma protestante*, trad. Emérico da Gama, em *História da Igreja de Cristo*, vol. 4, Quadrante, São Paulo, 1996.

Davies, Michael, *For Altar and Throne: The Rising in the Vendée*, Remnant Press, St. Paul, Minnesota, 1997.

Dawson, Christopher, *Religion and the Rise of Western Culture*, Image Books, Nova York, 1991 [1950].

De Roover, Raymond, *Business, Banking, and Economic Thought in Late Medieval and Early Modern Europe: Selected Studies of Raymond de Roover*, ed. Julius Kirshner, University of Chicago Press, Chicago, 1974.

De Roover, Raymond, «The Concept of the Just Price: Theory and Economic Policy», *Journal of Economic History* 18 (1958), págs. 418-34.

Derbyshire, David, «Henry 'Stamped Out Industrial Revolution'», *Telegraph*, 21.06.2002, ed. brit.

Dijksterhuis, E. J., *The Mechanization of the World Picture*, trad. C. Dikshoorn, Oxford University Press, Londres, 1961.

Durant, Will, *The Age of Faith*, MJF Books, Nova York, 1950.

Durant, Will, *Caesar and Christ*, MJF Books, Nova York, 1950.

Durant, Will, *The Renaissance*, MJF Books, Nova York, 1953.

Edgerton, Samuel Y., Jr., *The Heritage of Giotto's Geometry: Art and Science on the Eve of the Scientific Revolution*, Cornell University Press, Ithaca, 1991.

Fernández-Santamaría, José A., *The State, War and Peace: Spanish Political Thought in the Renaissance, 1516-1559*, Cambridge University Press, Cambridge, 1977.

Flick, Alexander Clarence, *The Rise of the Mediaeval Church*, Burt Franklin, Nova York, 1909.

Franklin, James, «The Renaissance Myth», em *Quadrant* (26), nov. 1982, págs. 51-60.

Friede, Juan and Benjamin Keen, eds., *Bartolomé de Las Casas in History: Toward an Understanding of the Man and His Work*, Northern Illinois University Press, DeKalb, Illinois, 1971.

Gillispie, Charles C., ed., *Dictionary of Scientific Biography*, Charles Scribner's Sons, Nova York, 1970.

Gilson, Étienne, *Reason and Revelation in the Middle Ages*, Charles Scribner's Sons, Nova York, 1938.

Gimpel, Jean, *The Medieval Machine: The Industrial Revolution of the Middle Ages*, Holt, Rinehart, and Winston, Nova York, 1976.

Goldstein, Thomas, *Dawn of Modern Science: From the Ancient Greeks to the Renaissance*, Nova York, Da Capo Press, 1995 [1980].

Goodell, Henry H., «The Influence of the Monks in Agriculture», discurso pronunciado diante do Massachusetts State Board of Agriculture, 23.08.1901, em *The Goodell Papers*, University of Massachusetts, Amherst.

Grant, Edward, «The Condemnation of 1277, God's Absolute Power, and Physical Thought in the Late Middle Ages», *Viator* 10 (1979), págs. 211-44.

Grant, Edward, *The Foundations of Modern Science in the Middle Ages: Their Religious, Institutional, and Intellectual Contexts*, Cambridge University Press, Cambridge, 1996.

Grant, Edward, *God and Reason in the Middle Ages*, Cambridge University Press, Cambridge, 2001.

Grégoire, Réginald, Léo Moulin, and Raymond Oursel, *The Monastic Realm*, Rizzoli, Nova York, 1985.

Grice-Hutchinson, Marjorie, *Early Economic Thought in Spain, 1177-1740*, George Allen & Unwin, Londres, 1978.

Grice-Hutchinson, Marjorie, *The School of Salamanca: Readings in Spanish Monetary Theory, 1544-1605*, Clarendon Press, Oxford, 1952.

Haffner, Paul, *Creation and Scientific Creativity*, Christendom Press, Front Royal, Virgínia, 1991.

Hamilton, Bernice, *Political Thought in Sixteenth-Century Spain*, Oxford University Press, Londres, 1963.

Hanke, Lewis, *Bartolomé de Las Casas: An Interpretation of His Life and Writings*, Martinus Nijhoff, The Hague, 1951.

Hanke, Lewis, *The Spanish Struggle for Justice in the Conquest of America*, Little, Brown and Co., Boston, 1965 [1949].

Harvey, Barbara, *Living and Dying in England, 1100-1540: The Monastic Experience*, Clarendon Press, Oxford, 1993.

Haskins, Charles Homer, *The Renaissance of the Twelfth Century*, Meridian, Cleveland, 1957 [1927].

Haskins, Charles Homer, *The Rise of Universities*, Cornell University Press, Ithaca, 1957 [1923].

BIBLIOGRAFIA

Heilbron, J.L., *Electricity in the 17th and 18th Centuries: A Study of Early Modern Physics*, University of California Press, Berkeley, 1979.

Heilbron, J.L., *The Sun in the Church: Cathedrals as Solar Observatories*, Harvard University Press, Cambridge, 1999.

Hillgarth, J. N., ed., *Christianity and Paganism, 350-750: The Conversion of Western Europe*, University of Pennsylvania Press, Filadélfia, 1986.

Howell, Benjamin E., Jr., *An Introduction to Seismological Research: History and Development*, Cambridge University Press, Cambridge, 1990.

Hughes, Philip, *A History of the Church*, vol. I, rev. ed., Sheed and Ward, Londres, 1948.

Hughes, Philip, *A Popular History of the Reformation*, Hanover House, Garden City, Nova York, 1957.

Hülsmann, Jörg Guido, «Nicholas Oresme and the First Monetary Treatise», 09.05.2004, http://www.mises.org/fullstory.aspx?control=1516.

Jaki, Stanley L., *Patterns or Principles and Other Essays*, Intercollegiate Studies Institute, Bryn Mawr, Pennsylvania, 1995.

Jaki, Stanley L., *The Savior of Science*, Eerdmans, Grand Rapids, Michigan, 2000.

Jaki, Stanley L., *Science and Creation: From Eternal Cycles to an Oscillating Universe*, Scottish Academic Press, Edimburgo, 1986.

Johnson, Paul, *Art: A New History*, HarperCollins, Nova York, 2003.

Kauder, Emil, *A History of Marginal Utility Theory*, Princeton University Press, Princeton, 1965.

Klibansky, Raymond, «The School of Chartres», in Marshall Clagett, Gaines Post, and Robert Reynolds, eds., *Twelfth Century Europe and the Foundations of Modern Society*, University of Wisconsin Press, Madison, 1961.

Knowles, David, *The Evolution of Medieval Thought*, 2a ed., Longman, Londres, 1988.

Langan, John, «The Elements of St. Augustine's Just War Theory», *Journal of Religious Ethics* 12 (primavera de 1984), págs. 19-38.

Langford, Jerome J., OP, *Galileo, Science and the Church*, Desclée, Nova York, 1966.

Lecky, William Edward Hartpole, *History of European Morals from Augustus to Charlemagne*, 2 vols., D. Appleton and Co., Nova York, 1870.

Leff, Gordon, *Paris and Oxford Universities in the Thirteenth and Fourteenth Centuries: An Institutional and Intellectual History*, John Wiley and Sons, Nova York, 1968.

Lindberg, David C., «On the Applicability of Mathematics to Nature: Roger Bacon and His Predecessors», *British Journal for the History of Science 15* (1982), págs. 3-25.

Lindberg, David C., *The Beginnings of Western Science*, University of Chicago Press, Chicago, 1992.

Lindberg, David C., and Ronald L. Numbers, eds., *God and Nature: Historical Essays on the Encounter Between Christianity and Science*, University of California Press, Berkeley, 1986.

Lynch, Joseph H., *The Medieval Church: A Brief History*, Longman, Londres, 1992.

MacDonnell, Joseph E., *Companions of Jesuits: A Tradition of Collaboration*, Humanities Institute, Fairfield, Connecticut, 1995.

MacDonnell, Joseph E., *Jesuit Geometers*, Institute of Jesuit Sources, Saint Louis, 1989.

Massaro, Thomas A., e Shannon, Thomas A., *Catholic Perspectives on Peace and War*, Rowman & Littlefield, Lanham, Maryland, 2003.

Menger, Cari, *Principles of Economics*, trad. James Dingwall e Bert F. Hoselitz, Libertarian Press, Grove City, Pennsylvania, 1994.

Montalembert, Charles, *The Monks of the West: From St. Benedict to St. Bernard*, 5 vols., Nimmo, Londres, 1896.

Morison, Samuel Eliot, *The Oxford History of the American People*, vol. 1: *Prehistory to 1789*, Meridian, Nova York, 1994 [1965].

Newman, John Henry, *Essays and Sketches*, vol. 3, Charles Frederick Harrold, ed., Longmans, Green and Co., Nova York, 1948.

O'Connor, John B., *Monasticism and Civilization*, P.J. Kennedy & Sons, Nova York, 1921.

Oldroyd, David R., *Thinking About the Earth: A History of Ideas in Geology*, Harvard University Press, Cambridge, 1996.

Panofsky, Erwin, *Gothic Architecture and Scholasticism*, Meridian Books, Nova York, 1985 (1951).

Partington, J.R., *A History of Chemistry*, vol. 2, Macmillan, Londres, 1961.

Pennington, Kenneth, «The History of Rights in Western Thought», em *Emory Law Journal* 47 (1998), págs. 237-52.

Phillips, Robert, *Last Things First*, Roman Catholic Books, Fort Collins, Colorado, 2004.

Reid, Charles J., Jr., «The Canonistic Contribution to the Western Rights Tradition: An Historical Inquiry», em *Boston College Law Review* 33 (1991), págs. 37-92.

Reynolds, Leighton Durham, e Wilson, Nigel G., *Scribes and Scholars: A Guide to the Transmission of Greek and Latin Literature*, 3ª ed., Clarendon Press, Oxford, 1991.

Risse, Guenter B., *Mending Bodies, Saving Souls: A History of Hospitals*, Oxford University Press, Nova York, 1999.

Rothbard, Murray N., *An Austrian Perspective on the History of Economic Thought*, vol. 1: *Economic Thought Before Adam Smith*, Edward Elgar, Hants, England, 1995.

Rothbard, Murray N., «New Light on the Prehistory of the Austrian School», em Edwin G. Dolan (ed.), *The Foundations of Modern Austrian Economics*, Sheed & Ward, Kansas City, 1976.

Royal, Robert C., *Columbus On Trial: 1492 v. 1992*, 2ª ed., Young America's Foundation, Herndon, Virgínia, 1993.

Rushton, Neil S., «Monastic Charitable Provision in Tudor England: Quantifying and Qualifying Poor Relief in the Early Sixteenth Century», *Continuity and Change* 16 (2001), págs. 9-44.

Russell, Frederick H., *The Just War in the Middle Ages.* Cambridge, Cambridge University Press, 1975.

Sadowsky, James A., «Can There Be an Endless Regress of Causes?», em Brian Davies, ed., *Philosophy of Religion: A Guide and Anthology*, Oxford University Press, Nova York, 2000.

Sánchez-Sorondo, Marcelo, «Vitoria: The Original Philosopher of Rights», em Kevin White, ed., *Hispanic Philosophy in the Age of Discovery*, Catholic University of America Press, Washington, D.C., 1977.

Schmidt, Alvin J., *Under the Influence: How Christianity Transformed Civilization*, Zondervan, Grand Rapids, Michigan, 2001.

Schmidt, Charles Guillaume Adolphe, *The Social Results of Early Christianity*, Sir Isaac Pitman & Sons, Londres, 1907.

Schnürer, Gustav. *Church and Culture in the Middle Ages*. Traduzido por George J. Undreiner. Paterson, NJ, St. Anthony Guild Press, 1956.

Schumpeter, Joseph A., *History of Economic Analysis*, Oxford University Press, Nova York, 1954.

Scott, James Brown, *The Spanish Origin of International Law*, School of Foreign Service, Georgetown University, Washington, DC, 1928.

Scott, Robert A., *The Gothic Enterprise*, University of California Press, Berkeley, 2003.

Stark, Rodney, For the Glory of God, Princeton University Press, Princeton, 2003.

Stuewer, Roger H., «A Critical Analysis of Newton's Work on Diffraction», *Isis* 61 (1970), págs. 188-205.

Tierney, Brian, *The Idea of Natural Rights: Studies on Natural Rights, Natural Law, and Church Law, 1150-1625*, William B. Eerdmans, Grand Rapids, Michigan, 2001 [1997].

Tierney, Brian, «The Idea of Natural Rights: Origins and Persistence», em *Northwestern University Journal of International Human Rights* 2 (abr. 2004), págs. 2-12.

Udías, Agustín, *Searching the Heavens and the Earth: The History of Jesuit Observatories*, Kluwer Academic Publishers, Dordrecht, Países Baixos, 2003.

Udías, Agustín, and Stauder, William, «Jesuits in Seismology», *Jesuits in Science Newsletter* 13 (1997).

Uhlhorn, Gerhard, *Christian Charity in the Ancient Church*, Charles Scribner's Sons, Nova York, 1883.

Walsh, James J., *The Popes and Science*, Fordham University Press, Nova York, 1911.

Walsh, James J., *The World's Debt to the Catolic Church*, The Stratford C., Boston, 1924.

Watner, Carl, «'All Mankind Is One': The Libertarian Tradition in Sixteenth Century Spain», em *Journal of Libertarian Studies* (8), verão de 1987, págs. 293-309.

West, Andrew Fleming. *Alcuin and the Rise of the Christian Schools*, Charles Scribner's Sons, Nova York, 1892.

White, Kevin, ed. *Hispanic Philosophy in the Age of Discovery*, Catholic University of America Press, Washington, DC, 1997.

BIBLIOGRAFIA

White, Lynn, Jr. «Eilmer of Malmesbury, an Eleventh-Century Aviator: A Case Study of Technological Innovation, Its Context and Tradition», *Technology and Culture* 2 (1961), págs. 97-111.

Whyte, Lancelot Law, ed., *Roger Joseph Boscovich, SJ, FRS, 1711-1787*, Fordham University Press, Nova York, 1961.

Wilson, Christopher, *The Gothic Cathedral: The Architecture of the Great Church, 1130-1530*, Londres, Thames and Hudson, 1990.

Wolf, A., *A History of Science, Technology, and Philosophy in the 16th and 17th Centuries*, George Allen & Unwin, Londres, 1938.

Wolff, Philippe, *The Awakening of Europe*, Penguin Books, Nova York, 1968.

Woods, Thomas E., Jr., *The Church and the Market: A Catholic Defense of the Free Economy*, Lexington Books, Lanham, Maryland, 2005.

Wright, Jonathan, *The Jesuits: Missions, Myths and Histories*, HarperCollins, Londres, 2004.

Direção geral
Renata Ferlin Sugai

Direção editorial
Hugo Langone

Produção editorial
Gabriela Haeitmann
Juliana Amato
Ronaldo Vasconcelos

Capa
Gabriela Haeitmann

Diagramação
Sérgio Ramalho

ESTE LIVRO ACABOU DE SE
IMPRIMIR A 10 DE MAIO DE 2025,
EM PAPEL PÓLEN NATURAL 70 g/m².